**Gerhard Regenthal**

# So schaffe ich das!

Mit Selbstcoaching zum erfolgreichen, entspannten Schulleiter

Handlungsfeld: Personal & Führung

Gerhard Regenthal

# So schaffe ich das!

## Mit Selbstcoaching zum erfolgreichen, entspannten Schulleiter

Carl Link 2018

**Bibliografische Information der Deutschen Nationalbibliothek**
Die Deutsche Nationalbibliothek verzeichnet diese Publikation in der Deutschen Nationalbibliografie; detaillierte bibliografische Daten sind im Internet über http://dnb.d-nb.de abrufbar.

ISBN 978-3-556-08138-9

**www.wolterskluwer.de**
**www.schulverwaltung.de**



Umschlagkonzeption: Martina Busch, Grafikdesign, Homburg-Kirrberg
Titelbild: © blobbotronic – fotolia.com
Satz: Innodata Inc., Noida, Indien
Druck: Williams Lea & Tag GmbH, München

Gedruckt auf säurefreiem, alterungsbeständigem und chlorfreiem Papier.

# Inhaltsverzeichnis

# 1 Vorwort: Wie soll ich das alles nur schaffen?

**Schulleitungen müssen umdenken und selbst handeln. Sie brauchen ein professionelles Selbstmanagement**

Gerhard Regenthal Corporate Identity Akademie Braunschweig © 2018

Die erste empirische *Untersuchung zur Arbeitsbelastung und Gesundheit von Schulleitern* in Niedersachsen zeigt (Eine Online-Studie von Gesundheitswissenschaftlern der Universität Lüneburg mit rund 1300 Leitungskräften. Vergleichsstudien aus Nordrhein-Westfalen, Schleswig-Holstein und Brandenburg liegen bereits vor – danach fühlen sich Niedersachsen tendenziell gestresster als Kollegen in anderen Bundesländern.):

»Rund 80 Prozent der niedersächsischen Schulleiter sehen sich wegen ihres hohen Arbeitsaufkommens stark belastet. Darüber hinaus empfinden 76 Prozent die zahlreichen Verwaltungsvorschriften vorgesetzter Behörden als Stress-Faktoren. Grundschulleiter, die weniger delegieren können, weisen tendenziell höhere Arbeitsbelastungen und emotionale Erschöpfungsmuster auf, wie Studienleiter Kevin Dadaczynski erläuterte. Der Forscher nannte als Lösungsmöglichkeiten, Stressbewältigungsprogramme zu etablieren und die Arbeitsbedingungen zu verbessern.« http://www.noz.de/deutschland-welt/niedersachsen/artikel/624462/schulleiter-fordern-unterstutzung-statt-mehr-burokratie Neue Osnabrücker Zeitung v. 7.10.15

**Warum geht es?** Schulen haben immer neue Anforderungen bekommen. Im Rahmen der Selbstverantwortlichen Schule wurden dabei der Schulleitung auch immer neue Aufgaben zugeordnet. Somit wachsen die Herausforderungen an die Schulleitung – ein Rollenwechsel hat längst stattgefunden. Und da wir wissen, dass die gesamte Qualität einer Schule mit der Schulleiterin oder dem Schulleiter steht oder fällt, werden die Ansprüche immer noch mehr. Die wachsenden Belastungen und die vielfältigen, neuen und komplexen Anforderungen und Aufgaben an die Schulleitung haben den Einzelnen an die Grenzen seiner Belastbarkeit gebracht. Darunter leiden nicht nur die Schulleitung, sondern letztlich auch die Arbeitsweise und die Qualität der ganzen Schule. Ein gutes Schulleitungsmanagement und ein gutes Selbstmanagement sind dringend nötig – für Schulleitung und Schule. Schulleitungen brauchen also dringend ein entlastendes und professionelles Selbst-Coaching.

Ohne ein Selbstmanagement-Konzept arbeitet die Schulleitung eher ziellos und aktionistisch: Verzettelung, selbstgemachte Belastungen, Doppelungen, »Hamsterrad«, Frustration, Verzweiflung und… Zeit und Kraft für die wesentlichen Herausforderungen fehlen dann. Und letztlich geht das alles auf Kosten der Gesundheit und der Familie.

Ein gutes Schulmanagement allein reicht nicht aus. Die Reduktion auf nur fachliche und sachliche Strategien und Konzepte vergisst die Menschen. Durch ein professionelles Selbst-Coaching wird der Schulleitung – trotz aller Belastungen – eine gezielte, sinnvolle und verantwortliche Lebens- und Arbeitsplanung/Strategie geboten, die den wechselnden Anforderungen gerecht wird und trotzdem »Freiräume« schafft zur privaten Selbstgestaltung – für eine gute Work-Life-Balance – für eine gute Lebensqualität…

**Ein Selbstmanagement für Schulleitungen?!**

**Vom »Wie soll ich das alles nur aushalten?« zum »Ich will mein Leben bewusst und verantwortlich selbst gestalten!« (vom Jammern zum Handeln)**

**Wie soll ich das alles nur schaffen? Umdenken!**

*»Alle wollen etwas von mir – die Schulaufsicht, der Schulträger, das Kollegium, die Eltern und auch die Schüler – möglichst immer sofort und auch perfekt! Ich komme kaum zur Ruhe und fühle mich wie in einem Hamsterrad, denn es geht immer so weiter und wird nur noch schlimmer. Für meine Familie, meine Freunde und meine Freizeit habe ich kaum noch Zeit und schon gar nicht mehr die Ruhe. Auch meinen Kolleginnen und Kollegen geht es nicht anders. Schulleitung ist eben ein »harter Job«, aber wie lange soll und kann ich das noch aushalten – meine Gesundheit leidet jetzt schon darunter?«*

**Was kann ich tun? Welche Möglichkeiten habe ich eigentlich überhaupt?**

- Ich warte, dass sich die Aufgaben und Anforderungen an Schulleitung verbessern.
  *(Das bleibt ein Wunsch – passives Abwarten bringt keine Verbesserung.)*

- Ich gehe daran meinen Stress zu reduzieren.
  *(Reduzieren allein ist nur eine kurzzeitige Entlastung – neue Anforderungen kommen bestimmt wieder neu dazu – Sie reagieren immer mehr und bleiben aber im Hamsterrad.)*
- Ich muss und werde mich verändern und lernen, mit meiner Lebens- und Arbeitssituation nachhaltig besser fertig zu werden: Ich sorge für Verbesserungen!

*(Nur das aktive und selbstverantwortliche Gestalten hilft langfristig und wirklich.)*

*Für Wunder muss man beten, für Veränderungen aber arbeiten. Thomas von Aquin*

**Entweder**: Aushalten, jammern und auf eine »gute Lösung irgendwann« warten?

**Oder**: Selbst gestalten, selbst machen und verantwortlich selbst seinen Weg finden!?

**ICH COACHE MICH SELBST, damit ich mein Leben selbst gestalten kann!**

Nur SIE SELBST können sich aus dem »Hamsterrad« befreien und etwas verändern – »eine Lösung von oben« wird es nicht geben… Ein ganz praktisches Selbstmanagement- und Coachingkonzept kann Ihnen dazu Orientierung und Anleitung geben und Ihnen helfen, bei der selbstverantwortlichen Gestaltung Ihres Lebens und Ihrer Arbeit – »bei der motivierenden Befreiung« (aus der Opferrolle) – damit Sie sich endlich wieder Zeit und Raum schaffen können für Ihre »pädagogischen Kernkompetenzen« und auch Ihre privaten Lebensbereiche – damit Sie sich endlich selbst wieder finden und nicht nur »hinterher laufen« – damit Sie Ihre wichtigen Ziele nicht »aus den Augen verlieren« … (»also Umdenken«)

**»Ich will mein Leben bewusst und verantwortlich selbst gestalten!«**

**Warum?** Die unterschiedlichen Anlässe, das anzugehen, zeigen die unterschiedlichen Funktionen und Bedeutungen eines Selbstmanagements auf.

Es gibt **10 ganz unterschiedliche Anlässe**, um mit einem bewussten Selbstmanagement sein Leben und seine Arbeit besser zu gestalten – und so sein Leben gezielter zu genießen:

1. Ich habe eine Sehnsucht, eine Vision, die ich noch angehen möchte – einen Wunsch, den ich mir erfüllen möchte.
2. Ich habe noch offene Zielsetzungen, die ich angehen möchte.
3. Ich habe eine diffuse Unzufriedenheit mit meinem Leben und möchte etwas verändern.
4. Ich habe so einen großen Stress und so hohe Belastungen, die ich abbauen will.
5. Ich habe eine Krise, eine besondere Schwierigkeit, mit der ich fertig werden muss.
6. Ich komme in eine neue Lebensphase und möchte die zufriedener gestalten.
7. Ich habe einen konkreten Anlass (Trennung, Krankheit…), der mich »runter zieht«.
8. Ich habe Anregungen und Vorbilder erfahren, die mich anregen, mein Leben zu gestalten.
9. Ich suche eine Antwort auf die Frage »Wer bin ich?«
10. Ich habe mein Leben geschenkt bekommen und will es verantwortlich gestalten…

Die Ansätze – Stressmanagement-Ansatz, Krisen-Ansatz, Zielsetzungs-Ansatz oder der Philosophische Ansatz zur Identitätsfindung – sind meist miteinander vermischt und verbinden »Push- und Pull-Faktoren«, die Ihnen die Motivation für den Beginn mit einem Selbstmanagementkonzept leichtmacht.

*Aber – eigentlich brauchen Sie nicht extra einen Anlass zu suchen. Grundsätzlich gibt es in der Schule jeden Tag genügend Anlässe, um sofort mit einem Selbstmanagement anfangen zu müssen.*

Wer kennt das nicht: Man nimmt sich etwas vor und macht es dann doch nicht. Ausreden, Inkonsequenz, Bequemlichkeit und auch der »innere Schweinhund«, den man nicht überwinden kann, verhindern das Umsetzen und man macht keinen Sport – obwohl es einem guttun würde und man jetzt zusätzlich noch ein schlechtes Gewissen hat, das belastet. Warum scheitern so viele Versuche? Warum bleiben das nur Wünsche? Woher können Sie den Antrieb nehmen, um diese Hürde zu schaffen – vom Müssen, zum Wollen, zum Machen zu kommen? Es sind doch für Sie wichtige Sachen: Sie wollen Ihre Wünsche und Ziele verwirklichen; Sie wollen Ihre bisherigen Ergebnisse und Erfolge nicht verlieren. Für diese Veränderungsansätze werden erprobte Methoden und Praxishilfen gebraucht, die helfen, sich wirklich auf den Weg zu machen und mit den Problemen und Widerständen fertig zu werden, um die Ziele und damit echte Verbesserungen zu erreichen. Selbstmanagement braucht also klare Ziele, effektive Strategien und effiziente Methoden und Handwerkszeug, damit es auch erfolgreich ist: Sie brauchen einfache und entlastende Coaching-Arbeitshilfen!

*Ein Selbstmanagement muss über ein reines Zeitmanagement weit hinausgehen. Es muss ein Selbst-Coaching werden, damit es ganzheitlich alle Aspekte miteinander verbindet und den heutigen Anforderungen gerecht wird. Und das mündet automatisch ein in einen Identitätsprozess, weil Ihre Lebensziele richtungsweisend und grundlegend für alle Entscheidungen sind.*

- **Das Selbstmanagement** muss einfach sein, damit es funktioniert – nicht kompliziert;
- muss alles miteinander vernetzen, damit sich die Maßnahmen und Projekte nicht gegenseitig in ihren Wirkungen behindern – Sie sich nicht verzetteln;
- muss persönlich anpassbar sein, damit Sie Ihre ganz spezifische Identität bewusstmachen und profilieren, damit Sie sich selbst erkennen und identifizieren können – darf also nicht fremdbestimmt sein.

## Zur Arbeit mit dem Buch

**Zielgruppen:** Wenn Sie nur und hauptsächlich Unterstützung suchen für Ihr Schulleitungsmanagement, dann besorgen Sie sich doch besser mein Buch dazu. (Regenthal, Gerhard: Schulentwicklungsplanung III – Schulleitungskonzept – Zukunftsorientiertes Schulmanagement für Selbstverantwortliche Schulen. Köln 2014) Hier geht es um Ihre Person mit Ihren unterschiedlichen Herausforderungen – privat und beruflich – Leben und Beruf – um Ihr Selbstmanagement. Das Selbst-Coaching ist hauptsächlich für die Mitglieder der Schulleitung ausgerichtet, kann aber ganz einfach auf für das Selbstmanagement jeder Lehrkraft genutzt werden. Das Buch dient also allen, die mit Schule zu tun haben…

Alle Anleitungen und Arbeitshilfen sind nur Vorschläge für Sie. Sie sind Beispiele, Anreize und Impulse darüber nachzudenken und für sich einen eigenen Weg zu finden.

**Es sind Kon-Zepte und keine Re-Zepte.**

Sie können und sollen sie verändern und anpassen und selbstverantwortlich damit umgehen.

Alles sind nur Anregungen…Hier finden Sie keine rechtlichen Grundlagen und Entspannungshilfen. Hier geht es darum, dass Sie sich selbst auf den Weg machen, um direkt an Ihrer Persönlichkeitsentwicklung als Schulleiter und als Privatperson zu arbeiten. Das Buch ist wie ein Kompass – es bietet *allgemeine Grundlagen* zur bewussten Identitätsfindung, *theoretische Aspekte des Selbstmanagements* und ganz konkrete, pragmatische und bewährte *Anleitungen und Methoden zum Selbst-Coaching* für den Alltag der Schulleitungen.

Beginnen Sie lieber allgemein? – dann lesen Sie zuerst die allgemeinen Kapitel am Anfang. Beginnen Sie lieber gleich konkret? – dann beginnen Sie doch sofort mit dem Selbst-Coaching. Nach Bedarf und Anlass lesen Sie dann die allgemeinen Passagen hinterher.

**Fragen und Anregungen** zur Ergänzung und Verbesserung sind willkommen:

regenthal@ci-akademie.de

Ich wünsche Ihnen, dass Ihnen das Selbst-Coaching hilft, Ihre Arbeit und Ihr Leben in Zukunft einfacher, entlastender, effektiver, effizienter und erfolgreicher zu gestalten sowie Ihnen mehr Orientierung und Sicherheit gibt und Ihre Zufriedenheit und Ihre Lebensqualität erhöht.

Begleiten Sie sich mit Ihrem Selbst-Coaching selbst auf Ihrem Weg.

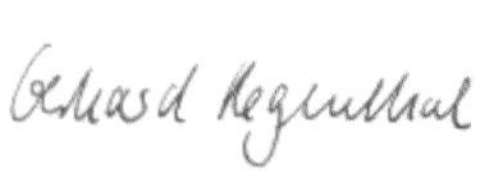

Gerhard Regenthal

Corporate Identity Akademie, Hackelkamp 9, 38110 Braunschweig, Tel. 05307-9119063

regenthal@ci-akademie.de www.ci-akademie.de

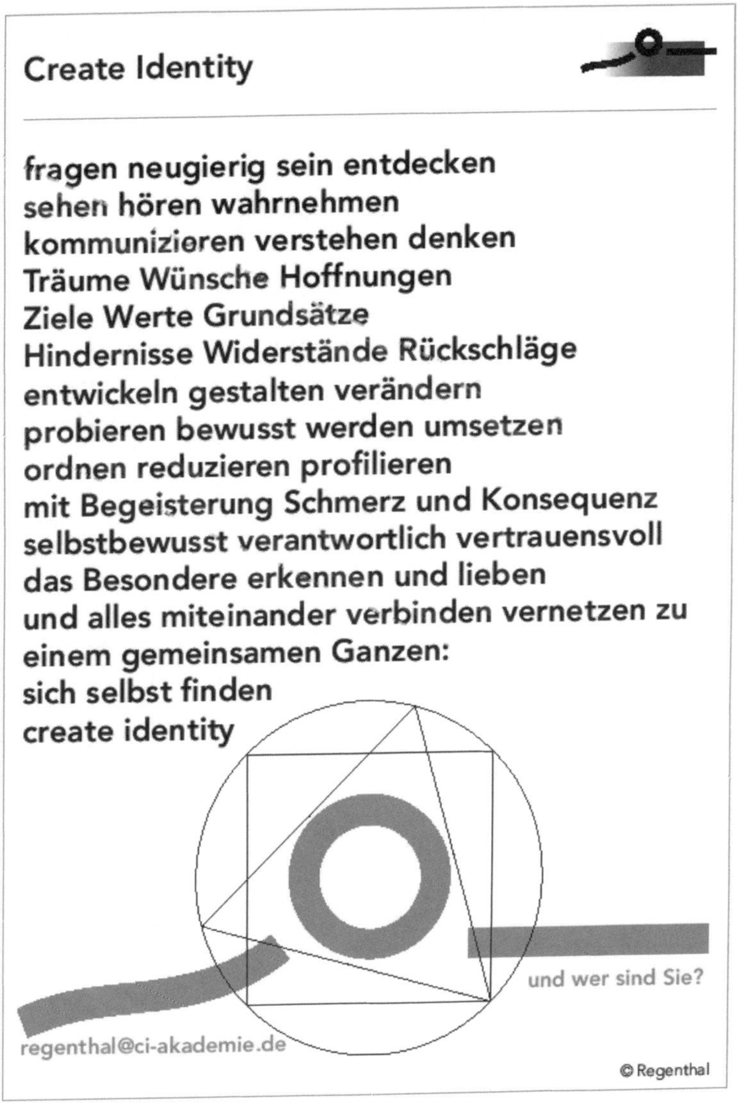


*Abb. 1: Create Identity*

# 2 Wer wollen Sie sein? Die Suche nach der Identität

*Wer kann was Dummes, wer was Kluges denken, das nicht die Vorwelt schon gedacht? Goethe im Faust II*

## Sinnsuche durch Identität

»Wer bin ich?« Diese Frage begleitet uns unser ganzes Leben lang, und wir suchen unablässig nach befriedigenden Antworten. Philosophen, Sozialwissenschaftler und Künstler unterstützen und begleiten uns bei der Antwortsuche – aber trotzdem gibt es nur wenige Menschen, die glücklich und zufrieden ihre Antwort gefunden haben. Ganze Gruppen und sogar Völker suchen ihre Identität, streiten und kämpfen darum: »Wer sind wir?« Religionen haben auch keine endgültigen Antworten für alle. Die Organisationen suchen ihre spezifische Identität und brauchen sie zur Profilierung im Wettbewerb – zur Markenbildung. Überall Fragen nach der Identität – Fragen ohne Antworten? Umso dringlicher und reizvoller die Suche wird, desto mehr wird deutlich, dass der Weg der Suche das Entscheidende ist analog zu Descartes: *Ich suche, also bin ich!* Erkenne dich als unfertig, nicht endgültig, als nicht findbar. Sobald erste Erkenntnisse als mögliches Antwort-Puzzle vorliegen, müssen wir erfahren, dass sie uns nicht ausreichen oder nicht sicher sind.

## Die Frage nach der Identität

*Das Große ist nicht, dies oder das zu sein, sondern man selbst zu sein. Søren Kierkegaard*

Jeder Mensch, jede Organisation und jedes Unternehmen gestaltet sich jeden Tag durch das, was sie tun oder nicht tun – bewusst oder unbewusst. Menschen prägen mit ihrem Denken und Handeln, ihren Ideen und ihrer Person das Schulprofil oder die Gesellschaft, und sie werden durch diese auch wieder selbst geprägt. Durch diese Wechselbeziehung wird die Unmöglichkeit klar, Systeme und Organisationen verändern zu wollen, ohne sich selbst auch verändern zu müssen. Nachhaltige Veränderungen sind nur möglich, wenn wir lernen, das Ich neu zu denken.

**Die Welt ändert sich nur, wenn sich die Menschen ändern.**

Alle Menschen suchen nach ihrer Identität. Als ein wichtiges Lebensprinzip fragen sie nach Herkunft, Zugehörigkeit und Position in der Gesellschaft. Dabei geht es nicht nur um das Erkennen der Einzigartigkeit, sondern auch um Übereinstimmung mit den Erwartungen anderer. Die Identifikation oder eine starke Identität schaffen Sicherheit und Wohlgefühl. Ein starkes Ich- oder auch Wir-Gefühl sorgt für eine klare Orientierung und Positionierung in der Gesellschaft, für Unverwechselbarkeit und ein leichtes und schnelles Wiedererkennen für Außenstehende. Dabei bleibt die Identität nicht endgültig fassbar, sondern sie muss sich ständig in wechselnden Zusammenhängen selbst bestätigen und erneuern. Individualität und Abgrenzung zu anderen fordern eine permanente Auseinandersetzung und machen die Identitätsbildung zu einem lebenslangen Prozess.

Wir alle suchen unsere Identität. Identität als eine Übereinstimmung – idem (lat.) identisch, etwas als dasselbe ansehen, wiedererkennen oder feststellen, scheint ein wichtiges Lebensprinzip zu sein, um das lange gerungen und sogar gekämpft wird: Als einzelne Menschen suchen wir unsere persönliche Identität (Übereinstimmung mit sich selbst, seinem Denken und Handeln, von Emotionalem und Rationalem) und auch unsere Position in der Gesellschaft als soziale Identität (Übereinstimmung mit den Erwartungen anderer). Auch die ethische, religiöse und regionale Identität ist uns wichtig. Die Identifikation mit Gruppen, Vereinen oder Verbänden und deren Symbolen oder Sinnsprüchen zeigt ebenfalls die große Bedeutung der Frage nach der Identität und deren Beantwortung. Eine große Übereinstimmung, eine starke Identität schafft Ruhe, Sicherheit und Wohlgefühl. Wir sind nicht mehr verunsichert und nicht mehr allein. Das starke Ich- und Wir-Gefühl schafft auch eine klare Orientierung und Positionierung. Eine echte Identität braucht eine starke Persönlichkeit.

Die Gefahr besteht in der Aufgabe der eigenen Individualität und in der Abgrenzung zu anderen. Wenn der Einzelne keine persönliche Stärke hat oder diese aufgibt, wird die Identität leicht übergestülpt und damit zur leeren Worthülse. Echte Identität braucht also eine starke Individualität, setzt somit eine starke Persönlichkeit voraus, damit überhaupt eine Übereinstimmung vorliegen kann und Identität nicht als Ersatz dient. Identität darf auch nicht nur zur Abgrenzung dienen. Nur schwache Identitäten haben das »Schlechtmachen« anderer Identitäten nötig, um sich selbst überhaupt finden und aufbauen zu können. Die dritte Gefahr liegt in der zu starken Identität: Die vorherrschende Übereinstimmung mit wesentlichen Elementen führt leicht dazu, dass Restgruppen und Minderheiten nicht mehr toleriert werden. Der Anspruch einer totalen Identität ist also ebenfalls nicht das Ziel. Es geht um eine echte und glaubwürdige Identität.

**Eine »falsche« Identität birgt auch mögliche Gefahren:**

(A) Aufgabe der eigenen Individualität (»Überstülpen«/Ersatz/»gespielte« Identität)
(B) Identität darf auch nicht nur zur Abgrenzung dienen (Schwäche)
(C) zu starke Identität (totaler Anspruch/Egoismus/keine Toleranz)

Identität bleibt die permanente Auseinandersetzung mit der Frage »Wer bin ich eigentlich?« Da alles veränderlich ist, bleibt diese Frage auch immer nur zum Teil beantwortet. Identität wird also zur permanenten Auseinandersetzung, zur Bewusstseinsbildung, zur Motivation, zum Identitätsprozess. Was bleibt, ist die Suche nach der Übereinstimmung von einzelnen Polaritäten und Gegensätzlichkeiten, die integrativ verbunden sind und sich nicht ausschließen, sondern sich gegenseitig ergänzen. Meine Identität – ist ein Konglomerat, als ein Ergebnis aus Selbstbild, Fremdbild und Verhaltensweisen… aus Denken, Fühlen und Verhalten… als besondere Persönlichkeit… als mein Ich…

**Identität ist ein fragiles Konstrukt aus verschiedenen Ich-Zuständen** – immer auf der Suche nach dem Sinn, nach der Antwort auf die Fragen »Wer bin ich eigentlich? Wer will ich sein? Was ist das Besondere an mir? Wo will ich hin?«… Identität ist ein ständiger Dialog – mit sich selbst und mit Anderen… Die Antworten machen meine Persönlichkeit bewusst und gestaltbar – zeigen meine Identität und wer ich bin.

## Identität als Konstruktion

*Kräfte lassen sich nicht mitteilen, sondern nur wecken. Georg Büchner*

Identität setzt sich zusammen aus der psychischen und der sozialen Identität. Identität als psychologisches Konstrukt geht davon aus, dass sich ein Mensch mit sich und seiner Person identifiziert. Sie ist mehr eine Persönlichkeitsentwicklung. Dabei formen sich die Menschen durch Erzählungen selbst ihre Identität. Sie vernetzen Begebenheiten und Anekdoten zu ihrer Lebensgeschichte – zu ihrem »Selbst«. Sie schaffen sich ein Bild von sich selbst: »narrative Identität«.

Identität als soziales Konstrukt ist mehr geprägt durch die von der Gesellschaft (Gruppe, Rolle) zugeschriebenen Erwartungen und Eigenschaften. Eine soziale Identitätsentwicklung verläuft im Spannungsprozess zwischen Selbstverwirklichung und den Anforderungen der Gesellschaft und setzt sich aus Selbst- und Fremdbild zusammen. Eine Gesamt-Identität ist das Ausbalancieren der psychologischen und sozialen Aspekte auf der Basis der eigenen Werte, Ziele, Bedürfnisse und Interessen.

**Schulleitungen haben eine differenzierte Gesamt-Identität:**

- **Als Schulleitung haben Sie eine personale Identität**

Sie umfasst Ihre entwickelten Persönlichkeitsmerkmale, Interessen und Fähigkeiten – Ihr ganz besonderes und einzigartiges Ich.

- **Als Schulleitung haben Sie auch noch zwei soziale Identitäten**

Sie beschreiben die Positionen/Rollen/Erwartungen, die Sie in Ihrem sozialen Beziehungsgefüge (Familie und Schule) einnehmen und wie Sie von Anderen gesehen werden.

Erst wenn alle Identitäten eine gewisse Übereinstimmung haben, sich verbinden und verstärken und sich in den Wirkungen gegenseitig synergetisch und nachhaltig ergänzen, werden mögliche »Fehlentwicklungen/Gefahren/Probleme/Belastungen« eher und besser ausgeschlossen. Erst, wenn keine gegenseitigen Behinderungen da sind, werden Sie Ihr Leben wirklich gut leben und genießen können…

Die einzelnen Identitäten müssen also zusammenpassen.

Identität wird auch gleichgesetzt mit dem »Ich«. Wir haben aber nicht ein »Ich«, sondern verschiedene Ichs: ein Wahrnehmungs-Ich, ein Gedächtnis-Ich, ein emotionales Ich und viele Unter-Ichs. Diese verschiedenen Ichs arbeiten relativ unabhängig voneinander, sodass wir nicht von einem »Ich« ausgehen können. Unser »Ich« ist auch nicht statisch, sondern entwickelt und verändert sich und hat unterschiedliche Zustände.

### Seine Identität finden beginnt mit Achtsamkeit

Die leidenschaftliche und identitätsstiftende Suche nach Wahrheit und Weisheit, nach Erkenntnis und Erleuchtung, nach Sicherheit und Stärke, nach Liebe und Leben, nach Antworten für uns beginnt mit klaren Fragen und damit, dass wir uns selbst auf den Weg machen und zur Beantwortung der Fragen Türen öffnen und dazu bereit sind, dass was wir dort finden auch anzunehmen…

Es gibt Situationen, da spürt man den Zauber des Augenblicks, den Zauber der Wahrheit und der Gewissheit. Winzige Glücksgefühle, bei denen wir uns sicher sind, die uns bestärken und Halt geben. Unsere Träume, Wünsche und Visionen ragen aus einem Nebelschleier hervor und geben uns einen kurzen Einblick in unser Ich. Mit Sören Kierkegaard gesagt: »Sehnsüchtig grüßt der, der ich bin, den, der ich sein möchte.« Ein Augenblick, der uns eins macht mit dem, was schon lange vorher war und auch in Zukunft sein wird. In diesem Augenblick wissen wir, was war und erkennen was wird. Es gibt uns dadurch die Chance, zu sehen was ist und das bisher Unsichtbare zu empfinden und zu gestalten. Diese tiefe Erfahrung haben schon viele Menschen machen dürfen. Wo und wie können wir die Zeitlosigkeit und die wahre Erkenntnis finden? Können wir daran arbeiten, in solche Augenblicke einzutauchen oder müssen wir demütig abwarten, bis sie sich zufällig einstellen? Gott wird uns diese Glücksmomente nur schenken können, wenn wir uns selbst daran beteiligen – wir müssen selbst mitarbeiten. Du selbst bist es, der diese Welt mit erschaffst – jeden Augenblick neu (nach Buddha Sakyamuni). Wir werden uns nur dann selbst finden, wenn wir uns auf die Suche machen – müssen andererseits aber auch bereit sein, das was wir finden, auch anzunehmen. Achtsam mit sich und anderen umgehen – das ist die Grundlage, um seine Identität zu entwickeln. Der weitere Weg mit seinen einzelnen Stufen über Sinnhaftigkeit und Selbstvertrauen wird durch ein Selbst-Coaching konkret.

**8. Identität**

Persönlichkeit mit Selbstverantwortung, Verantwortung, glaubwürdig. Verhalten, klaren Werten, Freiheit u. Zufriedenheit, Selbstbewusstsein u. Sozialem Netzwerk. Selbstregulier. Bewusstsein

**7. Selbstvertrauen**

Mit Zuvertrauen u. Verantwortung übernehmen. Neugier, Mut, Begeisterungsfähigkeit, Visionen für seinen Weg. Reflexionsbereitschaft. Mit Belastungen umgehen: »Welche Möglichkeiten habe ich, mich darauf einzustellen und damit umzugehen?«

**6. Handlungsorientierung**

Machbarkeit=Fähigkeit, mit Geschehnissen umzugehen. Aus Fehlern lernen. Selbstdisziplin, Ausdauer, Widerstandskraft, Resilienz, Umgang mit Risiken, Emotionen, Selbstdisziplin. Balance zwischen achtsam. Wahrnehmen – entschloss. Handeln. Das Bewusstsein hilft ihr Verhalten zu steuern.

**5. Verstehbarkeit**

Fähigkeit, Zusammenhänge zwischen Geschehnissen herzustellen

**4. Sinnhaftigkeit**

Warum? Überzeugung, dass alle Geschehnisse einen Sinn haben Sie haben klare Ziele, haben sich das Warum bewusstgemacht und entspr. Formuliert als Grundlage für Entscheidungen und Ihr Leben

**3. Emotionskontrolle**

Emotionen und Stimmungen so zu beeinflussen, dass sie geistig-seelisch nicht nachlassen, sondern immer wieder neue Durchhaltemotivationen und Unterstützungsstrategien schaffen

**2. Aufmerksamkeitskontrolle**

in der Lage sein, handlungsgefährdende und nicht zielführende Informationen, ablenkende äußere Umstände oder innere Alternativtendenzen auszublenden

### 1. Achtsamkeit

Dankbarkeit, positive Wahrnehmung, Gelassenheit, Zuversicht, Akzeptanz, Loslassen, keine zu hohen und unrealistischen Erwartungen und Wünsche permanente Bewertungen, die Wirklichkeit annehmen – nicht mit ihr streiten…

*Abb. 1: Mein Selbstbild, Fremdbild und mein Verhalten*

## Identität beginnt mit Fragen

***Wenn du eine weise Antwort willst, musst du vernünftig fragen. J. W. von Goethe***

Was macht das Einmalige und Unverwechselbare einer Person aus? Wir erleben unsere Identität als etwas ganz Besonderes, als Einheit des Selbst, als ein Kern in sich, auf das alle Erfahrungen und Aktionen ausgerichtet sind. Durch diese Orientierung auf mein inneres Zentrum entsteht der Eindruck von Sinnhaftigkeit des eigenen Daseins, das mir hilft, Erlebnisse zu verarbeiten und mein Verhalten und mein Denken auszurichten. Das schafft Klarheit, Sicherheit, Stärke und Selbstbewusstsein und auch Begeisterung. Identität ist ein hypothetisches Konstrukt. Die ganz spezifische und besondere Selbstkonzeption ist aber nie endgültig fassbar, sondern immer nur eine Arbeitshypothese, die täglich und immer wieder reflexiv bestätigt werden muss. Dabei ist der Vergleich von Selbst- und Fremdbild von synergetisch verstärkender Bedeutung. Das ist der Grundgedanke der Corporate Identity: Identität schafft Image. Alle Aktionen sollten auf die bewusst entwickelte Identität ausgerichtet sein, damit sie sich in ihren Wirkungen nicht behindern, sondern gegenseitig ergänzen – das schafft ein profiliertes Image, Stärke und Sicherheit. Große Unterschiede oder auch Identitätsdiffusionen führen zu Ängsten, Unsicherheiten, Aggressionen und auch zum Moratorium –zu Identitätsstörungen, die auch psychische Folgen bedingen können. Wer nicht weiß, wer er ist, hat auch keine Zielsetzung und kann sich leicht verlaufen. Da gesicherte und unveränderliche Identitäten auch nur ein Wunschdenken aufzeigen, bleibt also nur die permanente Suche nach der eigenen Identität. Vielleicht eine Sisyphos-Arbeit, die wir immer wieder angehen müssen. Sichtbare Ergebnisse sind auf diesem Identitäts-Weg nur »Hüllen«. (vgl. Abb. 1)

***Das Sichtbare gibt dem Werk Gestalt, das Unsichtbare verleiht ihm seinen Wert. Laotse***

Identitätsprozesse sind wichtig – wir müssen das eigene Ich selbst entdecken, entwickeln und erleben! Abgewandelt nach Descartes bleibt die Erkenntnis: *Ich suche, also bin ich!* Der Prozess ist entscheidend – Konfuzius: *Der Weg ist das Ziel.* Der Weg zu Ihrem neuen Ich mit Ihren neuen Aufgaben ist ein bewusst zu gestaltender persönlicher Identitätsprozess, der viele Grundlagen und Aspekte braucht.

***Eine Wahrheit mit eigenen Augen entdeckt, sei sie auch unvollkommen, ist zehn Wahrheiten wert, die du von anderen erfährst – denn diese hat nicht nur dein Wissen erweitert, sie hat auch deine Fähigkeit zu sehen geschärft – das hat der Polarforscher Fridtjof Nansen erkannt.***

Der erste Schritt muss nicht auf Dauer richtig gewesen sein – einen falschen Schritt kann man zurücknehmen oder verbessern und das schafft eigene Erfahrungen. Ohne erste Schritte werden Sie aber nie weiterkommen. Am einfachsten ist vielleicht die Schattenkonzept-Methode (vgl. Abb. 2), weil sie negativ arbeitet und das entlastet, Sie müssen nicht gleich perfekt das Richtige für sich herausfinden. So können Sie bei anderen suchen, was Sie gut und schlecht finden und das anschließend auf sich selbst übertragen und zusammentragen. Wenn Sie das direkt für sich machen würden, wären Sie mehr in alten Denkstrukturen verhaftet und nicht frei für Neues – Sie würden mehr Schwierigkeiten haben und nicht vorankommen.

Es gibt eine Vielzahl von Ansätzen, um sein Ich und damit sein Glück und sein Lebensziel zu finden. Gerade in unsicheren Zeiten und bei Veränderungen der Lebens- und Arbeitsphasen bekommt diese Suche wieder eine besondere – eine zentrale Bedeutung. Ein Selbst-Coaching hilft dabei.

## Das Schattenkonzept

**Eine Methode zur Selbsterkenntnis - wie in einen Spiegel schauen...**

**Alles, was uns an anderen irritiert, kann zu einem besseren Verständnis unseres Selbst führen.** Carl G. Jung

**"Der Schatten ist sozusagen die dunkle, im Schatten liegende Seite der Persönlichkeit. Er ist Teil des Ich-nahen persönlichen Unbewussten und setzt sich aus all jenen, mit den bewussten Identifikationen des Ich unvereinbaren Aspekten, Neigungen und Eigenschaften eines Menschen zusammen. Solange keine bewusste Auseinandersetzung des Ich mit diesem unbewussten Schatten stattgefunden hat, kann dieser nur außerhalb des Ich wahrgenommen werden und wird deshalb häufig auf andere Personen projiziert (Schattenkonzept)."** Aus: www.wikipedia.org

**"Alle Menschen und Ereignisse, die Sie liebenswert, liebevoll, zärtlich, hingebungsvoll, umsichtig, mitfühlend, schön, bewundernswert, attraktiv, großartig und herrlich finden, spiegeln das wieder, was an Ihnen liebenswert, liebevoll, zärtlich, hingebungsvoll, umsichtig, mitfühlend, schön, bewundernswert, attraktiv, großartig und herrlich ist. Wir projizieren irgendwas in andere hinein und das zeigt uns, wie wir selbst sind...**
**Wenn Sie das nächste Mal über einen anderen Menschen denken: 'Ich verabscheue ihn', dann fragen Sie sich: 'Was hat dieser Mensch an sich, das mich an etwas erinnert, das ich an mir selbst verabscheue?'**
**Und das nächste Mal, wenn Sie über einen Mitmenschen denken: 'Der gefällt mir', dann sollten Sie sich fragen: 'Was finde ich an mir besonders sympathisch, das dieser Mensch auch an sich hat?'.**
**Die Antworten - und das Akzeptieren der Antworten - sind die Fundamente für positive, sinnvolle Beziehungen zu anderen, aber auch zu uns selbst."** Aus: Roger / Mc Willams: Das 1 x 1 des Lebens. Alles über das Leben, was wir gern in der Schule gelernt hätten, aber nicht gelernt haben. Frankfurt a. M. / Berlin 1992, S. 149, 153 - 155



*Abb. 2: Das Schattenkonzept*

## Auf der Suche nach dem Ich: Die eigene Identität entdecken, entwickeln und erleben.

*Visionen brauchen Fahrpläne. Ernst Bloch*

### Das Ich entdecken

Entdecken heißt, eine Motivation zu schaffen, um sich auf den Weg zu machen, auf eine Schatzsuche zu gehen – vom Alten durch eine Veränderung, durch ein Chaos, zum Neuen:

- Entdecken heißt, dass ich mir meine Wünsche, Visionen und Vorstellungen bewusstmache, sie angehe und will, dass ich mich auf meine Schatzsuche mache – ich bin motiviert, etwas Neues für mich zu entdecken. Ich bin neugierig, will Neues entdecken und meine Visionen und Wünsche, meine Sehnsüchte, Emotionen und Träume verwirklichen.
- Entdecken heißt erkennen, dass ich dafür auf eine Reise gehen und Anstrengungen, Schwierigkeiten und Risiken auf mich nehmen muss; dass dafür Veränderungen notwendig und wünschenswert sind; ich das aber auch als Chance und Freude für mich sehe. (Ich muss – ich will – ich kann.)
- Entdecken heißt, dass ich in einer chaotischen und unklaren Situation oder in einer schwierigen Zeit eine Basis erkenne, dass ich Fragen aufnehme und beantworte (Wer bin ich?), mich auf den Weg mache und dabei einen Schatz entdecke: Ich bin.

### Das Ich entwickeln

Entwickeln heißt, eine klare Strategie zu haben, damit ich weiß, wie meine Schatzsuche im Einzelnen konkret abläuft:

- Entwickeln heißt, dass ich eine Ist-Analyse mache, um meinen jetzigen Standort, meine Stärken, Schwächen und Orientierungen bewusst zu machen. (Ich kenne die Ausgangsbedingungen.)
- Entwickeln heißt, dass ich meine Ziele mit konkreten Anzeigern und Zeiten genau formuliere und die als Schritte zum Ich konsequent angehe. (Ich habe einen konkreten Weg, den ich gehe.)
- Entwickeln heißt, dass ich mich mit einem klaren Konzept, einer konsequenten Strategie und mit kleinen Schritten, unterstützenden Methoden und

Regeln zur Überwindung von Schwierigkeiten auf den Weg mache. (Ich gehe los, um mein Ich zu erleben.)

**Das Ich erleben**

Erleben heißt, den Schatz »Ich bin« zu genießen, zu leben und nicht mehr zu verlieren:

- Erleben heißt, dass ich nie aufhöre anzufangen und nie anfange aufzuhören…
- Erleben heißt, dass ich mit Problemen und Konflikte umgehe…
- Erleben heißt, dass ich die richtige Einstellung habe, um mein Ich wirklich gut zu spüren – allein und zusammen mit anderen…

**Finden Sie Ihren eigenen Weg**

*Der Weg der Schulleiter zu ihrer neuen Rolle mit ihren neuen Aufgaben ist ein bewusst zu gestaltender persönlicher Identitätsprozess.*

***Wege entstehen dadurch, dass man sie geht. Kafka***

Zur Entwicklung einer starken Identität braucht man 10 Identitäts-Entwicklungselemente:

- Visionen und Wünsche, Träume und Ideen, Neugier und Begeisterung, Vertrauen und Kraft, Motivation und Ausdauer, Mut und Leidenschaft,
- Grundsätze und Leitbilder als Ausgangsbasis und Grundlage für alle Maßnahmen, Schritte und Denk- und Verhaltensweisen,
- Besonderheiten und ein Profil, die prägnant und reduziert die Identität verdeutlichen und zusammenfassen,
- Ziele und Meilensteine zur Orientierung, Ausrichtung und Entscheidung, als Zwischenergebnisse und Controlling,
- Strategien und Vorgehensweisen, als Fahrplan für Visionen, um den Prozess in Gang zu halten und flexibel zu reagieren,
- Strukturen und Bereiche, um Teilkonzepte zu entwickeln und die einzelnen Elemente zu implementieren und zu vernetzen, um Klarheit und Transparenz zu haben,
- Methoden und Instrumente, um die Ideen und Konzepte umzusetzen und zu verwirklichen, um die Probleme anzugehen,

- Bewusstsein und Selbstwertgefühl, denn Emotionen schaffen die Kraft, das Selbstvertrauen und die Freude und bringen die kognitiven Strategien zum Erleben,
- Reflexion und Controlling, um die Ergebnisse und das Gelernte bewusst zu machen und neue Ziele zu finden,
- Image und ein einheitliches Erscheinungsbild, um ein starkes Fremdbild als Bestärkung und Feedback zu haben

... und das alles glaubwürdig und ganzheitlich umsetzen, leben und empfinden.

Das »weiche«, emotionale Vorgehen sorgt für entscheidende, konkrete und »knallharte« Erfolge mit Nachhaltigkeit und Profilbildung. Dabei ist die Identität der zentrale Kristallisationspunkt, der dieses Mehr an Leistung und Wirkung freisetzt: sie ist die stärkste Kraft der menschlichen Handlung. Die Identität ist das eigentliche »Zauberwort«, das auch in der Zukunft einen immer größeren Wert spielen wird, weil sie einen besonderen »Mehr-Wert« schafft. Eine glaubwürdige Identität schafft (vgl. auch dazu Abb. 4)

1. ein klares Bewusstsein – durch reflektierende Fragen und Antworten,
2. einen starken Willen – durch effektive Methoden und klare Entscheidungen,
3. notwendigen Mut – durch strategische Orientierung und konsequentes Handeln in kleinen Schritten,
4. ein gutes Wohlgefühl – durch Selbstverantwortung und intensive Emotionen,
5. ein motivierendes Bewusstsein – durch erste Erfolge und eine echte Identität.

**Identität als allgemeine Persönlichkeitsentwicklung und bewusste Lebensstrategie**

Dabei ist diese Identität nicht die Identität, die man vielleicht umgangssprachlich erwartet (= *allgemeine Persönlichkeitsentwicklung*), denn diese ganzheitliche Identität beinhaltet nicht nur eine motivierende und emotionale Ausrichtung, sondern sie ist auch eine vernunftgeleitete Leitgröße zur Verbesserung realer Lebenssituationen (= *bewusste Lebensstrategie*).

Identität ist eine notwendige Größe, um das eigentliche »Kapital« – die intrinsischen Ressourcen in den Menschen selbst frei setzen zu können. Das erfordert nicht nur eine »neue« Strategie, sondern eine vernetzte und eine wirklich glaubwürdige. Wenn Sie sich darauf einlassen, offen und vertrauensvoll diesen Veränderungs-Prozess zu starten, werden Sie diese Wirkungen selbst kennen lernen. Die starke Identität soll nicht per Zufall Wirkung zeigen, sondern soll bewusst als wichtige Zielgröße bei allen Überlegungen und Entscheidungen dienen. Wichtig ist, dass deutlich wird, dass eine »Nicht-Identität« oder eine gegensätzliche oder nicht abgestimmte Identität entscheidende negative Wirkungen hat, die man sich nicht mehr erlauben kann und will.

Identität bleibt somit die permanente Auseinandersetzung mit der Frage »Wer bin ich eigentlich?« Da alles veränderlich ist, bleibt diese Frage auch immer nur zum Teil beantwortet. Identität wird also zur permanenten Auseinandersetzung, zur Bewusstseinsbildung, zur Motivation, zum Identitätsprozess. Wenn man damit aufhört, verliert man seine Identität oder man wird zu starr und ideologisch und macht damit den Einzelnen als Basis für die Übereinstimmung kaputt. Eine Identifizierung ist dann nicht mehr möglich. Was bleibt, ist die Suche nach der Übereinstimmung von einzelnen Polaritäten und Gegensätzlichkeiten, die integrativ verbunden sind und sich nicht ausschließen, sondern sich gegenseitig ergänzen: Übereinstimmung von Denken, Empfinden und Handeln – mit Kopf, Herz und Hand (Pestalozzi).

**Der Identitätsprozess ist ein strategischer Gestaltungs- und Lernprozess mit Hilfe eines bewussten und selbstverantwortlichen Selbst-Coachings.**

Nur durch Ausprobieren, Erfahrungen sammeln, das Bearbeiten von Widerständen und Stolpersteinen, durch Schulung und Coaching können wir diese neue Denkweise schrittweise lernen und leben. Für diese umfassende Selbstverantwortung sind vier Grundelemente notwendige Basis:

1. **Handlungsfähigkeit.** Für die Selbstverantwortung muss ein ergebnisorientiertes, strategisches und konsequentes Verhalten die Ergebnisse bringen. Der Zustand der Selbstverantwortung bringt nur dann Erfolg, wenn er sich in der Praxis bewährt und Verbesserungen schafft. Dazu gehören Selbstdisziplin und Mut zum Machen!

2. **Konfliktfähigkeit.** Die selbstverantwortliche Strategie kann die Ergebnisse nicht genau vorher festlegen. Es bleibt also immer ein Restrisiko: Ein glaubwürdiger Entwicklungsprozess ist letztlich bestimmt durch Fehler, Probleme, Krisen und Unzulänglichkeiten, die vorher nicht konkret vorher bestimmbar sind. Menschliches Verhalten bleibt nur unzulänglich und muss lernen, mit diesen Unzulänglichkeiten und der Endlichkeit fertig zu werden und daraus Konsequenzen zu ziehen. Nicht keine Probleme zu haben ist das Ziel, sondern mit den Problemen umzugehen, ist der richtige Weg.
3. **Emotionsfähigkeit.** Alles Verhalten hat Folgen und Auswirkungen. Diese Auswirkungen auf die Gefühle wahrzunehmen und damit bewusster umzugehen, ist notwendig für die Selbstverantwortung. Stress und Belastungen sind emotionale Faktoren, die aufgearbeitet werden müssen, damit sie nicht als »Stolpersteine« die Erfolge be- und verhindern. Aber auch die positiven Emotionen, wie das Wohlgefühl, sind notwendig als Motivatoren und Verstärker.
4. **Reflexionsfähigkeit**. Eine ganzheitliche Selbstverantwortung umfasst Kopf, Herz und Hand. Herz als die Emotionsfähigkeit, Hand als die Handlungsfähigkeit und Kopf als die Reflexionsfähigkeit. Um über die anderen notwendigen Elemente nachdenken und sie gestalten zu können, ist es wichtig, sich über die Wirkungen bewusst zu werden: Die Werte mit dem Wollen und den Wirkungen zu vergleichen. Die Fähigkeit zur Reflexion schafft die Möglichkeit, sich auf einer Metaebene alle Elemente und Einflussfaktoren bewusst zu machen. Nur diese Bewusstmachung schafft bewusste Veränderungen, die nicht nur zufällige Verbesserungen sind und die dem Imperativ der Selbstverantwortlichkeit entsprechen können.

Alle vier Grundelemente der Selbstverantwortung sind ganzheitlich miteinander verbunden. Ein Element allein kann keine Selbstverantwortung entwickeln und ermöglichen. Nur die interdependente Verbindung aller Grundlagen kann ein Umdenken zu mehr Selbstverantwortung bewirken und damit eine Verbesserung der identitätsstiftenden Kultur.

**Conclusio**

Identität baut auf ***Achtsamkeit*** auf als eine bewusste Wahrnehmung und mündet ein in eine ***Handlungsorientierung*** als verantwortliches Leben und Handeln. (vgl. Abb. 3) Das ***Zuvertrauen*** stärkt uns und gibt uns ein sicheres Netzwerk als Unterstützung. Erst durch ein starkes ***Selbstvertrauen*** kann sich eine wertige Persönlichkeit entwickeln, die mit ihrer glaubwürdigen und profilierten ***Identität*** ein gutes Leben leben kann – das ist das Ziel. Durch diese Lebenskomponenten kann sich jeder seinen Weg bewusstmachen und ihn Stück für Stück bewusster gehen…

Was bringt uns letztlich zum Ziel? Wir müssen wirklich wollen – dazu brauchen wir ein klares »Warum«, wir brauchen das Bewusstsein, warum wir das machen – und dann Selbstdisziplin, Mut, Motivation und Ausdauer. Mit einer bewussten Zielsetzung ist es auch leichter mit den Widerständen umzugehen – ob schwierige Zeiten, ob Probleme oder Konflikte. Wie hat Nelson Mandela seine lange Gefangenschaft überlebt und dann die Kraft gehabt für einen gemeinsamen Neubeginn? Er hatte seine Antwort auf das »Warum« gefunden und auch ein Gedicht soll ihn dabei begleitet und ihm geholfen haben:

***Aus dieser Nacht, die mich umhüllt,***
***von Pol zu Pol schwarz wie das Grab,***
***dank ich welch immer Gottes Bild***
***die unbezwung'ne Seel' mir gab.***

***Wenn grausam war des Lebens Fahrt,***
***habt ihr nie zucken, schrei'n mich sehn!***
***Des Schicksals Knüppel schlug mich hart –***
***Mein blut'ger Kopf blieb aufrecht steh'n!***

***Ob zornerfüllt, ob tränenvoll,***
***ob Jenseitsschrecken schon begann:***
***das Grauen meines Alters soll***
***mich furchtlos finden, jetzt und dann.***

***Was kümmert's dass der Himmel fern***

***und dass von Straf' mein Buch erzähl',***

***ICH bin der Herr von meinem Stern,***

***ICH bin der Meister meiner Seel'!***

***Invictus (»Unbezwungen«) von William Ernest Henley (1888)***

Dabei sind ***Vertrauen und Verantwortung*** die notwendigen und zentralen Säulen, die sich nur auf der Basis von ***gelebten Werten*** entwickeln. (vgl. Abb. 5 und 6) Nur so kann eine starke, profilierte und glaubwürdige Identität entstehen. Diese Stärke, Motivation und Begeisterung schafft Entlastungen, Vorteile und Nutzen. Eine solche gemeinsame Schulkultur kann den Anforderungen und Neuerungen bestens begegnen (Müssen) und darüber hinaus auch die eigenen Ziele und Bedürfnisse (Wollen) berücksichtigen.

Diese idealtypischen und wertigen Grundlagen für eine glaubwürdige Persönlichkeit und als Grundlage für ein sinnhaftes Selbst-Coaching als bewusste Lebensgestaltung sind für Schulleitung sehr hilfreich. Darüber hinaus haben Schulleitungen als Führungskraft und in der Verantwortung für die Schule die Aufgabe, ein transparentes Schulleitungskonzept zu entwickeln und das auch im Alltag zu leben. Das sorgt gleichzeitig auch für eine Profilierung der Schule in der Zukunft. Eine zukunftsorientierte Schulleitung sollte »**Freiheit** gewähren«. Leiten Sie Ihre Schule nicht »kaputt!« Ein zu enges Schulleitungskonzept und ein zu sehr anweisender Führungsstil demotivieren und beschränken die Kompetenzen und Ressourcen der Mitarbeiter und gerade die sind wichtig für eine gute Arbeitsweise und die ganze Schule – für eine Selbstverantwortliche Schule.

Eine gute Schulleitung sollte klare Ziele haben (abgestimmt mit dem Schulkonzept) und einen verlässlichen und verbindlichen Rahmen schaffen für die selbstverantwortliche Ausgestaltung der verschiedenen schulischen Handlungsfelder. Die Identifikation mit der Schule basiert auf der persönlichen Identität. Schaffen Sie eine Balance zwischen »Freiheit (wollen) und Verbindlichkeiten (müssen)« – zwischen »Lebenskonzept (privat) und Schulleitungskonzept (beruflich)«.

**Eine gezielte Identitätsentwicklung durch ein Selbst-Coaching ist gerade für Schulleitungen in ihrer Position von ganz besonderer Bedeutung:**

(1) *zur Stärkung der eigenen Persönlichkeit* – um für sich eine Balance zu finden für die unterschiedlichen privaten und beruflichen Herausforderungen

(2) *in der Leitungs-Verantwortung und als Vorbild für das Kollegium* – um die Schule gemeinsam verantwortlich, profiliert und zukunftsorientiert zu gestalten

(3) *als prägendes Vorbild der Bildungskultur der Schule* – um so auch den Schülerinnen und Schüler Orientierung für ihre Lebensgestaltung geben zu können

Ehrliche und verantwortungsvolle Führungskräfte können sich diese wertigen Eigenschaften für sich klarmachen und sich täglich daran orientieren – was in einem strategischen Selbst-Coaching-Konzept leichter fällt und besser umzusetzen ist. Gerade in diesen schwierigen Zeiten der permanenten Veränderung und in anspruchsvollen und verantwortlichen Positionen, wie in der Schulleitung, müssen der Führungsstil und das Schulleitungskonzept auf diese wichtigen Lebenskomponenten hin bezogen sein.

*Abb. 3: Was macht uns stark fürs Leben? 5 grundlegende Komponenten*

*Abb. 4: Glaubwürdigkeit*

*Abb. 5: Vertrauen und Verantwortung*

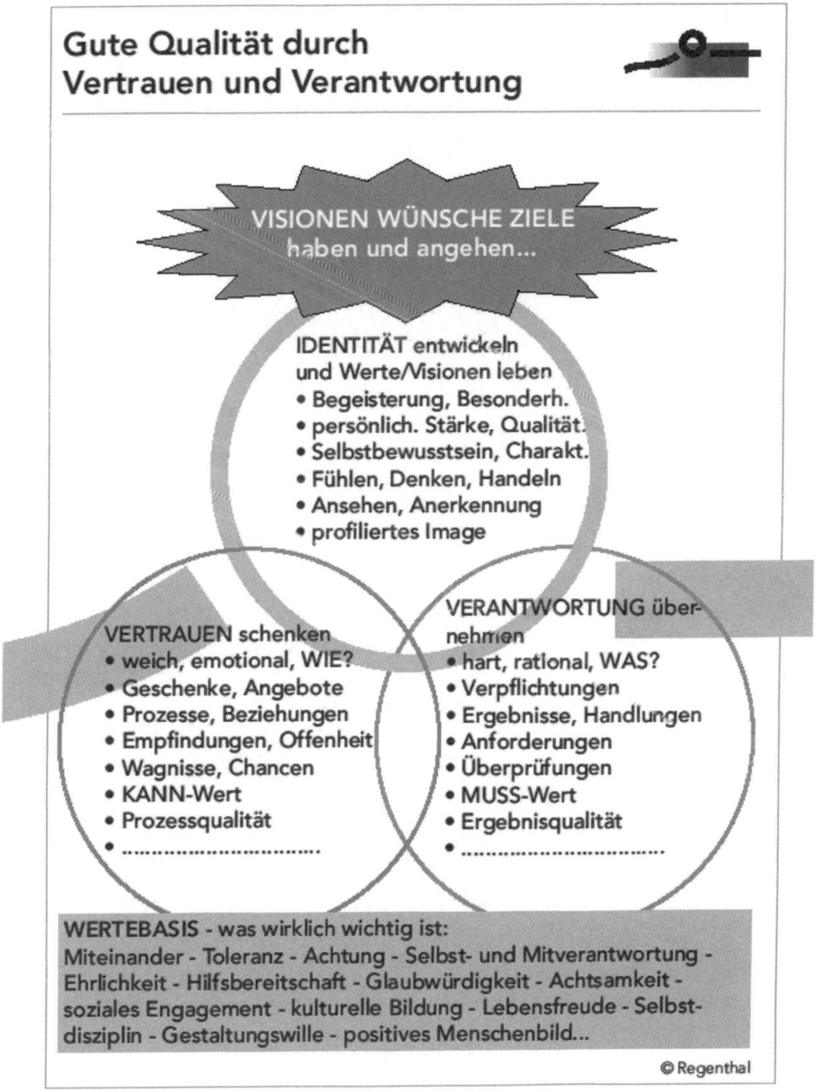


*Abb. 6: Gute Qualität durch Vertrauen und Verantwortung*

## Identitäten brauchen ein Warum

*Abb. 7: Nur das Wollen verbindet das Denken und Machen*

**Überlegen Sie mal!**

*Früher wurden pädagogische Führungskräfte mit gutem Wissen und guten Kompetenzen zu Schulleitungen gekürt – in der Hoffnung, sie werden sich mit der Zeit schon entwickeln und die Schule gut verwalten…*

*Sind das die Schulleitungen, die heute die vielen neuen komplexen Anforderungen einer Selbstverantwortlichen Schule meistern können? Hat man die Schulleitungen mit den Herausforderungen der Gegenwart und der Zukunft nicht alleingelassen? Diese zentrale Position mit vielfältigen Aufgaben und recht geringen Möglichkeiten zur wirklich eigenständigen Leitung der Schule braucht starke Persönlichkeiten – früher und heute umso mehr. Damit sind nicht die »Fürsten alter Schule« gemeint, sondern starke persönliche und fachliche Autoritäten. Vorbildliche und verantwortungsvolle Persönlichkeiten – Identitäten, die klare und verbindliche Werte und Zielvorstellungen haben und mutig, begeisternd und tatkräftig die Schule gemeinsam gestalten. Das »wirkliche Wollen wollen« ist entscheidend für eine gute Schule in der Zukunft geworden. Ein Paradigmawechsel in der Schulleitungsrolle.*

**Entwicklungs-Stufen für die Schulleitung – vom Wissen über das Wollen zum Machen:**

1. **Fach-Wissen (WAS):** als Schulleitung Wissen haben, um es einzusetzen,
2. **Kompetenzen (WIE):** als Schulleitung Strategien, Methoden und Prozesse haben, um sie einzusetzen,
3. **Motivation (WOLLEN):** um als Schulleitung Anreize und Motivation schaffen zu können, sodass die Kolleginnen und Kollegen es auch selbstverantwortlich wirklich tun, muss der Schulleiter selbst auch wollen wollen und es vorbildlich und begeisternd vorleben.
4. **Umsetzung (MACHEN):** etwas zu tun, nicht, weil es eingefordert wird, sondern weil es Ihnen wichtig ist und Sie es selbst wollen. DAS ist wirklich sinnvoll und nachhaltig – DAS ist das eigentliche Ziel! Und das kann nur durch den »Wollens-Schritt« erreicht werden, den starke Identitäten machen können. (vgl. Abb. 7) Mit Wissen und Kompetenzen allein sind Sie keine gute Schulleitung…

Jeder Mensch braucht für sein Leben und Arbeiten klare Ziele, um seine Ressourcen darauf ausrichten und konzentrieren zu können. (Wer keine Ziele hat, verläuft sich.) Ohne Ziele hat er Unsicherheiten, Desorientierung, Verzettelung, »blinden Aktionismus« – das zeigt die möglichen Gefahren auf und begründet die Notwendigkeit. Besonders zur längerfristigen Motivation und zur Resilienz (Durchhaltevermögen) sowie zur Problemlösung in schwierigen Zeiten brauchen wir alle nicht nur Ziele, sondern fragen uns dann nach dem »Warum?«. Wenn das nicht geklärt ist, werden viele Entscheidungen und auch tägliche Maßnahmen immer schwieriger und belasten uns. Gerade auch Schulleitungen brauchen für sich als stark belastete Person klare Ziele und Antworten auf das Warum. Darüber hinaus brauchen Sie in ihrer besonderen vorbildlichen Situation und Position innerhalb und außerhalb der Schule umso mehr klare Ziele und Begründungen durch das »Warum?«. Können Sie Ihre Ziele direkt begründen? Warum tun Sie das? Machen Sie es nur aus Gewohnheit oder weil es eingefordert wird? Haben Sie für sich ganz persönliche Beweggründe und Motivationsansätze? Dabei sollte der motivierende Ansatz nicht zu extrem gesehen werden – sie soziale Komponente, den solidarischen Aspekt dürfen Sie natürlich nicht vergessen.

*Starke Identitäten sind keine Narzissten oder Egoisten, sondern verantwortliche Persönlichkeiten.*

**Welche Grundlagen braucht eine Identität, die auch ein gutes Miteinander-Umgehen ermöglicht?**

- Glaubwürdige Werte und ein Menschenbild, das von Freiheit und Selbstverantwortung geprägt ist.
- Achtsamkeit für sich und Andere im Denken und Handeln.
- Verständnis zeigen, Vertrauen aufbauen und eine Verbindung schaffen. (seine Person einbringen und auf den Anderen zugehen)
- Empathisches Reagieren und Ansätze finden (eine Verbindung schaffen) – Verbundenheit.
- Sinnhaftigkeit verdeutlichen und Ziele transparent machen. (das Warum klären)
- Die Beziehung klären und eine menschliche Kommunikation gestalten.

- Begeisternde Elemente vermitteln und die Machbarkeit und Handlungsorientierung klären.
- Grenzen erkennen und beachten (für beide Personen und ihre Handlungen)
- Gemeinsamkeiten bewusstmachen und entwickeln und gemeinsame Perspektiven schaffen.

*Es ist der größte Wahnsinn, als Schulleitung gute Schule machen zu wollen mit einer nur rein sächlichen Qualität und ohne eine klare Identität und ohne eine glaubwürdige Persönlichkeit. Gerhard Regenthal*

**5 Axiome zu Schluss:**

**Schulleitungen brauchen ein klares Warum – ein wirkliches Wollen – brauchen wertige und verantwortliche Ziele, um Schule gut leiten und gestalten zu können.**

- Der staatliche Auftrag und die Strukturen und Bedingungen der Schulen passen nicht zusammen – schon gar nicht mit den vielfältigen Ansprüchen und Erwartungen der unterschiedlichen Seiten.
- Immer neue Aufgaben werden nur eingefordert – ohne Unterstützung und zumeist sinnlos.
- Eine Verbesserung wird nicht von »oben« kommen – das ist ein »Fluchtpunkt des Denkens«.
- Diese unglaubwürdige »Legitimationskrise« (Habermas) und unsere Verantwortung zwingen uns zum Umdenken – in dieser Situation bleibt eigentlich nur eine »wirklich Selbstverantwortliche Schule«, die ihren eigenen Weg geht: einen gemeinsamen mutigen Schulentwicklungsprozess.
- Und das erfordert ein »neues Verständnis von Schule« und ein »neues Verständnis von Schulleitung«. Als Schulleitung müssen Sie mit diesen Bedingungen, Diskrepanzen und Herausforderungen umgehen können (»sonst machen Sie sich kaputt«) – vorbildlich und verantwortlich. Das erfordert wiederum eine starke Persönlichkeit.

***Wie wollen Sie das ohne ein begleitendes Selbst-Coaching wirklich schaffen?***

# 3 Sie wollen etwas verändern? Warum gelingt es nicht so einfach?

***»Es muss besser werden – aber wie?***

*So kann es nicht weitergehen! Die ganzen Belastungen halte ich nicht mehr aus! Wie soll ich das alles nur schaffen? Und außerdem habe ich ganz andere Wünsche, die gar nicht mehr zur Geltung kommen. Es muss endlich besser werden!«*

Wenn es besser werden soll, muss sich etwas verändern – aber *wer* soll das machen? Wünschen Sie sich ein »Geschenk« als eine Verbesserung »von oben«? Oder wollen *Sie selbst* etwas verändern?

*Für Wunder muss man beten, für Veränderungen aber arbeiten. Thomas Aquin*

**Sie wollen etwas verbessern, dann müssen *Sie* etwas verändern.**

**Verbesserungen ohne Veränderungen?**

*Die größte Form des Wahnsinns ist es, alles beim Alten zu lassen*

*und trotzdem darauf zu hoffen, dass sich etwas ändert. Albert Einstein*

**Veränderungen ohne Risiko?**

*Ich weiß nicht, ob es besser wird, wenn es anders wird.*

*Aber es muss anders werden, wenn es besser werden soll. Georg Christoph Lichtenberg*

**Das kann ich nicht – das muss ich erst lernen.**

**Notwendige Kompetenzen *beim* Veränderungs-Prozess erlernen…**

*Denn die Dinge, die wir erst lernen müssen, bevor wir sie tun, lernen wir beim Tun. Aristoteles*

Sie machen sich also auf den Weg: Sie wollen etwas verändern! Warum gelingt es aber nicht so einfach? Was für »Stolpersteine« liegen auf dem Weg und machen uns eine einfache Veränderung hin zur Verbesserung nicht leicht?

## 3.1 Einführung in die Problematik: Was sind für Sie eigentlich »Belastungen und Stress«?

### Wie gehen Sie mit Belastungen und Stress in der Schule und im Privatleben um?

### Was sind für Sie eigentlich »Belastungen und Stress«?

Starten Sie zunächst mit einem Selbsttest! Gehen Sie mit mir Schritt für Schritt die folgenden Fragen durch und entscheiden Sie sich spontan bei den Antworten. Klären Sie so für sich, was Sie alles als Belastung und Stress ansehen und empfinden und was das dann für Sie schlussfolgernd bedeutet.

**A) Haben Sie Belastungen und Stress?**

- ▫ Nein, das kenne ich nicht!
  *Dann machen Sie alles richtig, denn Sie können mit Ihren Aufgaben und Anforderungen scheinbar gut umgehen und alles regeln. (Ist das so? Oder machen Sie sich nur etwas vor?) Eine »positive Einstellung« wird Ihnen wahrscheinlich dabei helfen. »Sie machen sich keinen Stress!« Sie brauchen auch gar nicht mit dem Selbsttest weiterzumachen. Glückwunsch!*
- ▫ Ja, das kenne ich gut!
  *Ich brauche meinen täglichen Stress – er ist die Energie für meine Arbeit. Außerdem bin ich viel besser angesehen, wenn ich auch über Stress mitreden kann (ich wäre ja ohne Stress sonst nicht so wichtig). Und es hat ja auch viele Vorteile: ich bleibe in meiner »Opferrolle«; ich kann jammern; einiges liegen lassen, weil ich es nicht schaffe; ich kann den anderen die Schuld geben; ich brauche auch nicht daran zu arbeiten (belastet ja noch mehr und schafft Erwartungen). Ein Leben ohne Stress kann ich mir nicht vorstellen. Für meine Belastungen und meinen Stress sind andere Schuld – das ist nicht meine Verantwortung! Ich bin genug belastet – ich kann jetzt nicht noch zusätzlich daran arbeiten – dafür habe ich auch gar keine Zeit. (Sie sollten auch nicht weiterlesen und keine Zeit mehr verschwenden!)*
- ▫ Ja, das kenne ich gut!
  *Ich habe schulisch und privat viele Aufgaben und empfinde den Stress als sehr belastend. Ich wünsche mir, dass die Belastungen weniger werden, aber ich weiß, dass ich darauf lange warten kann, also muss und will*

*ich daran arbeiten und es nicht dem Zufall oder anderen überlassen. Ich suche klare Strategien und Methoden, um zu lernen, das so zu managen, dass ich besser damit leben kann... (Lesen Sie weiter – ich hoffe, Sie finden Ihren Weg!)*

**B)** Wenn Sie bewusst und motiviert den Umgang mit Belastungen und Stress angehen wollen, können Sie jetzt weitermachen. **Was suchen Sie genau?**

- ▫ einen **entlastenden Umgang mit Stress**? (Stressabbau)
  Ich will meinen Stress mindern und die Belastungen abbauen. Ich will meine vielen Aufgaben reduzieren und weniger machen. Ich will mir mehr Zeit nehmen für mich und für Pausen und Erholungen.
  *Sie verstehen Stress hauptsächlich als eine reine Belastung »von oben«, die Sie reduzieren müssen. Sie sind auf der Sachebene und versuchen die gut zu regeln. Es geht dabei mehr um das Weniger-Machen (»Was kann ich alles weglassen?«) und das Mehr-Pausen-Machen (»Wo kann ich Entspannung finden?«) – der Stressabbau steht im Vordergrund – Sie reagieren aber nur. Erreichen Sie dadurch wirklich eine nachhaltige Verbesserung!? Was machen Sie, wenn wieder neue Aufgaben von außen auf Sie zukommen?*
- ▫ oder einen **selbstverantwortlichen und handlungsorientierten Umgang mit Stress**? (Stressbewältigung)
  Ich will Stress nicht nur mindern und aushalten, sondern mein Leben selbst gestalten. Ich warte nicht auf mögliche Entlastungen – ich weiß, dass ich letztlich selbst dafür verantwortlich bin. Stress findet nur bei mir statt! Ich werde vielleicht auch wieder Stresszeiten haben, aber gerade dann brauche ich eine Strategie, wie ich damit gut umgehen kann. Ich will den Umgang mit Belastungen und Stress aktiv handelnd angehen – verantwortlich und zielgerichtet daran arbeiten. Ich will für mein Leben eine Ausgewogenheit von Stress und Entspannung finden...

  ***Sie verstehen Stress richtig.***

  *Wer seelisch leidet, leidet nicht an der wirklichen Wirklichkeit, sondern an seinem Bild von der Wirklichkeit. Watzlawick*
  *Es geht mehr um das Grundsätzliche: Ich bin in einem Hamsterrad, das sich immer schneller dreht. Ich weiß, dass nur ich selbst mich daraus befreien kann, denn Stress ist immer selbstgemacht – es sind nur meine Empfindungen und Gedanken (Stress ist kein WAS – es ist ein WIE. Stress*

*ist keine Sache – es sind Emotionen.). Und die kann man nicht sachlich angehen, sondern nur auf der emotionalen Ebene, der Beziehungsebene. Es geht also nicht um das WAS (die Menge und die Art der Stressbelastungen, die es gilt abzubauen), sondern um das WIE (WIE schätze ich das für mich ein – wie kann ich damit umgehen?). WIE gehen Sie mit den Stressbedingungen und Stressauslösern um? (»Wie kann ich selbstverantwortlich damit gut umgehen?«) Stressabbau hilft nur kurzfristig und nicht nachhaltig – Sie reagieren nur und das Hamsterrad läuft kurzfristig weniger schnell. Sie müssen grundsätzlich »Umdenken« und sich aus Ihrem Hamsterrad befreien!*

- ***Was ist Stress**: (engl. Druck, Anspannung; lat. stringere anspannen) bezeichnet (nach Wikipedia) zum einen durch spezifische äußere Reize (Stressoren) hervorgerufene psychische und physische Reaktionen bei Lebewesen, die zur Bewältigung besonderer Anforderungen befähigen (Eustress), und zum anderen die dadurch entstehende körperliche und geistige Belastung (Dysstress).*
- ***Wie entsteht Stress?** Das wird deutlich in der Situationsbeschreibung /-analsye: Was belastet mich? Wovor habe ich Angst? Was konkret stört mich?*
- *Entscheidend ist die individuelle Bewertung des Verhältnisses zwischen der Situation und den eingeschätzten Bewältigungsmöglichkeiten: Kann ich mit der Situation umgehen? Sie ändern die Beziehung zu den Stresssituationen: Empfinde ich das negativ, belastend und sinnlos (»WAS ist das nur schon wieder für eine »schreckliche Belastung?«) oder positiv, als machbare und interessante Herausforderung? Welches Verhältnis, welche Beziehung baue ich auf? (»WIE manage ich das?«)*
- ***Es geht um die Stressbewältigung**: Will und kann ich die Herausforderungen annehmen – als Chancen, um Neues zu finden? Warum will ich das eigentlich? Wie konzentriere ich mich auf das Wesentliche? Wichtig ist das Ablegen der »Opferrolle« (Wie soll ich das nur ertragen? Jammern beenden und Hilflosigkeit aufgeben.) und die Stresssituationen hinterfragen und neu bewerten: Denkblockade aufheben, Senken des Anspruchsniveaus – konkrete Gefahrenklärung.*

*Setzen von wenigen, realistischen und konkreten Zielen. Nein-Sagen – Grenzen und Pausen setzen entspannen, um wieder zum Handeln zu kommen…*

- *Eine nachhaltige Stressbewältigung geht nur durch das Erlernen des Umgangs mit Stress – durch ein »Umdenken« und »neu programmieren«: Vom Stressabbau zur Stressbewältigung hin zum Stressmanagement. Der Wunsch nach weniger Stress ist eine Utopie – ich wünsche mir, dass ich gut mit meinem Stress umgehen kann!*
- ***… und das können Sie erlernen: Durch ein selbstverantwortliches Stressmanagement – als ein professionelles Selbstmanagement – ein Selbst-Coaching.***

C) Wollen Sie das erlernen? **Dann machen Sie doch gleich mal einen kleinen Versuch?**

Wer sich gestresst, belastet, unsicher und unzufrieden fühlt, kann seine Lebensqualität spürbar verbessern, indem er lernt, sein Wahrnehmen, Denken und Bewerten in kleinen Schritten zu verändern und nicht mehr krampfhaft versucht, gegen feste Gegebenheiten vorzugehen. Beginnen Sie mit dem »Abbau der alltäglichen Stressauslöser im eigenen Denken« durch folgenden Versuch, um damit in kleinen Schritten aus dem Stress aktiv handelnd herauszukommen. Nur eine »neue« Denkweise und eine Verhaltensveränderung werden letztlich nachhaltige Verbesserungen schaffen.

- ☐ Muss ich mich dann wirklich verändern?
  *Sie scheinen Ihren täglichen Stress behalten zu wollen. Bitte nicht weiterlesen (würde nichts bringen, da Sie ja nicht veränderungsbereit sind) oder doch noch mal von vorne beginnen – da capo! Für gute Verbesserungen brauchen Sie grundlegende Veränderungen, das ist so!*
- ☐ Ja, ich will etwas verändern und bin bereit, es zu probieren.
  *Sie sind bereit und neugierig für Neuerungen und das ist der erste Schritt, Belastungen mal anders anzugehen. Erst durch eigene Erfahrungen werden Sie in kleinen Schritten etwas Neues lernen. Lassen Sie uns anfangen!*
- ☐ Ja, ich lese jetzt das folgende Beispiel und probiere dann gleich eine einfache Stress-Situation aus meinem Alltag entsprechend zu analysieren und zu bearbeiten.

## Selbstreflexionsmatrix zur Bewusstmachung unterschiedlicher Stress-Situationen

| **Situation Anlass Personen Umgebung** **Regenthal ©** | **Was konkret habe ich empfunden? positiv/negativ** | **Empf. Stärke 0 - 10** | **Dauer Wann? Wie lange?** | **Beschreibung meines Gefühls...** | **Bewer-tung: Gut - schlecht** | **Was habe ich getan, gedacht? Mein Verhalten?** | **Alternative: Was hätte ich anders machen können?** |
|---|---|---|---|---|---|---|---|
| *z. B. Ich will Sport machen, habe aber noch viel zu tun...* | *Ich ärgere mich, dass ich mich nicht so wichtig nehme und keinen Sport mache. Durch 2 Anforderungen habe ich einen Zielkonflikt und erlebe Stress.* | *8* | *20 min* | *Vorwürfe, Jammern, Ärger, Schuldzuweisung an Chef. Kein Sport, Zeitverlust, Denkblockade, Kopfschmerzen...* | *schlecht weder Arbeit noch Sport... Stress kann noch weiter eskalieren* | *Verzettelung, handlungsunfähig, Schuldzuweisungen, nicht selbst und verantwortlich gehandelt, Vorwürfe...* | ***1. Vorwürfe Stressärger stoppen + akzeptieren nicht mehr dagegen kämpfen 2. Stress handelnd begegnen: Was kann ich Jetzt tun?*** *Prioritäten: wichtig/dringl. JETZT auf Arbeit konzentrieren morgen Sport. genauere Zeitplanung Sport einplan.* |
| Meine Stress-Situation: | | | | | | | |

*Abb. 1: Selbstreflexionsmatrix zur Bewusstmachung unterschiedlicher Stress-Situationen*

Halte dir jeden Tag 30 Minuten für deine Sorgen frei und in dieser Zeit mache ein Nickerchen. Abraham Lincoln

**Der Eine beschäftigt sich mit dem Stress, der Andere geht handelnd mit dem Stress um. Der Eine leidet unter den Belastungen des Stresses und fühlt sich ihm ausgesetzt (passive Einstellung: Das kann ich alles gar nicht schaffen! Es geht mir nicht gut.), der Andere geht mit seinem Stress um und bewältigt ihn (aktive Einstellung: Wie kann ich aus den Stress-Empfindungen herauskommen?). Lernen Sie »umzudenken«.**

**ANLEITUNG für die Selbstreflexion:**
*Sie können diese Matrix zur Selbstreflexion für unangenehme (Angst, Stress, Ärger...) Situationen benutzen und/oder auch zur täglichen Bewusstmachung, wie ein Tagebuch am Ende des Tages. Wenn Sie einzelne Spalten nicht gleich ausfüllen können, lassen Sie sie offen – ev. kann man mit etwas Abstand viel einfacher Ideen und Formulierungen finden. Diese Selbsteinschätzung kann man auch durch eine Fremdeinschätzung (ev. im Gespräch mit kritischen Freunden) gut ergänzen und so auch andere Ideen finden.*

**Was habe ich erkannt und gelernt und wie kann ich mir das merken?**
*Sammeln Sie so Ihre eigenen Erfahrungen, machen Sie sich das Erlernte bewusst durch das genaue Formulieren von Regeln oder Richtlinien, die Ihnen bei neuen Situationen helfen könnten und durch die Bewusstmachung die Orientierung und Steuerung Ihres Verhaltens verstärken. Was ist also wichtig?*

1. Vorwürfe und Stressärger stoppen und akzeptieren, nicht mehr dagegen kämpfen. 2. Stress handelnd begegnen: Was kann ich jetzt tun? Was kann ich in Zukunft ändern? (sich jetzt lieber auf eine Sache z. B. die Arbeit konzentrieren und dann morgen Sport fest einplanen und machen, in Zukunft klare Prioritäten setzen mit möglichst festen Zeiten für Sport, die Anforderung senken – z. B. nicht jeden Tag Sport, sondern lieber ein realistisches Minimum)

0. Beispiel für den ersten Schritt: Ich stoppe meine ärgerlichen, depressiven oder grüblerischen Gedanken, damit ich erst einmal wieder zum Denken und Handeln kommen kann. Ich sage mehrfach kräftig »Stopp – Stopp – Stopp«, um meinen Gedankenfluss oder meine negative Emotionslage zu

unterbrechen (ich kann auch bewusst etwas Anderes tun – z. B. einen Kaffee trinken, aufstehen und eine kleine Bewegungspause machen – raus aus der »Stress-Blockade«...).

1. Ich...
2. Ich...

Ich hoffe, Sie hatten Freude an diesem kleinen Selbstversuch und haben für sich und über sich einiges erfahren. Wenn Sie Ihr Leben noch mehr bewusst selbstverantwortlich gestalten wollen, lesen Sie weiter und probieren Sie die einzelnen Strategien und Methoden selber aus, um für sich einen Weg zu finden... Viel Freude und Erfolg dabei.

## 3.2 Was treibt Sie an? Warum tun Sie das?

**Warum mache *ich* das?**

**selbst**

**bewusst**

**sein**

*Die größte Revolution in unserer Generation ist die Entdeckung, dass Menschen durch den Wandel ihrer inneren Einstellung die äußeren Aspekte ihres Lebens verändern können. William James*

Nur wenn ich davon überzeugt bin und ich es auch selbst will, weil es mir wichtig ist, wenn ich mich damit so identifiziere, dass es meins ist, dann werde ich es auch gern und richtig gut machen und mich auch nicht von »Stolpersteinen« unterkriegen lassen...

*Wer ein Warum zu leben hat, erträgt fast jedes Wie. Viktor Frankl*

(angelehnt an Friederich Nietzsche) Hat man sein Warum des Lebens, so verträgt man sich fast mit jedem Wie. Friedrich Nietzsche (Götzen-Dämmerung, Sprüche und Pfeile, 12)

Gerade in schwierigen Zeiten mit besonderen Belastungen wie Krankheit und Krisensituation fragen wir uns, wie es überhaupt weitergehen kann. Diese belastenden Umstände und Schicksalsschläge zwingen uns, unser Leben neu einzurichten. Es geht darum, dass sie eine klare Zielsetzung brauchen ob das Ihr Glaube ist, oder das Bedürfnis, für andere da zu sein. Wenn Sie nicht wissen »Warum« Sie wirklich leben wollen, können Sie das »Wie«, die Belastungen nicht ertragen. Lebensziele sind im Alltag genauso wichtig, um uns in Bewegung zu halten: Motivation (lat. Movere = bewegen, antreiben). Welche Motivation, welcher Lebenssinn treibt Sie an? Wenn Sie diese Frage klar beantworten können, können Sie ja mit Selbstvertrauen stark und sicher Ihr Leben in die Hand nehmen. »Keine Resilienz (Widerstandskraft) ohne ein Warum…« (vgl. Abb. 3 und 4)

**Warum ist die Frage nach dem Warum so wichtig?**

In der Kommunikation und in unserem Leben haben wir unterschiedliche Aspekte kennengelernt – bekannt als Watzlawicks Axiome und Schulz-von-Thuns Vier-Ohren-Modell: (vgl. Abb. 4)

- Den inhaltlichen **Sachaspekt** (Was?)
- Den emotionalen **Beziehungsaspekt** (Wie?)
- Den handlungsorientierten **Appellaspekt** (Was tun?)
- Den persönlichen **Selbstoffenbarungsaspekt** (Wer bin ich?)
- Neu dazu kommt…
- der wirklich entscheidende **Wollensaspekt** (Warum?), der im Limbischen System steckt. Er ist aber letztlich der, der wirklich entscheidet. Er fragt nach der Sinnhaftigkeit, dem Warum und bestimmt, ob Sie es wirklich wollen wollen und dann auch tun. So wird deutlich, warum die Frage nach dem Warum so wichtig ist. Sachliche Gründe münden nur im Großhirn, das aber nicht für Entscheidungen zuständig ist. Entscheidungen fällt das Limbische System und das müssen Sie also direkt ansprechen. Um also eine gute Motivation zu haben, die Machbarkeit und Ihren persönlichen Nutzen, aber auch, um ein klares Warum zu finden, sollten Sie sich alle Aspekte bewusstmachen, direkt ansprechen und miteinander vernetzen. Die Frage nach dem Warum sollte besonders im Alltagsgeschehen nicht vergessen werden.

**Was treibt mich an? Warum tue ich das?**

*Das Entscheidende dabei ist, ob Sie eine Vorstellung haben, von dem, wie Sie leben und arbeiten wollen. Haben Sie eine Vision oder eine Lebenszielsetzung, wissen Sie »Warum« Sie leben?*

A) Ich frage mich: Warum tue ich mir das an? Die Antwort ist wie ein »Schalter«, der umgelegt wird kann: will ich in der »Opferrolle« bleiben, mit Jammern und Wehklagen jeden Tag und mich (über die Fehler der Anderen) ärgern wie in einem »Hamsterrad« und immer wieder von Neuem anfangen wie Sisyphos… oder will ich aktiv mein Leben gestalten und es verantwortlich selbst in meine Hände nehmen?
Dann muss ich wissen »Warum? Was treibt mich an?« Dann habe ich ein anderes Bewusstsein und eine andere Motivation. Dann kann ich eher etwas tun und ertragen, weil ich dann genau weiß, warum ich das tue und was ich damit erreichen will…
B) Welche Möglichkeiten gibt es und welche kann ich ausschließen?
   1. Mache ich es **wegen einer Sache**, die mich interessiert?
   2. Mache ich es **wegen der Verantwortung und Disziplin**?
   3. Mache ich es **für andere Menschen**? Für wen und warum?
   4. Mache ich es **für mich**? Was bringt es mir, was ich brauche? Was will ich damit erreichen?
   5. Mache ich es **für meine Träume und Visionen**? Kann ich damit meine Wünsche, Bedürfnisse, Interessen und Ziele erfüllen?
C) Wenn ich das geklärt habe, kann ich konkrete Ziele für mich formulieren und konsequent angehen… und etwas für mich verändern und damit verbessern…
D) Natürlich kann ich mein Leben aber nicht 100-prozentig bestimmen und gestalten – es gibt viele Bedingungen, die ich nicht verändern kann, die ich so nehmen muss. Ich brauche also im Alltag eine Balance von »Müssen und Wollen« und kann dann so auch besser mit Belastungen umgehen.

Meine Zeit kommt ja noch! Wann ist die Zeit des »Müssens« und wann die Zeit des »Wollens« für mich?

*Mensch sein heißt verantwortlich sein. Antoine de Saint-Exupéry*

Müssen wir nicht manchmal eine **ANTWORT** geben und reagieren?! Wir fühlen uns aufgefordert, etwas zu tun. Warum? Aus Verantwortung heraus:

**ANTWORT** geben

Ver**ANTWORT**ung

Mitver**ANTWORT**ung

Selbstver**ANTWORT**ung

Wir müssen uns unserer Verantwortung stellen. Das heißt, eine Antwort geben, *bevor* nachgefragt wird. Wir müssen das »Richtige« tun.

**Ver|ant|wor|tung**

BEDEUTUNGSÜBERSICHT laut Duden: http://www.duden.de

- [mit einer bestimmten Aufgabe, einer bestimmten Stellung verbundene] *Verpflichtung, dafür zu sorgen, dass (innerhalb eines bestimmten Rahmens) alles einen möglichst guten Verlauf nimmt, das jeweils Notwendige und Richtige getan wird und möglichst kein Schaden entsteht*
- Verpflichtung, *für etwas Geschehenes einzustehen* [und sich zu verantworten]
- *Verantwortungsbewusstsein*, -gefühl

*Wir sind nicht nur verantwortlich für das, was wir tun, sondern auch für das, was wir nicht tun. Molière*

*Ob dieses Zitat von Voltaire oder von Molière stammt, ist offenbar nicht gewiss. Gewiss ist aber, dass diese Maxime uns unsere Verantwortung deutlich macht.*

### Es gibt viele Beweggründe für unser Verhalten

Die Klärung der Grundbegriffe Motiv, Motivation, Emotion und Bedürfnis zeigt die Unterschiede auf.

**Was treibt uns an? Es gibt unterschiedliche Beweggründe für unser Verhalten:** (vgl. Abb. 2)

5. Gewöhnungsorientiertes Verhalten
4. Bedürfnisbefriedigendes Verhalten
3. Motiviertes/zielorientiertes Verhalten
2. Werteorientiertes Verhalten
1. Identitätsstiftendes Verhalten

### Gewohnheiten

Gewohnheiten und Muss-Anforderungen steuern meist »unbewusst« mein Verhalten.

### Bedürfnisse

Ein Bedürfnis entsteht aus einer Mangelsituation und ist das Verlangen, diese zu beheben.

### Motivation

Motivation ist das Streben, Ziele zu erreichen. Diese Beweggründe sollen in Handlungen umgesetzt werden = zielgerichtetes Verhalten. Dazu gehört eine entsprechende Umsetzungskompetenz (Volition).

### Volition

Volition (Umsetzungskompetenz) ist die bewusste, willentliche Umsetzung von Zielen und Motiven in Resultate (Ergebnisse) durch zielgerichtetes Handeln. Dieser Prozess der Selbststeuerung erfordert die Überwindung von Handlungsbarrieren. Warum gehen Sie den nicht direkt an?

*Es ist nicht genug, zu wissen, man muss auch anwenden; es ist nicht genug, zu wollen, man muss auch tun. Johann Wolfgang von Goethe*

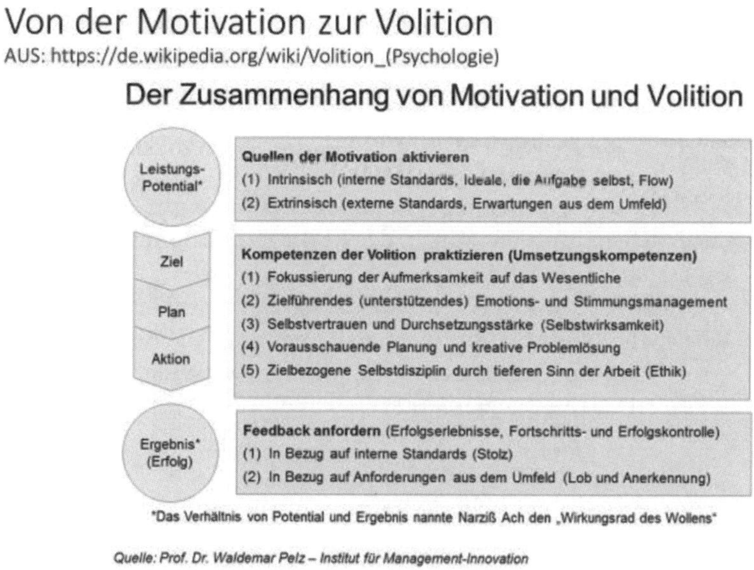


*Abb. 1a: Von der Motivation zur Volition*

**Werte**

Werte sind Ansporn und grundsätzliche Orientierung für mein Verhalten und meine Entscheidungen. Das aus den Wertvorstellungen bzw. Werten einer Gesellschaft geformte Gesamtgebilde wird als Wertesystem oder Werteordnung verstanden.

**Identität**

Wer bin ich? Die Suche nach meiner Identität ist immer da und mitbestimmend. Es ist ein ständiger Dialog – eine ständige Herausforderung. Dieser Beweggrund ist die beste »Antriebsfeder« für unser Verhalten und schafft eine gute nachhaltige Lebensqualität und ein großes Wohlbefinden.

Machen Sie sich die Beweggründe Ihres Verhaltens bewusst, damit Sie sich besser danach orientieren können und entsprechend verantwortlich damit umgehen können. Finden Sie Ihre Motivationsgründe und lassen Sie sich dadurch anregen und begeistern…

**Kann man Glück lernen?**

»In der Biochemie des Gehirns lassen sich **drei Arten von Glück** unterscheiden, jede befördert von bestimmten Botenstoffen:

- **Das Glück des Wollens**: Wenn wir nach etwas streben, stellt Dopamin die Belohnung in Aussicht, Endorphine lösen dabei Euphorie aus.
- **Das Glück des Vermeidens**: Wenn wir Bedrohungen entgehen oder sie überstehen, führt das Sinken der Kortisol- und Adrenalinspiegel zu Entspannung.
- **Das Glück des Seins**: Wenn wir haben, was wir brauchen, sorgt körpereigenes Morphium für Zufriedenheit, Serotonin für Beruhigung und Oxytocin für ein Gefühl der Verbundenheit mit anderen.« Aus: DIE ZEIT N° 01/2012, 2. Januar 2012

*Abb. 2: Was treibt mich an? Warum tue ich das?*

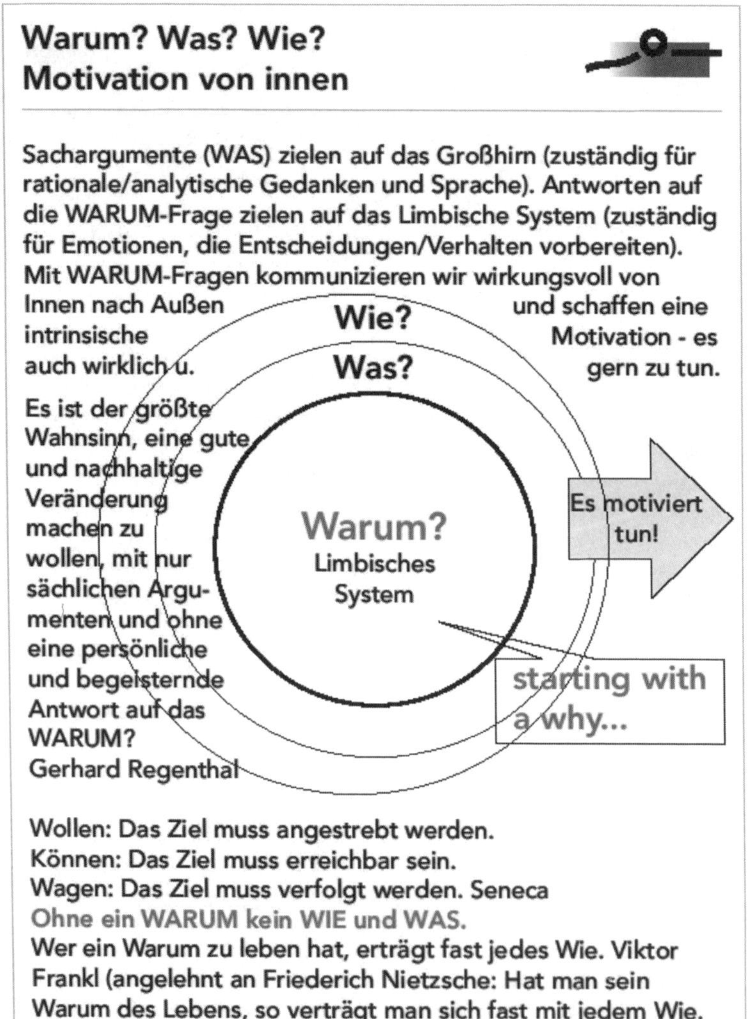


*Abb. 3: Warum? Was? Wie? Motivation von innen*

*Abb. 4: Ohne Warum kein tun…*

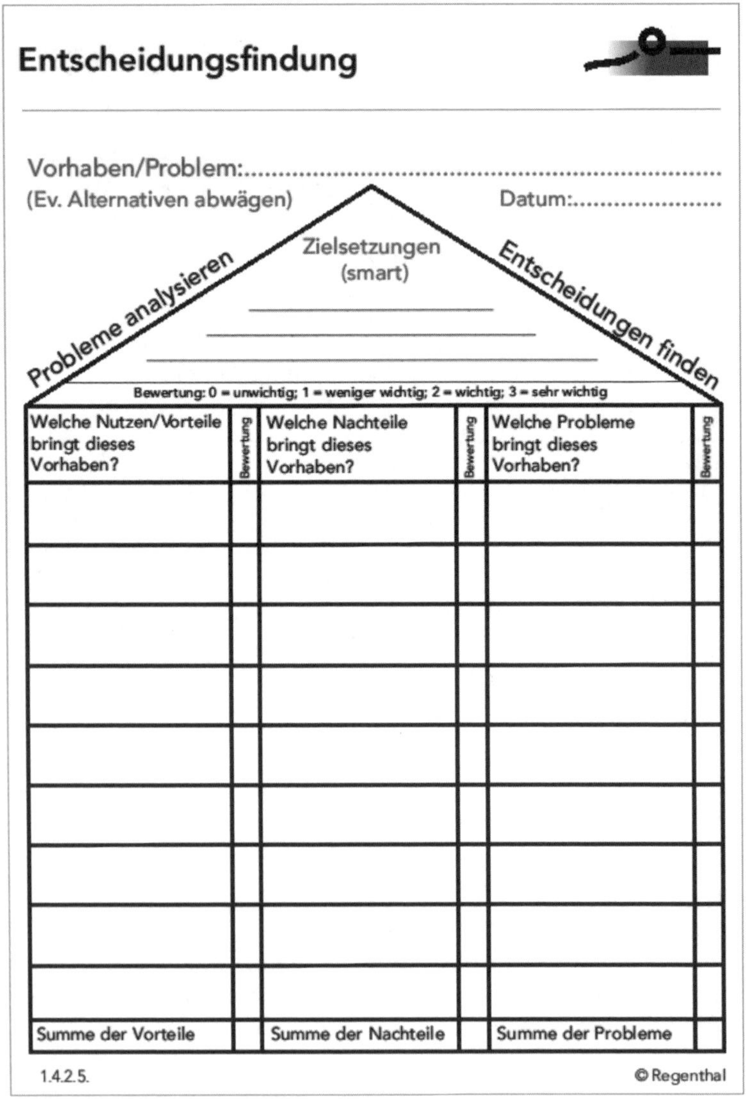

**Entscheidungsfindung**

Vorhaben/Problem:..........................................................................

(Ev. Alternativen abwägen) Datum:......................

Probleme analysieren

Zielsetzungen (smart)

Entscheidungen finden

Bewertung: 0 = unwichtig; 1 = weniger wichtig; 2 = wichtig; 3 = sehr wichtig

| Welche Nutzen/Vorteile bringt dieses Vorhaben? | Bewertung | Welche Nachteile bringt dieses Vorhaben? | Bewertung | Welche Probleme bringt dieses Vorhaben? | Bewertung |
|---|---|---|---|---|---|
| | | | | | |
| | | | | | |
| | | | | | |
| | | | | | |
| | | | | | |
| | | | | | |
| | | | | | |
| | | | | | |
| | | | | | |
| Summe der Vorteile | | Summe der Nachteile | | Summe der Probleme | |

1.4.2.5. © Regenthal

*Abb. 4a: Entscheidungsfindung*

## 3.3 Entscheiden Sie!

### Angst vor Verantwortung

*Tu es oder tu es nicht, aber höre auf, es zu versuchen. Zen Spruch*

Was steckt hinter der Angst vor echter Verantwortung? Viele Menschen behaupten schnell, sie würden ja doch Verantwortung übernehmen, meinen aber nur die »verpflichtete« und nicht die »echte« Verantwortung: in jeder Position bekommt man Verantwortung für gewisse Aufgaben, die man erfüllen muss – das ist die normale Aufgabenerfüllung. Die eigentliche Verantwortung meint darüber hinaus auch Fragen und Probleme anzugehen und glaubwürdig Stellung zu beziehen und zu entscheiden (»VerANTWORTung heißt eine Antwort auf wichtige Fragen zu geben, bevor man gefragt wird«) und das bedingt immer ein gewisses Risiko – es kann ein Erfolg, aber auch ein Misserfolg sein, der hart kritisiert wird. Dabei kann man viele Entscheidungen falsch treffen, ev. versagen, die Folgen und Auswirkungen schwer einschätzen und man kann dafür Kritik erfahren und zur Rechenschaft gezogen werden. Wenn wir aber nicht entscheiden, machen wir auch etwas falsch…

*Es ist besser, unvollkommene Entscheidungen zu treffen, als immer nach vollkommenen Entscheidungen zu suchen, die es niemals geben wird. Charles de Gaulle*

Die Decidophobie (Dezidophobie) gehört zu den spezifischen Angststörungen und bezeichnet die übersteigerte Angst vor den (eigenen) Entscheidungen… Entscheidungsangst. Bei dieser Angststörung meidet der Decidophobiker Entscheidungen zu treffen und zögert diese möglichst lange hinaus… natürlich steht dahinter die Angst vor den Konsequenzen, die durch die eigenen Entscheidungen geschaffen werden. Das Wort Decidophobie heißt übersetzt: desidere (lateinisch)=entscheiden; phobos (griechisch)=Furcht.

### Entscheiden Sie! Mehr agieren als reagieren…

*Wann ist ein Schiedsrichter am aufgeregtesten? Natürlich vor dem Spiel. Wann ist er am ruhigsten? Raten Sie mal! Untersuchungen haben bewiesen, dass in dem Moment, wo er pfeift und damit entschieden hat, er ganz ruhig und sicher ist, auch wenn er von Andersdenkenden bedrängt wird. Ein klares Symbol für*

*Entscheidungen und deren gute Wirkungen für alle Beteiligten. Auch wenn die Entscheidung nicht richtig war und von allen akzeptiert wird, bleibt die Entscheidung.*

Deutliche und prägnante Entscheidungen stehen fest, schaffen Klarheit und Orientierung in der Sache und in den Positionen – besonders wichtig ist auch die Ruhe und Sicherheit bei dem Entscheider selbst. Man kann sich immer entscheiden, wie beim Optiker – besser oder nicht besser? Vergleichen Sie Alternativen, die Ja-Nein-Entscheidungen sind viel schneller und leichter zu fällen. Wie kann man seine Entscheidungen vereinfachen?

*Des Menschen größtes Verdienst bleibt wohl, wenn er die Umstände so viel als möglich bestimmt und sich so wenig als möglich von ihnen bestimmen lässt. J. W. von Goethe*

Wie oft haben wir in unserem Leben Angst vor Entscheidungen? Was bringt das für Folgen und Konsequenzen? Ist diese Wahl wirklich richtig? Gibt es nicht noch andere Lösungen? Somit werden wir immer unsicherer – auch für andere mit denen wir zusammen sind. Diese Angst vor Entscheidungen ist verständlich und sehr weit verbreitet, aber nicht gut. Wir verlieren Ressourcen, Energien und Chancen und sogar unsere Handlungsfähigkeit. Das Aufschieben und Verdrängen von Entscheidungen kann uns regelrecht lähmen. Selbst eine vielleicht später falsche Entscheidung würde erst einmal Ruhe, Sicherheit und Stärke bringen und uns letztlich mehr helfen als eine Nicht-Entscheidung oder ein »Ja – vielleicht…«. Genaue Folgewirkungen und ev. bessere Lösungen können wir meistens sowieso vorher nicht umfassend überblicken. Wir sollten nicht zu lange nach der aller besten Lösung suchen. Wir wissen ja, dass zwei Drittel aller entschiedenen Veränderungen letztlich nicht erfolgreich sind. Im Nachhinein sind viele Entscheidungen in unseren Augen falsch. Besser wäre ein bewusstes Abwägen der Folgen, ein effektives Bearbeiten der Lösungsansätze und dann eine klare Entscheidung und Handlung (Pfeifen! Sich auf den Weg machen! Handeln!), zu der wir dann verantwortlich stehen und sie auch anderen gegenüber vertreten.

Nicht-Entscheidungen belasten, rauben Zeit und Energie und machen uns denk- und handlungsunfähig. Entscheiden Sie! Haben Sie das schon einmal probiert? Entscheidungen als Gefühle entstehen und wirken lassen, vom

Herzen ausgehend im Kopf bewusstmachen, reflektieren und abwägen und festlegen und dann direkt umsetzen, vertreten und glaubwürdig leben. Ganzheitlich alles mit einander verbinden – mit Kopf, Herz und Hand. From the heart to the head and retour. Das sind gute Entscheidungen – sie schaffen gute Wirkungen und Ergebnisse.

**Entscheiden Sie sich für Ihren Weg!**

*Wer sich konzentriert der wächst, wer sich verzettelt der schrumpft. Edgar K. Geffroy*

Wer keine Ziele hat, der verläuft sich – wer sich nicht konzentriert, der verzettelt sich – wer sich nicht deutlich entscheidet, der verliert seine Ressourcen und damit seine Möglichkeiten zu handeln. So vergeben wir unsere Chancen und verbessern nichts – »alles bleibt anders…«

Wie kann man **seinen eigenen Weg finden** und entsprechend seiner Träume und Ziele diesen Weg auch erfolgreich gehen?

- *Ausgangslage klären.* Warum will ich das machen? Wo bin ich? Standortbestimmung bezüglich meiner Vision und Ziele.
- *Zielsetzung formulieren.* Wohin will ich? Welche Ziele will ich konkret messbar wann erreichen? (Ziele smart formulieren) Konzentration aller Ressourcen auf die wichtige Zielsetzung, um die wirklich zu erreichen.
- *Ziel in Maßnahmen umsetzen.* Was muss ich tun, um mein Ziel zu erreichen? Welche Maßnahmen sind wichtig, um effektiv und effizient voran zu kommen? Das Ziel kleinarbeiten und genau definieren. Das schriftliche Festlegen ist die erste Phase Ihrer Entscheidung – das genaue messbare und terminierte Umsetzen ist die zweite Phase. So konzentrieren Sie sich direkt auf Ihr wichtiges Ziel und werden es eher erreichen.
- *Maßnahmen konsequent und glaubwürdig leben.* Verbesserungen werden nur erreicht, wenn wir etwas verändern – wir müssen uns also neu programmieren, neu lernen, uns verändern. Veränderungsmanagement heißt mit Verkrustungen, alten Gewohnheiten und Erlerntem und Konflikten und Problemen erfolgreich umzugehen – heißt auch Neues zu erlernen und zu entdecken. Grundlage der Veränderung sind Vertrauen und Verantwortung, sagt Bundespräsident Rau in seiner letzten Rede. Ohne Grundvertrauen und

Selbstvertrauen sind wir nicht leistungsfähig und können unsere Ziele nicht erreichen.

- *Ziele und Ergebnisse reflektieren.* Habe ich mein Ziel erreicht (Effektivität)? Wie habe ich mein Ziel erreicht (Effizienz)? Was habe ich gelernt und Neues entdeckt? Was werde ich als nächstes Ziel angehen? Die Reflexion dieser Fragen als Soll-Ist-Vergleich ist ein Controlling und soll mir inhaltlich (was) und methodisch (wie) verdeutlichen, was ich verändert habe. Erst mit dieser Bewusstmachung wird der Weg klar und die Ergebnisse sichtbar gemacht und damit auch gesichert.

*1000 Meilen beginnen mit dem ersten Schritt. Sprichwort aus Korea*

Komplexe und schwierige Entscheidungen werden durch die vernetzten Methoden zu kleinen und einfachen Zwischen-Entscheidungen in verschiedenen Phasen. So geht es einfacher und besser: In kleinen einfachen Schritten aufeinander aufbauend – konzentriert die Arbeitsanleitungen (vgl. dazu auch Abb. 4a) angehen und schriftlich/visuell die ersten Ergebnisse festlegen, festhalten und festigen. Dadurch gehen wir unseren Weg fasst automatisch. Und erste Meilensteine auf unserem Weg schaffen Selbstvertrauen und damit Leistungsvermögen. Wichtig sind also die Methoden, die uns wie ein »Handlauf« Sicherheit und Kraft geben. Wenn auf unserem Weg dann Hürden und Widerstände auftauchen, brauchen wir alle Energie um damit fertig zu werden – sonst machen wir uns selbst klein und schwach und kommen nicht weiter. Entscheiden Sie sich.

*Es gibt auf der ganzen Welt einen einzigen Weg, den niemand gehen kann außer dir, frag nicht wohin er führt. Geh ihn! Friedrich Nietzsche*

*Es gibt nichts Gutes – außer: Man tut es. Erich Kästner*

### Keine Selbst-Verantwortung? – macht uns schwach und krank…

Es gibt viele, die geben anderen die Schuld für ihr Unglück, jammern den ganzen Tag und ärgern sich über die schlechten Bedingungen. »Ich würde ja gern, aber die Anderen…« Wer keine Selbstverantwortung übernimmt gibt anderen die Macht über sich: nicht selbst verantwortlich handeln schafft keine Verbesserungen und verstärkt sogar noch die negativen Gefühle von Ärger, Hass, Neid und Unfähigkeit. Sie machen sich in der »Opferrolle« klein, aber damit auch abhängig von anderen. Wer sich vor Verantwortung drückt hat im privaten und beruflichen Leben immer nur Nachteile und kann sein Leben nicht so gestalten wie er möchte. Die Folgen könnten in Hilflosigkeit und Depression münden. Wir müssen lernen die Angst vor Verantwortung zu überwinden.

*Es sind nicht die Dinge, die uns beunruhigen, sondern unsere Sicht der Dinge. Epiket*

Es sind also nicht die realen Dinge die entscheidend sind, sondern Ihre Einstellung dazu. Sie können entscheiden, wie Sie dazu stehen und damit Ihr Leben bewusst selbst gestalten. Nicht die perfekte Entscheidung und die richtige Verantwortung suchen, sondern sich selbst verantwortlich entscheiden und dazu stehen: Ich habe getan, was ich nach reiflicher Überlegung entsprechend meinen Werten als gut angesehen habe – nachträgliche Schuldzuweisungen, Fehler und Risiken kann ich so besser verantwortlich annehmen und dann besser »nachbessernd« angehen.

*Wer einen Fehler begeht, und ihn nicht korrigiert, begeht einen zweiten. Konfuzius*

*Wer Wege finden will, findet Wege. Wer keine finden will, findet Gründe.*

## 3.4 Sie haben nicht die richtigen klaren Ziele für Ihre Veränderung

**Gute Veränderungen brauchen sechs wichtige Grundlagen, die sie klären sollten: (Abb. 4, 5)**

**1 WARUM? Verdeutlichen Sie die Beweggründe, Zielsetzungen und Sinnhaftigkeit:** Veränderungen brauchen eine gute Motivation als Basis für neue Wege und besonders bei möglichen Problemen.

**2 WAS HAT DAS MIT MIR ZU TUN? Verdeutlichen Sie den Beziehungsaspekt zur Veränderung:** Veränderungen brauchen Nähe und Identifikation, damit die Arbeit daran auch wirklich Freude macht, gut und nachhaltig ist – »wirklich wollen wollen« – das ist eigentlich das höchste Ziel. Machen Sie sich Ihren Nutzen klar; verdeutlichen Sie sich die Notwendigkeiten.

**3 WAS? Sorgen Sie für eine hohe Verständlichkeit:** Veränderungen brauchen transparente Grundlagen und eine klare Strategie zur Vorgehensweise. Arbeiten Sie auch mögliche Widerstände vorher ein.

**4 WIE? Sorgen Sie für die Machbarkeit:** Veränderungen brauchen professionelle Methoden und Arbeitsweisen, damit sie möglichst einfach ablaufen.

**5 WER? Sorgen Sie für eine verlässliche Handlungsorientierung:** Veränderungen brauchen ein verbindliches Tun und Umsetzen. Ein professionelles Projektmanagement kann Ihnen dabei helfen.

**6 WIE WEITER? Achten Sie auf Reflexion und Achtsamkeit:** Veränderungen brauchen ein begleitendes Controlling, das das Vorgehen und die Ergebnisse bewusstmacht, achtsam und wertig begleitet. Erste Erfolge motivieren weiterzumachen…

**Warum werden Ziele nicht immer erfolgreich erreicht?**

*Ich kann, weil ich will, was ich muss. Kant – geht das?*

Das alleinige »Wollen« reicht aber meistens nicht aus. Es ist mehr idealtypisch. Was hindert uns daran, unser neues Ziel zu erreichen? Motivation allein reicht nicht aus. Warum man auch, wenn man will, nicht immer kann, was man muss.

(A) *Es können »falsche« Ziele sein.*
Viele Ziele werden nicht erreicht, weil sie nicht richtig und nicht genau genug formuliert werden. Man wünscht sich zu viel, zu schnell und nicht realistisch. Die Ziele bleiben zu diffus. Sind es Träume, Wünsche oder Ziele? Je smarter (vgl. Abb. 6) Sie Ihre Ziele festlegen und überprüfbar formulieren, desto eher können Sie sie erreichen. Sind das auch wirklich meine Ziele, die mir wichtig sind?

(B) *Es können starke »geheime Ziele« die aktuellen Ziele beeinflussen.*
Geheime Ziele und Grundängste (z. B. Ich will immer alles perfekt machen. Vgl. Abb. 7, 7a) sind unbewusste und früh erlernte Grundsätze, die unser Leben und unser Verhalten bestimmen. Neue Ziele werden durch diese Meta-Ziele direkt beeinflusst – verstärkt oder behindert.

(C) *Es kann starke »Verhinderer« geben.*
Das sind Widerstände, die der Zielsetzung direkt entgegenstehen: Sachliche Probleme, situative Bedingungen, emotionale Störungen (Konflikte,

Stress, Gefühlslagen...). »Der innere Schweinehund« versucht immer wieder, uns vom Weg abzubringen. Widerstandskraft (Resilienz) und Selbstdisziplin sind nicht immer und für alle genügend vorhanden – sie erschweren die Umsetzung der Ziele sehr. (vgl. Abb. 8 und 10)

(D) *Es kann »alte Gewohnheiten« geben.*
Sie werden von unbewussten Gewohnheiten gesteuert und behindert. Gewohnheiten verhindern Veränderungen – sie wollen die Sicherheit durch die Routine. (vgl. dazu die ausführlichen Ausführungen im folgenden Kapitel)

(E) *Es kann »Zielkonflikte« geben.*
Es gibt Situationen, in denen Ziele konkurrieren – die sich in ihren Wirkungen aufheben – berufliche mit privaten Zielen, unterschiedliche Zielarten, unterschiedliche Werte. Deswegen ist eine bewusste Ordnung – auch nach Prioritäten – besonders wichtig.

(F) *Es kann »motivationale Handlungskonflikte« geben.*

Die Theorie motivationaler Handlungskonflikte (vgl. Hofer, M. (2004). Schüler wollen für die Schule lernen, aber auch anderes tun. Zeitschrift für Pädagogische Psychologie, 18, 79-92. Hofer, M., Reinders, H., Fries, S., Clausen, M., Schmid, S., & Dietz, F. (2005). Die Theorie motivationaler Handlungskonflikte. Zeitschrift für Pädagogik, 51, 326-341.) zeigt sich gegenseitig behindernde Werte auf:

1. **Leistungsziele** – wie Erfolg und Wohlstand und
2. **Lebensziele** – wie Streben nach Wohlbefinden, Zufriedenheit und Freizeit.

Handlungskonflikte treten dann auf, wenn man einerseits Leistungsziele und andererseits das Streben nach Wohlbefinden gleichermaßen verfolgen will – sie behindern sich gegenseitig. Ziele werden verschoben oder man springt dauernd hin und her – man verzettelt sich. Meistens werden beide Ziele weniger gut erreicht und es bleibt eine negative Stimmung – eine Unzufriedenheit.

(G) *Es kann Ziele geben, die gar keine sind.*
Einige Menschen haben – wenn man sie fragt – natürlich Ziele. Sie werden auch als wichtig dargestellt, aber nicht konsequent, verantwortlich und glaubwürdig angegangen. Es sind nur vorgeschobene Ziele, ohne praktische Konsequenzen.

Der Bruch zwischen Theorie und Praxis zeigt ihre Inkompetenz und Unglaubwürdigkeit … (vgl. Abb. 8 und 10)

## 3.5 Warum schafft es der Eine seine Ziele erfolgreich umzusetzen und der Andere dreht sich hilflos im Kreis?

### Das Konzept der Selbststeuerung

Menschen lassen sich auf Grund von experimentalpsychologischen Untersuchungen durch Professor Kuhl in Osnabrück von ihren inneren Dispositionen her in zwei Gruppen unterteilen: (Vgl. dazu Julius Kuhl: Motivation und Persönlichkeit. Hogrefe 2001)

(A) **Handlungsorientierte** Personen, denen es besonders leichtfällt, ihre Absichten und Entscheidungen durchzuhalten und umzusetzen – auch unter schwierigen Umständen.

(B) **Lageorientierte** Personen, die zwar eine Entscheidungsanalyse schaffen, aber große Schwierigkeiten bei der Umsetzung haben.

Letztlich sind es vier Mechanismen, die nach Kuhl entscheidend sind (ich habe sie hier erweitert und auf fünf ergänzt) für einen erfolgreichen Weg vom Entschluss zur Tat. Lageorientierte Menschen durchdenken ihre Entscheidung immer wieder und verzetteln sich in »Wenn's« und »Aber's« – sie können aber eine »Umpolung« (durch Lernübungen) erlernen, um ins konsequente Handeln zu kommen. **Handlungsorientierte Menschen haben diese Mechanismen zur Steuerung ihres Verhaltens – sie verfügen über eine hohe** (Abb. 5)

1. **Aufmerksamkeitskontrolle:** Sie sind in der Lage, handlungsgefährdende Informationen, ablenkende äußere Umstände oder innere Alternativtendenzen einfach auszublenden.
2. **Motivationskontrolle:** Sie können sich auf ihr Ziel konzentrieren und dabei ihre Durchhaltemotivation überprüfen, ausrichten und ständig erneuern.
3. **Emotionskontrolle:** Sie schaffen es, ihre Emotionen und Stimmungen so zu beeinflussen, dass sie geistig-seelisch nicht nachlassen, sondern immer wieder neue Durchhaltemotivationen und Unterstützungsstrategien schaffen.

4. **Bewusstseinskontrolle:** Sie lassen sich durch Fehler, Widerstände, Rückschläge oder Misserfolge nicht beirren und entmutigen, sondern lernen aus ihren Erfahrungen. Sie wissen, dass nicht alles 100-Prozent klappen kann und Erfolge ohne beharrliches Bemühen und Disziplin nicht machbar sind. »Was ist wichtig?« und »Was ist dringlich?« (Beschränkung auf relevanteste Informationen) und mit wenigen richtigen, konzentrierten Maßnahmen zumindest einen sehr großen Erfolg erreichen. Dieses Bewusstsein hilft ihr Verhalten zu steuern.
5. **Reflexionskontrolle** (Neu): Sie überprüfen und reflektieren laufend ihre Handlungen, um mit »Stolpersteinen« fertig zu werden und sich motiviert auf die Zielsetzung zu konzentrieren: »Mache ich das Richtige für mein Ziel? Sind meine Arbeitsstrukturen, Arbeitsabläufe, Maßnahmen und mein Verhalten entsprechend wertschöpfend und sinnvoll – oder sind sie ressourcenverschwendend/ineffizient / vergeudend? Wie kann ich Misserfolge bewältigen? (Zielablösung) Wer oder was kann mir ein direktes Feedback geben, mich unterstützen, beraten und fördern?«

In jedem Menschen sind diese unterschiedlichen Ausprägungen als Persönlichkeitseigenschaften angelegt – schwerpunktmäßig aber nur eine Disposition. Ein handlungsorientierter Mensch kann sich eher mit Beharrlichkeit auf seine Ziele konzentrieren, er bleibt mit Disziplin direkt an der Umsetzung, lässt sich weniger durch seine Gedanken und Emotionen ablenken. Durch Fehler und Missgeschicke lässt er sich nicht aus der Bahn bringen und macht neue Versuche. Warum sind handlungsorientierte Menschen meist erfolgreich? Sie können ihr Verhalten von äußeren und inneren Gegenkräften gut abschirmen oder sie mit einbeziehen, so dass sie nicht zu Hemmnissen werden. Wie oft kommen Bedenken, Fragen und Verunsicherungen von anderen Menschen (aus der Familie, von Freunden, von Vorgesetzten) oder auch von uns selbst (eigene Bedenken, Schwächen, »innerer Schweinehund«), die uns von unserer Absicht abbringen? Ein handlungsorientierter Mensch kann damit gut umgehen und »bleibt am Ball« bis er sein Ziel erreicht hat.

*Wir haben einen Entschluss, einen Vorsatz gefasst und wollen richtig loslegen und machen doch lieber etwas Anderes – wir kompensieren, weichen aus. (Eine wichtige Arbeit muss getan werden, ein wichtiges Ziel ist fest entschieden und wir machen doch lieber etwas Anderes, Angenehmeres…) Ein eher lageorientierter*

*Mensch ist so auf die Lage, die Situation fixiert, dass er sich nicht von seinen Gedanken und Gefühlen lösen kann, um tatkräftig die anstehenden Aufgaben anzugehen. Die fehlende Konzentration auf das »Was« als Ziel bringt leicht eine Verzettelung und damit einen Misserfolg. Lageorientierte Menschen beschäftigen sich mehr mit dem »Wie« und versuchen, eine Schuldfrage zu klären und sich selbst oder anderen Menschen Vorwürfe zu machen. Die Gegenkräfte bringen das Vorhaben häufig zum Scheitern.*

Die Handlungs- und die Lageorientierung hat nach Psychologieprofessor Julius Kuhl jeweils Vor- und Nachteile: »Als Beispiel nennt er eine Flugzeugbesatzung, die aus einem lageorientierten Copiloten und einem handlungsorientierten Piloten besteht. Der Copilot hat mehr Kapazitäten frei, auf eventuelle Gefahren zu achten, während der Pilot sich nicht von jedem potentiellen Risiko aus der Ruhe bringen lässt. Schwierig wird es, wenn es eine Person nicht schafft, aus ihrer Lageorientierung zur Handlungsorientierung zu wechseln, besonders wenn es notwendig ist, zu handeln… Die Entstehung einer übermäßigen Lageorientierung wird auf die frühe Kindheit zurückgeführt: In den ersten Lebenswochen muss die Mutter mit ihrem Kind in einem so engen Kontakt stehen, dass sie auf ´Selbstäußerungen‘ des Kindes zeitlich und inhaltlich angemessen reagieren kann. Tut sie dies nicht, so zeigt sich, dass das Kind bereits im Kindergarten Schwierigkeiten mit der Regulierung seiner Emotionen hat.« (Vgl. Wikipedia) Wir müssen also lernen, mit diesen unterschiedlichen Orientierungen umzugehen – je nach Situation und Zielsetzung.

Lageorientierte können gegenüber Handlungsorientierten bei komplexen Alltagsaufgaben (wenn Stress und Zeitdruck wegfallen) aber auch Leistungsvorteile haben. Durch das Zögern, Abwägen und Nachdenken handeln sie weniger vorschnell und wägen die Risiken besser ab.

Unter Stress, wenn zu viele oder große Anforderungen kommen, verlieren lageorientierte Menschen oft den Überblick und neigen dazu, sich von fremden Wünsche und Zielen leiten zu lassen. Diese individuelle Affektregulierung macht vor allem lageorientierten (grübelnden, empathischen) Menschen bei Entscheidungen und/oder bei Versagensängsten zu schaffen – sie kommen nicht zur Umsetzung ihrer Zielsetzungen. Bei lageorientierten Menschen gehen die Erfolgserlebnisse und die Leistungsmotive auseinander und schaffen dadurch Frust, Demotivation und wenig Wohlbefinden. Diese Inkongruenz bei den Motivationen gibt es bei handlungsorientierten Menschen nicht – ihre Ausgangsmotivation wird verstärkt durch die Erfolgsmotivation.

**Tipp: 10 Lösungsansätze für die Zielproblematik**

Als Fazit kann man einiges aus den »Stolpersteinen« ableiten, um damit im Alltag besser umgehen zu können.

1. Ziele sinn-, motivations- und identitätsstiftend entwickeln
2. Ziele smart konkret formulieren und verbindlich festlegen
3. Ziele strategisch mit Projektmanagement professionell angehen und umsetzen
4. Zielkonflikte überprüfen und Prioritäten setzen
5. Ziele unterschiedlicher Art trennen und dafür Handlungsspielräume finden
6. Ziele in eine Balance bringen (gelungene Work-Life-Balance): Arbeitsweisen professionalisieren und Leistung steigern, langfristig jedoch das Wohlbefinden, die Zufriedenheit und die Gesundheit der Beteiligten berücksichtigen
7. Ziele mit unterschiedlichen Konzepten bearbeiten und in ein Gesamtkonzept integrieren
8. Ziele in kleinen Schritten umsetzen und sich dabei ergänzende Hilfen/Unterstützungen suchen
9. Ziele begleitend reflektieren und überprüfen
10. Ziele weiterentwickeln und neue finden…

## Kriterien für ein erfolgreiches Leben

**Was brauchen wir für eine erfolgreiche Veränderung, Problemlösung, Verhaltensweise und Lebensführung?**
Wie können wir nachhaltige Veränderungen und damit Verbesserungen in unserem Leben schaffen? Wir haben klare Ziele und eine feste strategische Planung mit kleinen motivierenden Schritten - und es klappt doch nicht. Lassen sich Gewohnheiten nur durch kognitive Überlegungen und Einsichten verändern? Wie können wir wirkliche nachhaltige Veränderungen erreichen? Ausgangspunkt ist ein Anlass oder ein Problem...
Fünf grundlegende Kriterien für ein gutes Leben: Diese Kriterien sorgen (entspr. auch dem Salutogenese-Konzept - lat. salus zur Gesundheitserhaltung - für ein Verhalten, das somit nachhaltige Wirkungen und Erfolge erzielt.

- **Achtsamkeit**, um alles bewusst, achtsam und dankbar wahrzunehmen und anzunehmen
- **Verständlichkeit**, um das WAS, die Zusammenhänge zu verstehen
- **Machbarkeit,** um das WIE, die mögliche Handhabung zu prüfen und einschätzen zu können
- **Sinnhaftigkeit**, um das WARUM, die Bewegründe zu klären und eine Zielsetzung zu finden
- **Handlungsorientierung**, um das auch mutig anzugehen - das auch wirklich zu TUN

**das zusammen ergibt eine starke Identität**, mit Selbstvertrauen, Selbstverantwortung und Lebensqualität...
Einer der größten Irrtümer in der Erziehung und der Personalführung ist es, zu glauben, Menschen würden ihr Verhalten dann ändern, wenn wir ihnen unsere logisch zwingenden Argumente nur hinreichend deutlich vermittelt haben. Prof. Dr. G. Roth (Neurobiologe/Philosoph)



*Abb. 5: Kriterien für ein erfolgreiches Leben*

## Zielsetzungen smart formulieren

Ziele smart formulieren: Ich mache jeden Tag mind.10 Min. Sport.

S = **Spezifisch:** nicht: Ich will mehr Sport machen. Ich **jogge** heute.
- positiv und aktiv formulieren, nicht negativ
- so konkret wie möglich mit genauen Anzeigern
- direkt auf das Ergebnis ausgerichtet, keine allgemeinen Aussagen
- in kleinen Schritten, Meilensteine auf dem Weg zur Vision
- identitätsstiftend und persönlich: Ich- und Wir-Sätze

M = **Messbar:** nicht: Ich jogge. Ich jogge heute **30 Minuten**.
- auf Visionen ausgerichtet, Wünsche aufnehmend - aber konkretisieren
- werteorientiert, auf Grundsätze und Regeln aufbauend
- Stärken bestärken - Schwächen abbauen
- nach Prioritäten geordnet, aufeinander abgestimmt
- mit konkreten Messgrößenanzeigern, überprüfbar

A = **Aktionsorientiert:** nicht: Ich möchte... Ich **jogge** heute 30 Minuten.
- verständlich, konkrete Handlung oder Aktion ansprechen
- eindeutig, direkt und dadurch selbstbewusst und motivierend
- einfach, reduziert, Großes in kleine Portionen aufteilen
- transparent, Anderen mitteilen als Verstärkung
- möglichst schriftlich und ohne "wollen/versuchen" - so verbindlicher

R = **Realistisch:** nicht: Jeden Tag 20 km. Ich mache **min.10 Min. Sport.**
- erreichbar, realistischer - lieber Minimalziele als Maximalziele
- flexibel, veränderbar, erweiterbar und letztlich bestärkend
- terminiert, zeitlich festgelegt, kontinuierlich
- verantwortlich, authentisch, nicht überfordernd
- in Alternativen umsetzbar, damit keine Frustrationen aufbauend

T = **Terminiert:** nicht: Ich jogge mal. Ich mache **jeden Tag** min.10 Min. Sport.
- überprüfbar, messbar - mit fachlichen und/oder zeitlichen Messgrößen
- Soll-Ist-Vergleich, reflektierbar, vergleichbar, kontrollierbar
- verbindlich, konsequent, glaubwürdig, langfristiger, nachhaltig
- motivierend, selbstbewusster machend, stärkend und kontinuierlicher
- neue Ziele und Standards entwickelnd, Perspektiven aufzeigend

Klare, konkrete Ziele geben uns Orientierung, Sicherheit und Motivation und können besser erreicht werden. Zielsetzungen als Wünsche und Träume formuliert, bleiben Wunsch-Träume, die nicht realisiert und überprüft werden können.

smart

© Regenthal

*Abb. 6: Zielsetzungen smart formulieren*

## Geheime Ziele...

**"Geheime Ziele" bestimmen unser ganzes Leben.**

Unser Denken, unsere Empfinden und unser Verhalten wird gesteuert durch unbewusste Ziele - durch Meta-Ziele, sogenannte "Hidden Agenda" ("versteckte Tagesordnung"). Diese "unausgesprochenen" Ziele haben wir schon früh in unserer Familie, in unserem Freundeskreis und durch Vorbilder erlernt. Sie lenken unser Leben, strukturieren es, geben ihm Orientierung und Sicherheit. Wenn wir sie uns aber nicht verantwortlich bewusst machen, können sie aber auch leicht zu "Fehlern und Fallen" werden. Mögliche **"Geheime Ziele" sind:**

- Ich will immer alles perfekt machen.
- Ich mache keine Fehler.
- Ich will auf jeden Fall Streit vermeiden. Ich achte auf Harmonie.
- Ich bin immer diszipliniert, vorbildlich und verlässlich.
- Ich zeige keine Emotionen.
- Ich klage und jammere nicht.
- Ich erkläre gern Anderen alles ausführlich.
- Ich bin immer gut gelaunt, freundlich und spaßig.
- Ich jammere viel und gern. Ich sehe alles negativ.
- Ich möchte, dass Andere gut über mich denken - sie beindrucken.
- Ich will allen gefallen. Ich brauche die Bestätigung von Anderen.
- Ich will erfolgreich sein, Karriere machen, viel Geld verdienen.
- Ich will meine Interessen durchsetzen - Andere manipulieren.
- Ich will Spaß - ich will mich wohl fühlen.
- Ich will Anderen helfen. Ich will mich sozial engagieren.
- Ich werde nie aufgeben. Ich werde durchhalten.
- Ich denke nicht über mein Leben nach, (um Unangenehmes verdrängen zu können - "Vogel-Strauss-Taktik").
- Ich will Andere begeistern und überzeugen.
- Ich werde mir und anderen nicht verzeihen.
- Ich will von allen geliebt und anerkannt werden...

Was ist gut und was ist schlecht? Suchen Sie sich doch mal IHRE "geheimen Ziele" heraus und formulieren hinter jedem ein ", um..." - dadurch bekommen Sie leicht die "Begründungen und Ursachen" heraus und können dann so damit besser umgehen.



*Abb. 7: Geheime Ziele*

## Grundängste in uns...

"Man kann die Angst mit einem Schwindel vergleichen. Wer in eine gähnende Tiefe hinunterschauen muss, dem wird schwindlig." Angst ist nach Søren Kierkegaard ein ambivalenter Begriff: eine "sympathische Antipathie und antipathische Sympathie" und verursacht Neugier und Angst zugleich.

1. **Ich muss mich durch Leistung beweisen** und immer gut sein, sonst bin ich wertlos...Durch diese Notwendigkeit erarbeite ich mir eine Daseinsberechtigung und Anerkennung, aber je mehr ich mich zwanghaft anstrenge mich durch Leistung zu beweisen, desto stärker wird die Angst es zu schaffen oder ganz zu versagen...
2. **Ich fühle mich wertlos und haltlos** - alles entschwindet... Ich suche festen Halt durch Besitz oder absolute Geborgenheit und Hilfe durch einen Menschen. Weil ich keinen eigenen Halt für mich finde suche ich ihn woanders, aber damit schaffe ich mir nur eine Scheinwelt und keinen eigenen Halt.
3. **Ich fühle mich irgendwie schuldig** und strenge mich für andere besonders an, um diese Schuld abzubezahlen... Diese permanente Überforderung raubt mir meine Energie, kann mich depressiv machen - ist eine Sackgasse.
4. **Ich habe Angst vor Nähe,** verstecke meine Gefühle und distanziere mich von anderen... Diese Fantasien können immer mehr werden und mich immer mehr verfolgen und mich zerstören.

Wie können wir mit unseren Ängsten so umgehen, dass sie uns nicht kaputt machen oder völlig lähmen? Das Verdrängen der Angst raubt uns viel Energie, die wir für unser Leben brauchen und kann zur Erschöpfung oder Erstarrung führen. Die Angst kann verwandelt werden: sprechen Sie mit Ihren Ängsten (Was willst du mir sagen?) - sprechen Sie Ihre Ängste mutig offen an - die Angst verliert ihre Macht über Sie und macht Sie neugierig und stark. Angst wird zum Engel, der Sie auf Ihrem Weg begleitet, die Augen öffnet, Ihnen hilft Neues zu entdecken, Sie stark und achtsam macht, wenn Sie Ihre Angst annehmen und nicht verdrängen oder vor ihr weglaufen. Angst gehört zu Ihnen und zu Ihrem Leben dazu...

Angst

© Regenthal

*Abb. 7a: Grundängste in uns*

## Keine Selbstdisziplin?

**10 Ursachen für mangelnde Selbstdisziplin - Ziele angehen und nicht dran bleiben (mit direkten Lösungsansätzen):**

1. Schlechte Gesundheit, zu wenig Kraft und Energie...
(Regelmäßig Sport, gesundes Essen, Schlaf, Urlaub und Pausen)
2. Viel Stress, hohe Anforderungen, Belastungen und Überlastung...
(Ausgleich suchen, Balance und Entlastungen schaffen, Sport)
3. Andere Wünsche, Vorstellungen, Ablenkungen...
(Prioritätenliste erstellen, Lebenskonzept, "Paten/Freunde" finden)
4. Verzettelung durch Perfektionismus und zu viele Baustellen...
(Konzentration auf das Wesentliche, Pareto- und Eisenhower-Prinzip)
5. Geringe Motivation und wenig Mut und Gestaltungsbereitschaft...
(Nutzen und Notwendigkeiten bewusst machen, Leidensdruck?)
6. Gewohnheiten/alte Strukturen, die Sicherheit/Leichtes vorgaukeln...
(Verbesserungen nur durch Veränderungen! Probehandeln/kl. Schritte)
7. Gesetz „immer den Weg des geringsten Widerstandes zu gehen"...
(Mut und Freude, Neues zu entdecken, Herausforderungen, Hilfen)
8. Keine Anleitung, Strategie-Planung, schlechte Methoden...
(Professionelle Strategie-Planung/Beratung mit entspr. Methoden)
9. Kompensation, Ausweichen und „Stichlingverhalten"...
(Umgang mit Belastung/Verantwortung/Werten, Resilienz/Aushalten)
10. Schlechte Erfahrungen, Entwicklungen und Vorbilder...
(Coaching, vorbildliche Gruppen, Bewusstmachung, eigene Ziele...)

"Disziplin" hat für viele negative Assoziationen (könnte Zwang, Einschränkung, Perfektionismus oder Bestrafung sein). Positiv verstandene Disziplin kann es ermöglichen, Höchstleistungen aus sich heraus zu holen und Wünsche oder Ziele zu erreichen. (Ich mache das glaubwürdig und konsequent, was sinnvoll und mir wichtig ist!) Ich steuere bewusst und verantwortlich mein Verhalten, um auch wirklich etwas gestalten, verbessern und erreichen zu können. Darüber hinaus schaffe ich mir damit sogar noch Freiräume, um spontan und flexibel auch Anderes machen zu können.

© Regenthal

*Abb. 8: Keine Selbstdisziplin?*

## Zonen bei Veränderungen

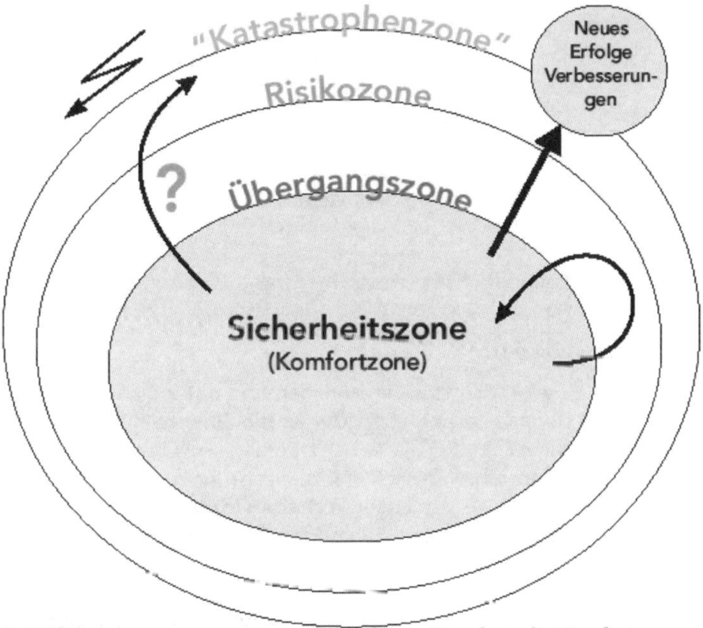


**Bei Veränderungen muss man seinen sicheren Standort, die Komfortzone verlassen, sich auf den Weg machen und etwas Neues suchen. Um Verbesserungen zu erreichen müssen wir durch die Risikozone durch - auch auf die Gefahr hin, dass wir in eine Katastrophenzone kommen könnten. Die neuen Erfolge und guten Situationen bekommen wir nicht per Zufall in der alten Situation - wir brauchen die Veränderungsprozesse. In der Mitte von Schwierigkeiten liegen die Möglichkeiten, sagt Albert Einstein dazu. Um zu Erfolgen und Verbesserungen zu kommen, müssen Sie die "Stolpersteine" und Schwierigkeiten überwinden - das ist ganz normal und stärkt unsere Erfahrungen. Albert Einstein: Die größte Form des Wahnsinns ist es, alles beim Alten zu lassen und trotzdem darauf zu hoffen, das sich etwas ändert.**



*Abb. 9: Zonen bei Veränderung*

## Ziele und Konsequenzen

Nimm dir eine Minute Zeit:
**Schau dir deine Ziele an. Sieh, ob dein Verhalten deinen Zielen entspricht.**

Wenn das Leben keine Vision hat, nach der man strebt, nach der man sich sehnt, die man verwirklichen möchte, dann gibt es auch kein Motiv sich anzustrengen. Erich Fromm
aber...
Vom Ziel haben viele Menschen einen Begriff, nur möchten sie es gerne schlendernd auf irrgänglichen Promenaden erreichen. Johann Wolfgang von Goethe

Wollen Sie also Ihr Ziel wirklich erreichen und dafür Ihr Verhalten konsequent danach ausrichten - oder ist die Zielerreichung gar nicht Ihre Absicht? Wollen Sie lieber träumen von Unerreichbarem und auch jammern über die Schwierigkeiten? Ist der Weg dahin viel wichtiger? Ziele setzen unser Verhalten in Gang. Konsequenzen halten unser Verhalten in Gang. Es geht um die Motivation (lat. movere - bewegen) - um die Selbstdisziplin und Zielorientierung, die man wach halten will. Ohne die Zielgrößen, die wir als Erfolge und bestätigende Ergebnisse brauchen, wird die Zielsetzung schwächer. Müssen wir also nicht alle Kräfte auf unser Ziel konzentrieren? Hinzu kommt, dass wir uns auch authentischer und glaubwürdiger fühlen und anderen gegenüber präsentieren, wenn wir unsere Ziele auch erreichen - das, was wir sagen, auch machen.
Wer im Leben kein Ziel hat, der verläuft sich. Abraham Lincoln
Wenn man weiß, wohin man will, kommt man am weitesten. William Shakespeare



*Abb. 10: Ziele und Konsequenzen*

## 3.6 Stress behindert – Stressbewältigung erleichtert und stärkt

*Stress ist selbstgemacht! Stressmanagement beginnt bei mir.*

**Stressmanagement**

*Wer seelisch leidet, leidet nicht an der wirklichen Wirklichkeit, sondern an seinem Bild von der Wirklichkeit. Paul Watzlawick*

»Keine Zeit!" »Das schaffe ich nicht mehr!" »Ich weiß gar nicht, was ich sonst noch alles machen soll!" Überall die gleichen Klagen: Wie soll es weitergehen und wie lange noch? Blinder Aktionismus ohne Perspektiven, Ziele und Konzepte – Sisyphos pur! Jeden Tag den Stein neu unter Mühen nach oben rollen in der Gewissheit, dass er, wenn er oben ist, sofort wieder herunterrollt. »Wer bin ich, wo bin ich, was bin ich?« Stress ist der unvermeidliche Preis für Veränderungen, Positionen und Lebens- und Denkweisen mit hohen Erwartungen. Er macht krank und zerstört unsere Lebensgrundlagen: Bluthochdruck, Magenbeschwerden, Depression und Erschöpfung... Aber Sie sind dem Stress nicht hilflos ausgeliefert. Sie können lernen, mit entsprechenden Strategien damit umzugehen. Die Realität ist nicht Stress. Stress ist nur in unserer Vorstellung, in unserer Schwierigkeit, sich den Bedingungen anzupassen. Stress ist selbstgemacht! Stressmanagement beginnt bei Ihnen – fragen Sie sich doch mal, warum Sie Stress brauchen:

*Ich brauche den Stress.* Ohne Stress wäre ich weniger wichtig, würde weniger wahrgenommen werden und mich selbst darstellen können, könnte mich weniger rausreden, dass ich faul bin, undiszipliniert Zusagen nicht einhalte und mich verantwortungslos (aus mir unwichtigen Sachen) heraushalte. Ohne Stress hätte ich richtig Stress. So kann ich jammern, finde wiedererkennendes Verständnis und bekomme sogar Unterstützung. Je größer der Stress, desto wichtiger bin ich.

*Ich brauche den Stress.* Ohne Stress komme ich nicht richtig zum Arbeiten. Ich muss erst in der richtigen Arbeitsatmosphäre sein, damit ich gut denken kann – ich brauche den Druck, sonst werde ich nicht fertig. Ich fühle mich in Stresssituationen richtig wohl – es läuft so richtig ab! Je größer der Stress, desto besser kann ich arbeiten.

*Ich brauche den Stress.* Ohne Stress würde ich nicht rechtzeitig gewarnt, dass ich die Anforderungen an mich nicht mehr ertragen kann. Es ist eine Alarmreaktion, die mir hilft, rechtzeitig die mich erdrückenden Faktoren zu stoppen. Wenn ich ohne den Stress so weiterleben würde, würde ich nicht mehr weiterleben können, sondern mich zerstören. Der Stress stoppt falsche und schlechte Entwicklungen. Je größer der Stress, desto mehr hilft er mir bei notwendigen Veränderungen.

**Stress ist da – wir müssen lernen, damit umzugehen.**

Stress ist für einige erdrückend und für andere wichtig. Stress ist ein Modewort, eine Ausrede und andererseits eine notwendige und gute Situation. Es gibt guten und schlechten Stress. Wir müssen lernen, mit unserem Stress bewusst umzugehen.

*Das Ziel ist nicht, keinen Stress zu haben – das Ziel ist, mit dem Stress aktiv und bewusst umgehen zu können.*

Stressmanagement muss also sehr individuell sein und auch gerade diesen sehr unterschiedlichen Spannungsbogen aufnehmen. Was einige als Stress empfinden, ist für andere eine gute Situation – Stress wird sehr unterschiedlich wahrgenommen und kann ganz verschieden wirken. Entscheidend ist nicht die reale Situation, sondern die persönliche Wahrnehmung, Einschätzung und der bewusste Umgang damit. Wenn einer an Stress leidet, leidet er nicht an wirklichen Bedingungen, sondern an den Vorstellungen davon.

In einer Zeit der Beschleunigung, der permanenten Veränderung, der Krisen und der gestiegenen Ansprüche mit weniger Ressourcen, ist Stress die normale Folgewirkung. Wir müssen uns auf neue Situationen einstellen und selbst umstellen, umdenken und neue Denk- und Verhaltensstrukturen erlernen. In dieser Zeit der Unsicherheit wünschten wir uns (vgl. Abb. 9) vielleicht die »alten Zeiten« zurück, aber wir können nur erfolgreich sein, wenn wir lernen, uns auf diese Bedingungen der Zukunft einzustellen – und dazu gehört auch der erhöhte Stresspegel. Wir haben nur eine Chance: *Wir müssen lernen, mit diesem Stress aktiv gestaltend umzugehen.*

Ängste, Unsicherheiten, Unzufriedenheit und Stresssituationen – bis hin zu ausweglos erscheinenden Situationen und Konflikten prägen die allgemeine

Stimmung überall in unserer Gesellschaft. Viele fühlen sich überlastet, überfordert und sehen auch keinen Ausweg und keine Chance zur positiven Veränderung. Wie sollen Sie das nur aushalten? Erste körperliche Anzeichen oder gar Zusammenbrüche zeigen Alarmzeichen: »Das Ende der Fahnenstange ist erreicht!«

Sind Sie dieser Belastung und diesem Stress hilflos ausgeliefert? Besonders, wenn man weiß, dass die Empfänglichkeit für Stressbelastung bis zu 80 Prozent durch das Erbgut vorbestimmt ist, ist es schwer zu glauben, dass Forschungsergebnisse und Langzeiterfahrungen aufzeigen, dass man seine Lebensqualität durchaus spürbar verbessern kann: Jeder kann lernen, seine Wahrnehmungen, Denkweisen, Bewertungen und Verhaltensweisen zu verändern. Sie müssen lernen, die Tatsachen, die Sie nicht ändern können, anders wahrzunehmen und anders zu bewerten. Lernen Sie das »Um-Denken« in kleinen Schritten. Versuchen Sie, bevor ein Stressauslöser die Stressbelastungen hervorruft, bei sich selbst einen »Antistressschalter« umzulegen, um damit aus Ihren alten Stressstrukturen herauszukommen. Versuchen Sie mit Hilfe von einfachen Regeln, mit dem neuen Denken anzufangen, um damit den Stress zu stoppen. Diese Anleitungen und Regeln (Abb. 11, 12, 15, 16) können vielleicht helfen, den Stress zu verringern oder gar nicht aufkommen zu lassen. Stress ist Anzeiger für eine notwendige Verhaltensänderung – die Regeln sind dafür eine Hilfestellung.

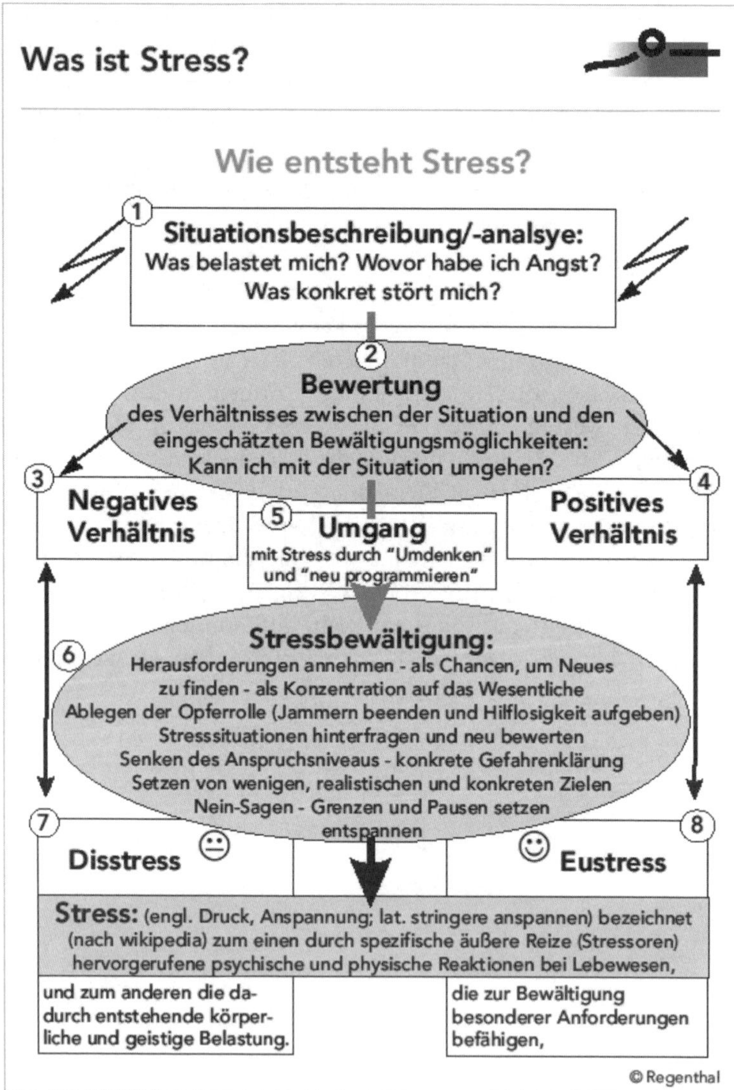


*Abb. 11: Was ist Stress?*

## Mit Stress umgehen lernen

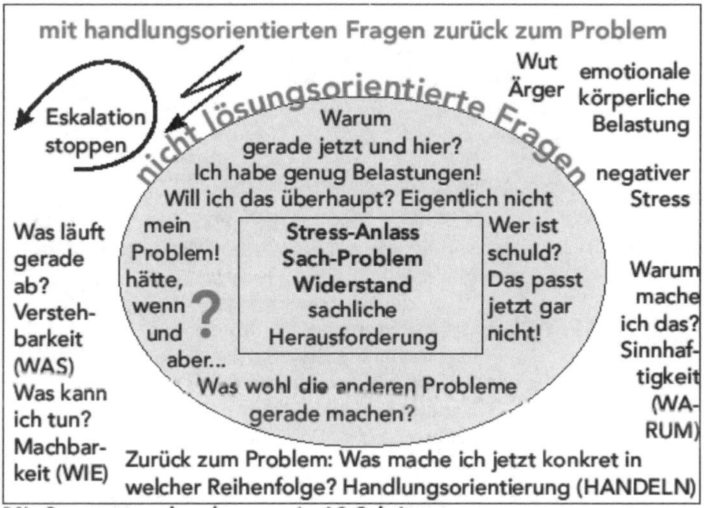


**Mit Stress umgehen lernen - in 10 Schritten :**

1. Ausgangspunkt ist eine reale Problemsituation
2. Persönliche Bewertungen bringen emotionale Reaktion
3. Emotionale Eskalation durch nicht lösungsorientierte Fragen
4. Stress-Situation auf belastendem Höhepunkt
5. Stress-Situation stoppen, „umschalten" und anders bewerten: VOM OPFER (ausgeliefert sein und nur abwarten können) ZUM VERANTWORTLICH HANDELNDEN MENSCHEN (Möglichkeiten abwägen, entscheiden und lösungsorientiert handeln) EMOTIONALE RUHE FINDEN für klare Entscheidungen. **4 Fragen helfen dabei:**
6. Was läuft hier und jetzt gerade ab? **Verstehbarkeit** (WAS)
7. Was kann ich tun? Kann ich das? **Machbarkeit** (WIE)
8. Warum mache ich das? Zielsetzung? **Sinnhaftigkeit** (WARUM)
9. Zurück zum Problem: Was mache ich jetzt konkret in welcher Reihenfolge? **Handlungsorientierung** (HANDELN)
10. Den Stress bewusst angehen/das Problem klären+Erfolg genießen

© Regenthal

*Abb. 12: Mit Stress umgehen lernen*

*Abb. 13: Zwischen Müssen und Wollen, Verantwortung und Vertrauen*

## Stress-Faktoren aktiv angehen

| Stressfaktoren Probleme | 1. Schritt: erster Handlungsansatz ⊕ | Zielsetzung: Was will ich erreichen? | Vorsicht Falle! Was darf ich nicht machen? ⊖ | Methoden, Instrumente |
|---|---|---|---|---|
| | | | | |
| | | | | |
| | | | | |
| | | | | |

**Stress managen heißt:**

- Entspannung schaffen
- Ursachen angehen
- Stress aktiv gestalten
- lernen mit Stress umzugehen



*Abb. 14: Stress-Faktoren aktiv angehen*

## Dem Stress keine Chance: 10 Regeln zum Stressabbau

"Wer seelisch leidet, leidet nicht an der wirklichen Wirklichkeit, sondern an seinem Bild von der Wirklichkeit." Watzlawick

Wer sich gestresst, belastet, unsicher und unzufrieden fühlt, kann seine Lebensqualität spürbar verbessern, indem er lernt, sein Wahrnehmen, Denken und Bewerten in kleinen Schritten zu verändern und nicht mehr krampfhaft versucht, gegen feste Gegebenheiten vorzugehen. Beginnen Sie mit dem Abbau der alltäglichen Stressauslöser im eigenen Denken durch folgende Regeln:

Lösen Sie sich aus alten Denkschienen - Veränderungen beginnen im Kopf!

**1. Unterscheiden Sie Wichtiges von Unwichtigem:**
- nicht an Kleinigkeiten festbeißen und verzetteln, sondern Schwerpunkte setzen
- nicht sich permanent herausgefordert fühlen, sondern auch entspannen

**2. Lernen Sie Zulassen und Toleranz:**
- nicht alles bewerten und beurteilen, sondern tolerieren lernen
- nicht alles besser wissen als andere, sondern akzeptieren lernen

**3. Nehmen Sie Menschen und Ereignisse ganzheitlich wahr:**
- nicht nur die eine schlechte Seite sehen, sondern auch die gute Seite
- nicht alles und jedes nur als Gegensätze sehen, sondern als eine Einheit

**4. Verstehen Sie Belastungen als Chancen und Herausforderungen:**
- nicht nur Schwierigkeiten, sondern auch Entwicklungschancen sehen
- nicht nur alte Wege gehen, sondern auch neue ausprobieren

**5. Akzeptieren Sie Realitäten und bewahren Sie sich Ihre Visionen:**
- nicht in Hoffnungen und Träume verrennen, sondern realistische Grenzen sehen
- nicht alles Erreichte mit dem falschen Maßstab messen, sondern sich darüber freuen

Ein selbstbewusster Mensch kommt nicht so schnell in eine Stress-Situation. Er kann erkennen, wann seine Kapazitäten aufgebraucht sind, was wichtig ist und was nicht. Er merkt, wann es Zeit ist zu regenerieren und seinen Geist und seinen Körper in Ruhe zu lassen.



*Abb. 15: Dem Stress keine Chance: 10 Regeln zum Stressabbau*

## Dem Stress keine Chance: 10 Regeln zum Stressabbau II

**6. Vergeben, verzeihen und entlasten Sie sich:**
- nicht negative und blockierende Gefühle aufbewahren, sondern sich entlasten
- nicht nachtragen, sondern Konsequenzen und Schlüsse ziehen - daraus lernen

**7. Profilieren Sie sich durch aktives und glaubwürdiges Verhalten:**
- **nicht vorschnell die eigene Meinung, Zielsetzung aufgeben, zu allem "Ja!" sagen**
- **nicht nur reden, sondern auch entsprechend glaubwürdig handeln**

**8. Denken und handeln Sie positiv - für sich und andere:**
- nicht jammern und verzagen, sondern in kleinen Schritten zum Ziel gehen
- nicht Negatives suchen, sondern Positives ansprechen und genießen

**9. Erkenne dich selbst! (Inschrift am Tempel von Delphi):**
- nicht persönliche Defizite verstecken, sondern offen darlegen
- nicht nur nach äußeren Erfolgen trachten, sondern seine inneren Werte pflegen

**10. Finden Sie Ihre eigene Identität:**
- nicht nur anderen helfen wollen, anderen gut tun, sondern von sich ausgehen
- nicht nach anderen ausrichten, sich selbst vergessen, sondern sich entwickeln

Vgl. auch Tausch: Hilfen bei Stress und Belastung; Die Welt v. 23.11.96

Die Umwandlung von Dis-Stress in den positiven Eu-Stress geht nur über den Kopf: Finden Sie ein Gleichgewicht zwischen Anforderungen und Kapazitätsmöglichkeiten. Dazu muss man sein "Ich" finden und erkennen, dass es nicht darum geht, wie man gerne wäre und nach außen scheinen möchte, sondern wie man tatsächlich ist. Man muss sich seiner körperlichen und geistigen Fähigkeiten bewusst werden, um sie dann zum Erreichen seiner persönlichen Ziele einzusetzen. Man sollte auch den Fehler unterlassen, die von anderen vorgegebenen Ziele und allgemeinen Wünsche anzustreben, mit denen man sich nicht selbst identifiziert.
In Dis-Stress-Situationen können nur Menschen kommen, deren Selbstbewusstsein nicht in Ordnung ist. Selbsterkenntnis und ein Selbstfindungsprozess zur Entwicklung eines Selbstbewusstseins ist Weg zur Besserung.



*Abb. 16: Dem Stress keine Chance: 10 Regeln zum Stressabbau II*

**So kann es gehen!** Sie können sich eine Woche lang auf eine Regel zum Stressabbau konzentrieren und dann eine zweite dazu nehmen – usw. Finden Sie aus obigem Angebot, die für Sie zutreffenden und wichtigen Punkte heraus und stellen Sie sich so ein persönliches Anti-Stresskonzept mit ca. 5-7 Regeln zusammen, die Sie Woche für Woche ergänzt und weiterentwickelt haben. Durch dieses »Entwicklungstraining« lernen Sie das »Um-Denken«. Das Selbsttraining kann durch gemeinsame Beratungen und Besprechungen noch verstärkt werden: Reden Sie mit anderen Personen über Ihre Regeln, den Gebrauch und Ihre Erfahrungen. Diese Bewusstmachung erhöht die Erfolgschancen (vgl. dazu Abb. 15, 16 und auch 14, 17, 18 und 19).

**Für die Verhaltensveränderung hier noch ein paar Strategietipps**, die aufbauend und unterstützend den Trainingserfolg verstärken. Zehn Schritte zur stressabbauenden Verhaltensveränderung:

1. *Planen Sie schriftlich.*

   Wenn Sie kein klares Ziel vor Augen haben, verlaufen und verzetteln Sie sich. Schreiben Sie Ihr Ziel und Ihre Richtlinie, die Sie sich vornehmen wollen, an einem sichtbaren Ort auf (Karte auf dem Schreibtisch, in den Planer usw.). Das wird erinnern, auffordern, konzentrieren und kontrollieren.

2. *Entwickeln Sie Gewohnheiten.*

   Wenn Sie Gewohnheiten entwickeln wollen, geht das am ehesten durch Regelmäßigkeiten. Versuchen Sie Ihr neues Verhalten möglichst zu festen und gleichen Zeiten, das »läuft automatisch« ab und hilft eher die Widerstände zu überbrücken. Machen Sie aus den festen Zeiten ein festes Ritual, eine Tradition. Wenn Verhaltensverbesserungen nicht nur zufällig und einmalig, sondern nachhaltig und erfolgreich sein sollen, machen Sie aus den neuen Aktionen, Maßnahmen und Handlungen eine Ordnung oder ein Konzept, damit daraus eine Gewohnheit wird. Erst wenn Sie das neue Verhaltensprogramm über ca. 30 Tage konsequent eingeübt haben, »sitzt« das neu erlernte Verhalten, so dass es dann – wie das Autofahren-»automatisch« passiert. Lernen Sie das »Schalten« wie in der Fahrschule. Schalten Sie über einen Monat Ihren Stress bewusst ab, damit es dann automatisch läuft und zur Gewohnheit wird. Neues erlernt man nur durch konsequentes Ein-Üben! (vgl. Sie dazu auch das Kapitel Gewohnheiten mit Übungsanleitungen)

3. *Gehen Sie in kleinen Schritten.*

Wenn Sie etwas Neues probieren, machen Sie es sehr vorsichtig und in kleinen Lernschritten, die Sie dann – je nach Lernerfolg – langsam steigern können. Übernehmen Sie sich nicht dadurch, dass Sie schwierige Elemente, die Sie vielleicht sogar überfordern, gleich an den Anfang stellen. Gönnen Sie sich die ersten Lernerfolge an kleineren Beispielen, die Sie an den Anfang stellen, um auf diese Motivation aufbauen zu können. Neues erlernt man durch kleine Schritte!

4. *Suchen Sie Alternativen.*

Wenn ein Versuch zu scheitern droht oder sowieso nicht möglich ist, können Sie mit einer echten Alternative sofort »ausweichen« und trotzdem Ihr Ziel erreichen. Außerdem werden Sie dadurch flexibler und auch sicherer und entspannter, wenn Sie sich nicht nur »durch quälen« müssen oder erfolglos in Ihrem Versuch sind. Planen Sie Alternativwege, um Ihr Ziel zu erreichen!

5. *Handeln Sie konsequent.*

Wenn Sie warten, bis Sie Lust haben, das Neue auszuprobieren, dann wird das eher selten passieren. Spielen Sie in der Übungszeit »Roboter« und handeln Sie ganz konsequent, auch ohne Lust. Ihre Gefühle können Sie nur schwer beeinflussen, doch handeln können Sie immer.

6. *Belohnen Sie sich.*

Wenn Sie sich nicht den Nutzen und Ihre Vorteile klarmachen, wissen Sie nicht, warum Sie sich so schinden und geben eher auf. Bauen Sie sich ein Push- und Pull-Modell auf. Schreiben Sie auf, warum Sie sich verändern müssen (Notwendigkeiten als Push-Faktoren, die drücken) und welchen Nutzen und welche Vorteile Sie haben, wenn Sie sich verändern (Nutzen als Pull-Faktoren, die ziehen). Diese Auflistung sollten Sie so aufhängen, dass sie sehen können – das motiviert. Darüber hinaus ist es sinnvoll, sich für einzelne, erfolgreich durchgeführte, neue Aktionen und Handlungen zu belohnen. Geben Sie sich etwas, gönnen Sie sich etwas und genießen Sie es, wenn Sie »es geschafft haben« – oder eben nicht, wenn Sie es nicht gemacht haben!

7. *Wählen Sie sich ein Motto.*

   Wenn Sie in schwierigen Zeiten einen Leitspruch haben, der Ihnen über die Hürden hinweghelfen kann, sollten Sie einfache »Kalendersprüche« sammeln. Dahinter steckt meistens eine Lernerfahrung und dahinter ein Problem, was erfolgreich gelöst wurde. Lernen Sie aus diesen Leitsprüchen »motivierende Helfer« zu machen, um auch selbst lernen zu können und nicht nachzulassen.

   *Wenn man weiß, wohin man will, kommt man am weitesten. William Shakespeare*

   *Wenn der Mensch sich etwas vornimmt, so ist ihm mehr möglich als man glaubt. Pestalozzi*

   *Für das Können gibt es nur einen Beweis: Das Tun. Marie von Ebner-Eschenbach*

8. *Suchen Sie sich Vorbilder.*

   Wenn Sie lernen wollen, lernen Sie von anderen. Suchen Sie sich Vorbilder, die Sie ansprechen und »ausfragen«, wie sie das schaffen. Suchen Sie nach Methoden und Unterstützungen, um an Ihren Problemen zu arbeiten, indem Sie von anderen und ihren Stärken bezüglich solcher Problemlösungen lernen. Der Vergleich mit den Besten ist Benchmarking und in der Wirtschaft sehr erfolgreich: Durch den Vergleich zu anderen lernen, besser zu werden. Behalten Sie dabei aber IHRE Zielsetzung im Auge – es geht hier nicht um Konkurrenz und Wettbewerb! Durch das Vergleichen sollen Sie für sich eine Orientierung bekommen.

9. *Erhöhen Sie den Druck.*

   Wenn Sie mit allen positiven Verstärkern nicht vorankommen, denken Sie mal negativ. Veränderungen – besonders die verkrusteten Strukturen – brauchen Leidensdruck. Setzen Sie sich selbst unter Druck. Verabreden Sie sich mit wichtigen Personen, denen Sie Ihre Ziele ganz konkret vorher mitgeteilt haben (Ich will in dieser Woche zwei Mal min. 30 Minuten Sport machen!). Vielleicht können Sie sich zusammen verabreden, um gemeinsam zu arbeiten? Lassen Sie sich »mitziehen«. Wenn Sie dann nicht zu Ihrer Zielsetzung stehen, wird es peinlich und das möchte doch jeder gern vermeiden. Arbeiten Sie also mit Partnern gemeinsam und/oder regeln Sie das so, dass Sie beim nächsten Treffen darüber berichten müssen. Sie können sich auch konkrete Ziele setzen und nicht nur nach »Belohnungen«, sondern auch nach »Bestrafungen« suchen. Wenn ich mein Ziel erreicht habe, kaufe ich mir für 100 € eine »Belohnung«, ansonsten spende ich das Geld oder verschenke es!

10. *Gönnen Sie sich Auszeiten.*

    Wenn Sie in einer schwierigen Zeit eine Veränderung angehen, wird sie nur schwer erfolgreich sein. Suchen Sie für den Beginn eine gute Zeit aus, um besser anfangen zu können. Wenn Sie eine Auszeit brauchen, machen Sie ruhig eine bewusste, zeitlich aber genau festgelegte Pause, um dann das Veränderungsprogramm möglichst bald wieder aufzunehmen. Wenn es zu schwer wird, sollten Sie nicht verzweifeln, sondern daran denken, dass man nach einem Urlaub mit neuer Kraft viel besser und schneller vorankommt und manchmal sogar die »verlorene Zeit« wieder herausholt. Sie sollten sich nicht überfordern, sondern – entsprechend Ihrer Ziele – in kleinen und realistischen Veränderungsschritten vorangehen. Nur so finden Sie ihren eigenen Weg und Ihre eigene (neue) Identität!

**Stressmanagement**

Stress ist nicht allgemein definierbar. Die gleichen Bedingungen für unterschiedliche Menschen erzeugen in manchen Fällen überhaupt keinen Stress und für andere wiederum bedeutet das Stress in Höchstform. (Abb. 11 und 13 und 17) Stress lässt sich nicht objektiv messen oder vergleichen, sondern bleibt ein sehr persönliches Phänomen. Stress ist eigentlich ein interdependentes Beziehungsproblem als ein gravierendes Missverhältnis zwischen Person und Umwelt. Negative Auswirkungen hat der Stress nur dann, wenn man mit diesem Missverhältnis nicht umgehen kann. Formen dieses Missverhältnisses treten in zwei Bereichen auf: Im Leistungsbereich (Anforderungen der Umwelt stimmen mit den Fähigkeiten der Person nicht überein) und im Anspruchsbereich

(Ansprüche und Wünsche der Person stimmen nicht mit den Befriedigungsmöglichkeiten überein). Die unterschiedlichen Erscheinungsformen von Stress kommen von der subjektiven und objektiven Wahrnehmung und der Einschätzung der Betroffenen. Der gleiche Auslöser kann ganz unterschiedlich eingeschätzt und bewertet werden: Ein zusätzliches Arbeitsprojekt kann zum Beispiel für den einen Mitarbeiter eine positive Abwechslung und Herausforderung sein (Eustress – ein positiver Stress) und für den anderen Mitarbeiter eine Belastung (Dysstress – ein negativer Stress), obwohl beide bezüglich dieser neuen Leistungsanforderung nicht die richtige Kompetenz haben.

## Strategien des Stress-Managements

**Stress ist ein gravierendes Missverhältnis zwischen Person und Umwelt:**
Im Leistungsbereich (Anforderungen der Umwelt stimmen mit den Fähigkeiten der Person nicht überein) und im Anspruchsbereich (Ansprüche und Wünsche der Person stimmen nicht mit den Befriedigungsmöglichkeiten überein). Die unterschiedlichen Formen des Missverhältnisses kommen von der subjektiven und objektiven Wahrnehmung und der Einschätzung (Missverhältnis als positive Herausforderung / Eustress - als Belastung / Distress).

| | |
|---|---|
| **Stress-Abbau durch das Verbessern meiner Fähigkeiten** | |
| Kompetenzen verbessern | Schulungen, Entspannung |
| Verhalten verändern | Entwöhnen, neue Gewohnheiten |
| **Stress-Abbau durch das Verändern meiner Ansprüche und Wünsche** | |
| Wunschvorstellungen | Realistische Visionen/Grundsätze |
| Übertriebene Ansprüche | Realistische Ansprüche an sich + andere |
| **Stress-Abbau durch das Verändern der objektiven Anforderungen** | |
| Überforderungen | Zeitmanagement, Prioritäten |
| Falsche Anforderungen | Klare Zielabsprachen |
| **Stress-Abbau durch das Verändern der objektiven Bedingungen** | Veränderung der Bedingungen |

Diese Vorschläge zum Umgang mit Stress sind kein allgemeines Schema. Gehen Sie mit diesen Überlegungen kreativ, flexibel und individuell um und versuchen Sie durch Ausprobieren und Beratung Ihre eigenen Erfahrungen und Erfolge zu bekommen. Entwickeln Sie Ihr eigenes Stress-Management.

**Ich kann meinen Stress selbst gestalten!**



*Abb. 17: Strategien des Stress-Managements*

Zum Stress-Abbau ist es also wichtig, genau herauszufinden, wo Sie Ihre Stress-Schwächen haben – wo Sie ein Missverhältnis zwischen Person und Umwelt als persönliche Belastung empfinden. Je genauer Sie für sich Ihre Stress-Auslöser analysieren und formulieren können, desto besser können Sie natürlich Ihren Stress abbauen. Schreiben Sie für sich eine Liste von Stress-Auslösern zusammen, die Sie in einem Monat gesammelt haben und versuchen Sie daraus eine Prioritätenliste zu machen (Die Top-Ten meiner Stress-Auslöser). Die Übersicht mit den Strategien des Stress-Managements können Sie dabei als Grundlage und Anregung nehmen, um damit systematisch die einzelnen Möglichkeiten zu berücksichtigen. Es gibt vier Bereiche, die zum Stress-Abbau angegangen werden können: (Abb. 17)

1. Verhaltensveränderung (Kompetenzen, Fähigkeiten verbessern, Verhalten verändern durch Schulungen, Training und Verhaltensveränderung),
2. Verändern meiner Ansprüche und Wünsche (realistische Visionen, Ziele und auch realistische Ansprüche an sich selbst und andere, keine Überforderungen),
3. Erleichterungen und Entlastungen (klare Zielabsprachen, Prioritäten finden und Zeitmanagement beachten, Sport treiben, Entspannungsmöglichkeiten finden),
4. Verändern der objektiven Bedingungen (Veränderung der Bedingungen, besonders dann, wenn die anderen Maßnahmen nicht zur Erleichterung oder Verbesserung geholfen haben – es sind meist grundlegende Entscheidungen und Veränderungen).

Nachdem Sie nun Ihre ersten persönlichen Analysen durchgeführt und Schwerpunkte bei Ihren Stressfaktoren zusammengestellt haben (Prioritätenliste als Ihre Top-Ten), geht es darum, den negativen Stress strategisch und konzeptionell anzugehen. In der Form einer Matrix können Sie Ihre Stressfaktoren jetzt einsetzen und erste Handlungsschritte und Zielsetzungen formulieren. Denken sie dabei auch an mögliche Fallen und Alternativen. Je genauer Sie ein solches Handlungskonzept für sich erarbeiten können, sogar mit Methoden, Instrumenten und festen Terminen, desto erfolgreicher können Sie dem Stress begegnen. Gehen Sie systematisch und in kleinen Schritten voran. Vorgehen zum Stressabbau/für ein **Stressmanagement** (als ein Lernprogramm):

1. *Entspannung schaffen.*

   Stress ist Anspannung – finden Sie Entspannung als einen Gegenpol zum Ausgleich! Alles was der Entspannung dient, sollten Sie sich überlegen und zu Ihrem persönlichen Programm zusammenstellen: Schlafen, gesund essen und trinken, Musik hören, Entspannungstechniken nutzen, Pausen machen, Sport treiben…

2. *Ursachen angehen.*

   Finden Sie die Hauptverursacher heraus, die für Ihren Stress verantwortlich sind. Die Arbeitsvorbereitung und Arbeitsorganisation kann sehr entlastend sein und zumeist auch effektiver und effizienter, wenn sie einmal genau durchgeplant wurde. Hier sind noch viele Verbesserungsmöglichkeiten und Stressabbaumöglichkeiten versteckt – ein Fundus, den Sie nutzen sollten. Zeit- und Projektmanagement können dabei helfen, verschiedene Konzepte sinnvoll miteinander zu verbinden.

3. *Stress aktiv gestalten.*

   Entwickeln Sie für sich ein persönliches Anti-Stress-Konzept, um dem Stress nicht einfach ausgeliefert zu sein. Was können Sie wie und womit tun? Nehmen Sie den Stress nicht als gegeben, sondern als selbst gestaltbar. Die Anleitungen sind Leitlinien, die Ihnen dabei helfen könnten. Und wenn wirklich Stress angesagt ist, nehmen Sie das als Chance und Herausforderung an, um vielleicht viel Arbeit loszuwerden oder auch, um viel oder Neues zu schaffen. Stress hat auch positive Seiten, weil er manchmal hilft, in dieser »Hoch-Zeit« erfolgreich die anstehenden Anforderungen und Probleme anzugehen. Hinterher kann die Entspannungszeit kommen.

4. *Lernen mit Stress umzugehen.*

   Wo brauchen Sie Stress und warum? Lernen Sie Stress als normal anzusehen, wie ein Kind, das neu in seine Umwelt hineinwächst und lernen will und muss. Viele neue Erkenntnisse und Erfahrungen würden wir nicht kennen lernen, wenn wir nicht bereit wären, den Stress auf uns zu nehmen. Lernen Sie Stress auszuhalten, vielleicht sogar Spaß am Stress zu haben und als zum Leben und Arbeiten notwendig anzusehen. Formulieren Sie Ihre Vision und leiten Sie dann entsprechende Grundsätze davon ab. Das ist die Basis, von der aus Sie dann strategische und operationalisierte Ziele entwickeln können. Klare Ziele mit konkreten Anzeigern und Zeiten ermöglichen die bessere Umsetzung mit einzelnen Maßnahmen und sind auch Grundlage für ein Controlling. Erst die genaue Zielfindung schafft die erfolgreiche Veränderung! Zu allgemeine Ziele (»Das muss besser werden!«) helfen nicht weiter. Bauen Sie sich ein genaues Zielsystem auf, dass hilft zuerst Ihrer Klarheit und Ihrem Bewusstsein und letztlich natürlich auch der besseren Umsetzung und dem Controlling als Soll-Ist-Vergleich, denn erste Erfolge, die durch das Controlling bewusstwerden, verstärken den neuen Lernprozess dabei. Auf der Suche nach der richtigen praktischen Umsetzung und den entsprechenden Maßnahmen kann die Raster-Analyse helfen. (Abb. 14) Ein Aktionsplan ist nicht nur gut für die Vorbereitung, sondern auch zur Umsetzung in die Praxis. Je systematischer Sie vorgehen, desto weniger Fehler werden Sie machen. Aber es werden noch genug Probleme und Verhinderer auftauchen, die Ihnen bei einem effektiven Stress-Abbau noch entgegenstehen. Sie sind selbst für Ihren Stress verantwortlich – Sie können Ihren Stress selbst so managen, dass er Sie nicht mehr erdrückt!

*Wenn ich mit der Wirklichkeit streite, verliere ich in jedem Fall. Byron Katie*

*Sie können sich immer entscheiden und damit selbst steuern*

*Tempobegrenzung im Straßenverkehr (80 km pro Std. auf der Autobahn – und das auch für Sie ohne Begründung und Sinn). Sie haben es eilig – ein wichtiger Termin – Sie fühlen sich unter Druck, weil Sie so wahrscheinlich zu spät kommen – Sie sind in einer Stresssituation. Wie gehen Sie damit um? Sagen Sie sich: Es ist ebenso – ich komme zu spät, aber das interessiert mich nicht – ich bin ganz ruhig. Sie ärgern sich, weil Sie nicht rechtzeitig abgefahren sind – Sie machen sich Vorwürfe und besonders schimpfen Sie über die ´blöden sinnlosen Baustellen'. Sie können auch aktiv entscheiden und sich Fragen: wie kann ich jetzt damit umgehen?*

### Vom Aushalten und Umgang mit Belastungen (Wie kann ich das ertragen?) zum selbstverantwortlichen Handeln (Ich kann damit umgehen!)

*Das Glück deines Lebens hängt ab von der Beschaffenheit deiner Gedanken. Marc Aurel*

*Nicht was wir erleben, sondern wie wir es empfinden, macht unser Schicksal aus. Sokrates*

*Es kommt nicht so darauf an, was im Leben geschieht, entscheidend ist, wie du damit umgehst. Gilda Radner*

<table>
<tr><td colspan="2">Vom Aushalten zum Gestalten: Umdenken zur verantwortlichen Selbstregulation.<br>Ein Wechsel in der Beziehung zu den Belastungen und in der Denkrichtung schafft grundlegende Veränderungen und Verbesserungen. Regenthal ©</td></tr>
<tr><td>Einstellung: Belastungen aushalten<br>„Wie soll ich das alles nur aushalten!“</td><td>Einstellung: mit Belastungen umgehen -<br>„Welche Möglichkeiten habe ich, mich darauf einzustellen, damit umzugehen, zu gestalten?“</td></tr>
<tr><td>Warum wird man krank? Was kann ich dagegen tun? Gegen die Ursachen tun?<br>Die Pathogenese beschäftigt sich mit der Entstehung und Entwicklung einer Krankheit. Gesundheit wird dabei als Normalzustand und Krankheit als Ausnahmezustand angesehen.<br><br>Anleitung: Setzen Sie in die unteren Spalten der Tabelle links und rechts kurzgefasste Aussagen aus Ihrem Alltag ein, um sich so die unterschiedlichen Denkweisen bewusst zu machen. (z. B. Ich muss das Schaffen! Ich muss die Widerstände aushalten = links. Ich will meine Widerstände verstehen und machbar machen und mein Warum klären = rechts</td><td>Wie kann ich mit krankmachenden Belastungen umgehen?<br>Die Salutogenese steht im Vordergrund der modernen Gesundheitswissenschaften. Der salutogenetische Ansatz geht weniger der Frage nach, was die Menschen krank macht, als damit, warum Menschen trotz vielfältiger und auch wachsender Belastung gesund bleiben oder unter Umständen sogar ihre Gesundheit steigern. Drei Bedingungen sind dafür wichtig:<br>• Verstehbarkeit (das Was muss verständlich sein)<br>• Machbarkeit (das Wie muss möglich sein)<br>• Sinnhaftigkeit (das Warum muss geklärt sein)</td></tr>
<tr><td>Ziel: Erfolg haben (Erfolgs-Druck, Misserfolge)</td><td>Ziel: Erfüllung finden (...)</td></tr>
<tr><td>1</td><td>1</td></tr>
<tr><td>2</td><td>2</td></tr>
<tr><td>3</td><td>3</td></tr>
<tr><td>= Stress, Burn-Out, Depression, Krankheiten</td><td>= Lebensqualität, Wohlgefühl, Gesundheit</td></tr>
</table>

*Abb. 17a: Vom Aushalten zum Gestalten*

### Resilienz und Salutogenese

Die beiden Begriffe Resilienz und Salutogenese stehen eng miteinander in Verbindung. Resilienz bedeutet so viel wie Widerstandsfähigkeit. Je widerstandsfähiger wir sind, je besser unser Körper Störungen abwehren kann, desto gesünder bleiben wir. So gibt es Menschen, die nie krank werden, obwohl sie vielen potentiell krankmachenden Umständen ausgesetzt sind. Andere dagegen liegen schon bei leichten Stresssituationen mit Fieber oder Erschöpfungssymptomen im Bett. Erstere sind widerstandsfähiger, da sie in kritischen Situationen auf persönliche Ressourcen zurückgreifen können und eine Krise als Möglichkeit zur Weiterentwicklung ansehen.

***Zum Schluss:*** *Den Stress aktiv angehen. Nur wenn Sie sich dem Stress ausgeliefert sehen, belastet er Sie. Sobald Sie handelnd und aktiv gestaltend damit umgehen können, fühlen Sie sich stark und nicht belastet. »Was kann ich tun?« wird zur entscheidenden Frage. Die Eigenverantwortlichkeit und Selbststeuerung sind zentrale Größen zur Identitätsfindung – aber auch zur Gestaltung des Lebens und des Alltags. Einfache kleine Schritte helfen… (konkrete Anleitungen dazu finden Sie in den Abb. 18 und 19)*

## Den Stress aktiv angehen

| verstehen - andenken | angehen - verbessern |
|---|---|
| ich fühle mich stark belastet - was kann ich tun? 1 | • Entlastungen finden: was weglassen?<br>• Entscheiden: wichtig oder dringlich?<br>• Prioritäten setzen und terminieren<br>• Unterstützung/Beratung suchen<br>• Entspannung finden... |
| ich kann nicht mehr klar denken - alles dreht sich 2 | • „schalten Sie auf Empfangen"<br>• stoppen Sie Ihre Gedanken: STOPP!<br>• finden Sie „Stärke, Erdung und Sicherung"<br>• nach der „Auszeit" entspannen<br>• und die Freude finden... |
| ich erwarte Hilfe von oben - die sollen doch... 3 | • sich klarmachen, dass das „ewig" dauert<br>• ist *nur* „Fluchtpunkt und Wunschvorstellg."<br>• verbessern können nur SIE selbst<br>• nicht in der „Opferrolle" sinnlos jammern<br>• lieber Energien bündeln und HANDELN! |
| ich kann nicht mehr und will auch nicht mehr... 4 | • unbedingt Hilfe und Unterstützung suchen<br>• Depressions-Gefahr! Arzt aufsuchen!<br>• SO nicht weiter machen!<br>• grundlegende Veränderung nötig<br>• dafür Auszeit nehmen, neue Kraft finden |
| ich muss so viel tun - was soll ich dann machen? 5 | • klare Ziele setzen und nach Zeiten ordnen<br>• Prioritäten setzen; wichtig und dringlich?<br>• WEGLASSEN, was jetzt nicht aktuell ist!<br>• Konzentration auf das Wesentliche!<br>• Anspruchsniveau klären und begrenzen |
| ich kann das nicht mehr ertragen, was geschieht 6 | • STOPPEN Sie die stressige Eskalation!<br>• Brauche ich Hilfe und Unterstützung WER?<br>• WAS kann ich konkret jetzt für mich tun?<br>• Sammlung, Entspannung, Beruhigung...<br>• bewusst Verhalten wechseln/„umschalten" |
| ich ärgere mich dauernd über Andere - die nerven 7 | • Was bringt Ihnen das? Was nutzt das?<br>• Stoppen, das sind „Energieräuber"<br>• Konzentration auf das für Sie Wichtige<br>• Wer sich ärgert, ärgert sich über die Fehler der Anderen." (Adenauer) |
| ich muss besser werden - das ist doch so wichtig 8 | • Nicht alles ist gleich wichtig - Prioritäten<br>• wichtig - dringlich für Zielsetzungen?<br>• Klären Sie Ihre Zielsetzungen und Werte?<br>• Anspruchshaltung klären: Warum wichtig?<br>• Perfektionismus „sinnvoll beschränken" |
| ich muss doch anderen helfen - die brauchen das 9 | • Wem wollen/müssen Sie sich beweisen?<br>• Ist das wirklich wichtig? Reichen Anstöße?<br>• Helfen - wem warum wann??? und Grenzen<br>• Raum für selbstverantw. Verhalten geben<br>• „Helfersyndrom" Kompensation für was? |
| ich leide, die Anderen sind schuld daran... 10 | • nicht in der „Opferrolle" sinnlos jammern<br>• selbstverantwortlich Handeln!<br>• lieber agieren, statt behandelt zu werden<br>• Sie können Andere nicht verändern!<br>• Sie bestimmen Ihre Lebensqualität! |

© Regenthal

*Abb. 18: Den Stress aktiv angehen*

## Den Stress aktiv angehen

| verstehen - andenken | | angehen - verbessern |
|---|---|---|
| ich fühle mich stark be-<br>lastet - was kann ich tun? | 1 | WAS WERDE ICH WANN TUN?<br>•<br>•<br>• |
| ich kann nicht mehr klar<br>denken - alles dreht sich | 2 | WAS WERDE ICH WANN TUN?<br>•<br>•<br>• |
| ich erwarte Hilfe von<br>oben - die sollen doch... | 3 | WAS WERDE ICH WANN TUN?<br>•<br>•<br>• |
| ich kann nicht mehr und<br>will auch nicht mehr... | 4 | WAS WERDE ICH WANN TUN?<br>•<br>•<br>• |
| ich muss so viel tun - was<br>soll ich dann machen? | 5 | WAS WERDE ICH WANN TUN?<br>•<br>•<br>• |
| ich kann das nicht mehr<br>ertragen, was geschieht | 6 | WAS WERDE ICH WANN TUN?<br>•<br>•<br>• |
| ich ärgere mich dauernd<br>über Andere - die nerven | 7 | WAS WERDE ICH WANN TUN?<br>•<br>•<br>• |
| ich muss besser werden<br>- das ist doch so wichtig | 8 | WAS WERDE ICH WANN TUN?<br>•<br>•<br>• |
| ich muss doch anderen<br>helfen - die brauchen das | 9 | WAS WERDE ICH WANN TUN?<br>•<br>•<br>• |
| ich leide, die Anderen<br>sind schuld daran... | 10 | WAS WERDE ICH WANN TUN?<br>•<br>•<br>• |



*Abb. 19: Den Stress aktiv angehen (leer)*

## 3.7 Sie werden von unbewussten Gewohnheiten gesteuert und behindert

***Wir wissen alle, wie schwer es ist, sich zu verändern…***

*Vom Ziel haben viele Menschen einen Begriff, nur möchten sie es gerne schlendernd auf irrgänglichen Promenaden erreichen. J. W. v. Goethe*

Der Mensch ist ein Gewohnheitstier… Versuchen Sie dazu doch bitte mal folgendes Selbstexperiment:

*Verschränken Sie spontan Ihre Arme – welche Hand haben Sie nach unten eingesteckt? Machen Sie das jetzt doch mal genau umgekehrt – Sie fühlen sich bestimmt etwas unwohl – es ist ungewohnt. Gewohnheiten stehen also unseren Vorsätzen und Veränderungen entgegen – sie verhindern damit auch erfolgreiche Verbesserungen. Wir brauchen für Veränderungsprozesse klare motivierende Ziele – aber letztlich helfen die auch nicht wirklich. Das kennen wir alle beim Umgang mit »guten Vorsätzen« und auch wissenschaftliche Untersuchungen zeigen das deutlich auf. Wie können wir es also doch schaffen, unser Verhalten gezielt und bewusst zu verändern? Wir müssen uns unsere Gewohnheiten bewusstmachen.*

***Was soll hier unter »Bewusstsein« verstanden werden?*** (trotz aller Forschungen bleibt das letztlich aber wohl auch weiterhin das »große Rätsel«)

Aufmerksamkeit, Achtsamkeit, Wahrnehmungsfähigkeit (sinnlich, emotional, kognitiv), Persönlichkeitsstärkung, Identitätsfindung, Verantwortlichkeit, Selbstvertrauen, Selbstbewusstsein (nicht als vermeintliche Ausstrahlung eines von sich überzeugten Menschen), Selbstreflexionsfähigkeit, gezielte Handlungen, Zielorientierung …

Dazu gehört aber auch ein »Unterbewusstsein« – die Gewohnheiten.

Ausgangspunkt ist ein Anlass, Impuls oder ein Problem – wie nehmen wir das wahr und wie gehen wir damit um? Die zentrale Frage nach dem »Warum?« gibt uns ein anderes Verständnis. Ein achtsames, bewusstes und reflektierendes Annehmen ist der erste Schritt. Wissen und verstehen wir, was jetzt zu tun ist? Ist das für uns auch machbar? Warum sollten wir das machen? Was ist unser Beweggrund? Machen wir das jetzt auch wirklich, was wir angedacht haben?

Können wir damit eine nachhaltige Verbesserung in unserem Leben erreichen? Und wie lassen sich unsere Gewohnheiten verändern – und auch nachhaltig?

**Unterscheiden Sie als erstes,**

- ob es eine *gewohnheitsgesteuerte Tätigkeit*/ein Ritual ist (tägliche Handhabungen, Arbeitsabläufe, die kann man durch klare Ziele, Nutzen und Notwendigkeiten nicht direkt steuern – das erfordert das »Um- Trainieren« – das »Ein-Trainieren von neuen Gewohnheiten«) oder
- ob es eine *»Nicht-automatisierte-Tätigkeit«*/ein »Einzel-Verhalten« ist (eine neue Reise, die man schon immer mal vorhatte und durch motivierende Ziele, Vorstellungen, Nutzen und Notwendigkeiten besser steuern kann)

*»Wir sind in sehr viel stärkerem Maße von unserem Gedächtnis geprägt, als uns dies gemeinhin klar wird.... Wir sind nur durch unser Gedächtnis der, der wir sind – mit unserer Persönlichkeit und unserer Individualität. Aber auch unsere Gewohnheiten, unsere Routinen, selbst unsere Vorurteile, all dies wird aus dem Gedächtnis heraus gespeist. Das macht aus, wer wir sind, wie wir handeln, wie wir die Zukunft planen. Und es bestimmt auch, wie wir aktuell die Welt erleben.« Gehirnforscher Prof. Korte*

Wir glauben, dass unser Verhalten durch bestimmte Absichten motiviert wird – das gilt aber nur für Nicht-automatisierte-Tätigkeiten. Durch das Wiederholen spielt das dann aber keine Rolle mehr – wir reagieren nur noch auf gewisse Impulse. Ein Großteil unseres Verhaltens läuft unbewusst ab, wird gesteuert durch Gewohnheiten, Rituale und Routinen. Und wenn wir uns dann kognitiv und zielorientiert damit beschäftigen, eintrainierte Gewohnheiten ändern zu wollen, wird das kaum gelingen. Viel erfolgreicher ist, wer versucht, seine Gewohnheiten in einer festen sozialen Gruppe (Familie, Arbeitsgruppe) gemeinsam zu verändern. Gute Gewohnheiten sind notwendig, um Auto fahren zu können und durch unsere Arbeitsroutine besser voranzukommen. Schlechte Gewohnheiten hindern uns daran, etwas zu verändern und zu verbessern – wie bei unserem Gesundheitsverhalten. Wer Gewohnheiten nur als »hinderliche Stolpersteine« ansieht, wird sie wohl kaum wirklich verändern: Man muss sie ernstnehmen und in kleinen Schritten konsequent daran arbeiten.

*Schlechte Gewohnheiten sollte man nicht aus dem Fenster werfen, sondern die Treppe hinuntertragen, wenn man sie wirklich loswerden will. Mark Twain*

*»Die US-Psychologin Dawna Markova hat herausgefunden, dass Menschen allein rund zwei Wochen brauchen, um sich nur an eine solch simple Haltung neu zu gewöhnen. Bis dahin feuert das Gehirn unablässig Alarmsignale ans Bewusstsein: Alarm! Hier stimmt was nicht… Man mag sich gar nicht vorstellen, was passiert, wenn wir uns deutlich gewichtigere Routinen abgewöhnen wollen…*

***Was sind Gewohnheiten überhaupt?***

*alphaspirit/shutterstock.com Gewohnheiten – das sind Vorgänge und Verhaltensweisen, die in der Regel automatisch und unbewusst ablaufen. Neurowissenschaftler verorten unsere Gewohnheiten heute im Kern unseres Gehirns, dem limbischen System:*

- *Wenn wir zum Beispiel neue Fähigkeiten und Verhaltensmuster erlernen, wird zunächst die Großhirnrinde aktiv. Dort sitzt die Zentrale für unser bewusstes Tun, was man auch am Computertomographen wunderbar beobachten kann.*
- *Je mehr wir diese aber üben und dabei erfolgreich sind, desto mehr verselbstständigt sich dieser Prozess und die Hirnsignale wandern immer tiefer ins Hirninnere – bis sie sich schließlich als Routine im limbischen System festsetzt haben.*

***95 Prozent unserer täglichen Entscheidungen erreichen unser Bewusstsein gar nicht, hat einmal der Harvard-Professor Gerald Zaltman herausgefunden. Wir treffen sie praktisch im Autopilot-Status.***

***Deshalb bringt es auch nichts, im Job mit Appellen und Aufklärung Routinen zu Leibe zu rücken. Sparpläne und Modernisierungsprogramme können noch so überzeugend sein, unser gewohntes Verhalten erreichen Argumente nicht – es entzieht sich schlicht unserem Verstand.***

*Um Routinen ändern zu können, muss man also zunächst verstehen, aus welchen Elementen sie sich zusammensetzen und wie Gewohnheiten funktionieren. Der Autor Charles Duhigg (»The Power of Habit«) hat das einmal so zusammengefasst.*

***Eine Gewohnheit – ob gut oder schlecht – besteht aus drei Bestandteilen:***

- ***Lust:*** *Warum Sie überhaupt zur Zigarette greifen.*
- ***Routine:*** *Kippe nach dem Aufwachen, nach dem Mittagessen,…*
- ***Belohnung:*** *Sie fühlen sich entspannt.*

*Dabei stellen Lust und Belohnung die stärksten Fesseln dar.«*

*Quelle:* Ausgewählte Passagen aus http://karrierebibel.de/gewohnheiten-aendern/

## Die Macht der Gewohnheit

*Selbst die kleinste Handlung, scheinbar einfach*

*Betrachtet mit Misstrauen! Untersucht, ob es nötig ist*

*Besonders das Übliche!*

*Wir bitten euch ausdrücklich, findet*

*Das immerfort Vorkommende nicht natürlich!*

*Berthold Brecht*

Gute und schlechte Gewohnheiten, alte Gewohnheiten, in und aus Gewohnheit, Orientierung und Sicherheit… sind Gewohnheiten eine gute Lebensgrundlage oder die Verhinderer für Verbesserungen? »Ich bin es gewohnt…« gibt mir ein Wohlgefühl, ist aber keine Chance etwas Neues zu entdecken. Es gibt viele Dinge, die wir ganz von alleine tun, ohne dass wir sie uns bewusstmachen. Wir sollten also genau klären, was unsere Gewohnheiten für Wirkungen haben und deutlich machen, ob sie für uns gut oder schlecht sind. Es sind ja erlernte Gefühlswahrnehmungen, Denk- und Verhaltensweisen, die uns das alltägliche Leben erleichtern und erfreuen… Sobald sie aber nicht mehr nur gut für uns sind, verhindern sie Veränderungen. Seit unserer Geburt sammeln wir Gewohnheiten und übernehmen die auch von unseren Eltern, Freunden und Partnern – sie werden zu unserem Leben. Gewohnheiten bestimmen unser Verhalten. Sie erleichtern uns die alltäglichen Abläufe – schaffen Sicherheit, Orientierung und Vertrautheit. (vgl. Abb. 9, 13) Bei Veränderungen hemmen sie uns aber und möchten uns »zurückführen« in unsere Komfortzone. Eine Verbesserung zu erreichen ist nicht ganz einfach, aber die Verbesserung zu halten ist noch schwieriger! Ganz leicht kann man das Erreichte gleich wieder verlieren und in alte Gewohnheiten zurückfallen.

Am Anfang unserer Überlegungen müsste also erst einmal die Frage geklärt werden, welche Gewohnheiten wir für uns als gut und welche wir als schlecht ansehen? Diese Analyse macht uns bewusst, wo wir geradestehen und wohin unsere Reise gehen sollte… Wir bewerten nämlich alles entsprechend unserer Wünsche, Visionen und Ziele und/oder auf Grund von Not und Leid, Notwendigkeiten und Anlässen. Motivation oder Leidensdruck – beides kann zu Veränderungsprozessen führen und dann müssen wir unsere »Rillen« der Gewohnheiten überprüfen und ev. verändern. *Seien Sie kritisch!*

**Neue Gewohnheiten. Lernen Sie neue Gewohnheiten zu entwickeln.**

*Den Zustand der Erfolglosigkeit überwindet man nicht dadurch, dass man das Erfolglose intensiviert. Paul Watzlawick*

**So geht es!** »Raus aus dem unbewussten alltäglichen Leben« und etwas Neues entdecken und entwickeln und dann sind Gewohnheiten unser »Feind« – sie versuchen sich immer wieder einzuschleichen. Der Veränderungsprozess muss zum »Umlernen« führen, sonst ist er nicht erfolgreich und nachhaltig. ***Neue Gewohnheiten müssen also erlernt werden und das dauert laut Experten im Durchschnitt 66 Tage*** – meist ca. zwei Monate, wenn man es täglich wieder trainiert, dann haben wir uns daran gewöhnt. Wir könnten uns also jeden zweiten Monat eine kleine neue Gewohnheit vornehmen und eintrainieren – so könnten wir in kleinen Schritten unser Leben bewusster, verantwortlicher und erfolgreicher gestalten. Hier eine Übersicht für eine »Erprobung«, damit Sie selbst sehen und erfahren können, ob es funktioniert:

| Quartal (zur Probe)<br><br>© Regenthal | 1./2. Monat<br><br>...................... | 3./4. Monat<br><br>...................... | 5./6. Monat<br><br>...................... |
|---|---|---|---|
| 1. Neue Gewohnheit:<br><br>.......................................... | Tägliches Einüben, bewusstmachen, kontrollieren, belohnen... | Erlernte Gewohnheit in das tägliche Leben integrieren... | |
| 2. Neue Gewohnheit:<br><br>.......................................... | | Tägliches Einüben, bewusstmachen, kontrollieren, belohnen... | Erlernte Gewohnheiten in das tägliche Leben integrieren... |
| 3. Neue Gewohnheit:<br><br>.......................................... | | | Tägliches Einüben, bewusstmachen, kontrollieren, belohnen... |
| Was war gut/schlecht? Was habe ich gelernt? Wie geht es weiter? | Controlling, Reflektion, Analysen, Bewertungen... | Controlling, Reflektion, Analysen, Bewertungen... | Controlling, Reflektion, Analysen, Bewertungen... |

*Abb. 20: Neue Gewohnheiten erlernen*

Nach sechs Monaten können Sie selbst reflektieren, überlegen und entscheiden, ob Sie so weitermachen wollen – sammeln Sie eigene Erfahrungen, neue Gewohnheiten – das können neue Vorsätze, aber auch alte, verlernte und vergessene Vorsätze sein.

**Lassen Sie uns doch mal folgenden Versuch starten – welche kleine neue Gewohnheit könnten Sie einüben wollen?**

»Welche neue tägliche kleine Gewohnheit (ca. 5-minütige Tätigkeit jeden Tag) könnte Ihr Leben deutlich verbessern und Sie zufriedener machen?«

Für zwei Monate konzentrieren Sie sich auf eine kleine neue Gewohnheit, die Sie täglich einüben.

**Stellen Sie sich dann Ihr Leben doch einmal in einem Jahr vor, wenn Sie mind. 6 neue (An-) Gewohnheiten erlernt hätten. Was würde sich verändern und verbessern? Wie würde Ihr Leben dann aussehen? Hätten Sie dann eine bessere Lebensqualität?**

- Jeden Tag etwas für seinen Partner/seine Partnerin eine kleine »Extra-Aufmerksamkeit« machen…
- Jeden Tag etwas »Gutes« tun (spenden, helfen, unterstützen, zuhören, unterlassen…) …
- Jeden Tag sich Zeit nehmen für eine kleine Tagesreflexion (meditieren, beten, Pause machen, entspannen, sich etwas gönnen…) …
- Jeden Tag 15 Minuten früher aufstehen, um keinen Stress zu haben…
- Jeden Tag bevor ich etwas esse, erst Wasser trinken, um bewusster zu essen…
- Jeden Tag mind. zwei Mal Obst essen…
- Jeden Tag nur halbe Tassen Kaffee trinken, um den Verzehr zu mindern…
- Jeden Tag mind. 10 Minuten Sport machen (egal was, aber mind. 10 Minuten) …
- Jeden Tag …

**Warum mit so »kleinen Schritten« anfangen?**

In Experimenten wurde festgestellt: (vgl. auch http://karrierebibel.de/gewohnheiten-aendern/)

- *Es ist einfacher, aus kleinen Schritten Gewohnheiten zu machen.*
- *Große Vorsätze haben einen »Ironie-Effekt« (Nie wieder…!): Je mehr wir sagen, etwas nie mehr wieder zu tun, desto größer wird die Wahrscheinlichkeit, dass wir es doch wieder tun.*
- *Schlechte Gewohnheiten kann man eher ablegen, indem man sie durch neue – andere, bessere Gewohnheiten verdrängt.*
- *Wer einmal angefangen hatte, bewusst auf nur eine Gewohnheit zu achten, achtete auch mehr auf sein restliches Verhalten. Kleine Schritte schaffen also Synergieeffekte. (wie beim Aufräumen – wenn Sie erst einmal angefangen haben, geht es dann leichter und motivierter weiter – »Domino-Effekt«)*
- *An einfache Gewohnheiten gewöhnt man sich schneller – komplexe Tätigkeiten (wie regelmäßigen Sport machen) brauchen deutliche Auslösereize und verstärkende Belohnungen (und das 1,5-Fache an Zeit). Hat man aber mit*

*kleinen »Erinnerern« angefangen (Sportschuhe vor der Tür parat stellen, sich verabreden) und einen neuen Auslösereiz gefunden, wird die folgende Tätigkeit schneller zur Gewohnheit.*

**10 Tipps zur erfolgreichen Umsetzung (»Um-Programmierung zur Verhaltensveränderung«)**

1. Analyse
2. Akzeptanzbildung, Motivation, Nutzen, Notwendigkeiten
3. Zielfindung, Entscheidung, Vertrag, SMART, Prioritäten, Reduktion
4. Strategie visualisieren und »bekannt machen«
5. Umsetzung, kleine Schritte, Rituale schaffen/feste Zeiten, Plan »B«
6. Hilfen und Verstärker, Unterstützungen, Belohnungen, Pausen
7. Disziplin und Ausdauer, Umgang mit Widerständen und Krisen
8. Zwischenergebnisse, Tagebuch, Spinnenanalyse,
9. Controlling, Reflexion, Qualitätssicherung, Feedback
10. Implementierung und Konsolidierung, Festigung

*Machen Sie doch einfach mit sich einen Vertrag, dass Sie diesen Versuch wie ein Experiment min. vier Monate durchführen, damit Sie zumindest ausprobieren können, wie es bei Ihnen funktioniert.*

*Und machen Sie Ihr Vorhaben öffentlich – für Freunde oder Ihre Familie.*

In Experimenten wurde nämlich festgestellt: (vgl. dazu http://karrierebibel.de/gewohnheiten-aendern/)

- *Bei den Probanden, bei denen »kognitive Dissonanzen« (Abb. 7) erzeugt werden konnten (ein schlechtes Gewissen, dadurch, dass es öffentlich wurde) wirkte die Verhaltensveränderung viel stärker. Öffentlichkeit ist somit ein »hilfreicher Druck« und man bekommt vielleicht auch noch Anregungen, Verstärkungen und Unterstützungen.*

**Was brauchen wir, damit wir eine erfolgreiche Veränderung und damit eine erfreuliche Verbesserung schaffen?**

- **Ohne ein WARUM keine Motivation.** Wenn Sie nicht die Auslöser für Ihre bisherigen Gewohnheiten kennen, bleiben diese »Versuchungen und Auslöser« unbewusst, unerkannt und unbehandelt und damit weiter wirksam.

Sie sollten sich also die »alten, geheimen Zielsetzungen« klar machen und für Ihre neuen Gewohnheiten motivierende und klare Ziele formulieren – »Warum will ich das? Was bringt mir das?«

- **Ohne MOTIVATION keine Disziplin.** Gewohnheiten haben sich über lange Zeit eingeschliffen – Sie brauchen wiederum Zeit und Disziplin, um sie sich abzugewöhnen. Dazu brauchen Sie eine gute Motivation, Selbstdisziplin, Widerstandskraft und Handlungsfähigkeit.
- **Ohne DISZIPLIN in kleinen Schritten keine ERFOLGE.** Unsere Gewohnheiten laufen automatisch ab und sind sehr »verkrustet«. Alles auf einmal verändern zu wollen, wird kaum gelingen (Verzettelung) – konzentrieren Sie sich lieber auf stringente kleine Schritte und realistische Ziele und sehen Sie das als einen Lernprozess an. Und wenn Sie wirklich mal einen Tag aussetzen, hat das kaum Auswirkungen.

## 3.8 Veränderungen bringen Probleme und Widerstände

*Nimmt man die Chance aus der Krise – wird sie zur Gefahr. Nimmt man die Angst aus der Krise – wird sie zur Chance. Chinesische Weisheit*

*Veränderungsmanagement und Konfliktmanagement gehören zusammen. Viele wünschen sich keine Veränderungen und keine Konflikte – das kann aber realistisch nicht das Ziel sein. Das Ziel ist nicht keine Probleme zu haben, das Ziel ist, damit professionell umzugehen – und das kann man lernen. Der zentrale Ausgangspunkt ist, sich den »Widerstand« bewusst zu machen und zu klären, ob es ein Problem oder ein Konflikt ist – dann können Sie gezielter und effektiver mit dem Managen des »Widerstandes« beginnen. Wichtig ist, die Angst vor den Konflikten zu verlieren, die belastet uns nur und verhindert »gute Lösungen«. Das »Bearbeiten der Widerstände« braucht einfache Methoden und geht sehr häufig in Konfliktgespräche über.*

**Veränderungen finden laufend statt…**

*Man kann nicht zweimal in den gleichen Fluss steigen. Heraklit*

Die Formel »panta rhei« (griechisch »Alles fließt«), die auf Heraklit zurückgeht und später ein von Platon geschaffener Aphorismus wurde, verdeutlicht die ständige Veränderung, auf die wir uns einstellen müssen. Eine Veränderung ist nicht mechanistisch und statisch, sondern obliegt als komplexes Gebilde ständigen Schwankungen – es ist ein permanenter Lebensprozess. Es geht somit um ein Bewusstsein und entsprechend verantwortliche Verhaltensweisen, um den guten Zustand zu erhalten. Wie sich Veränderungen entwickeln kann keiner vorhersagen, aber es gibt einen idealtypischen Verlauf. (Abb. 38) Und der zeigt auf, dass es immer wieder »Einbrüche« und »Depressionen« gibt und dass es auch »Lernschleifen« braucht, um wirkliche Verbesserungen zu schaffen.

**Tipp:** Veränderungen haben viele Verhinderer. Gewohnheiten, Ängste und innere Einstellungen, die gegen das Neue anarbeiten. (vgl. Abb. 30, 30a, 31, 32, 33, 34, 35…) Wenn Sie sich Ihre eigenen Verhinderer klarmachen könnten, könnten Sie ja gezielter dagegen vorgehen. »Was für Verhinderer stecken Ihnen?« Die möglichen Verhinderer sollten Sie sich mal bewusstmachen, auflisten und dann auf die stärksten drei reduzieren. Wie können Sie diese Verhinderer »ausschalten oder übertölpeln«? (Abb. 37) Wenn Sie das mit der Rasteranalyse bearbeiten, können Sie im Alltag dann damit besser umgehen.

*Öffne der Veränderung deine Arme, aber verliere dabei deine Werte nicht aus den Augen. Dalai-Lama*

### Widerstände: Problem oder Konflikt?

*Ich wünsche Dir, dass Du auch an Steinen, die Dir in den Weg gelegt werden, wächst. Marie von Ebner-Eschenbach*

Jedes Hindernis birgt die Möglichkeit, neue Kräfte in Dir zu befreien. Krisen und Konflikte sind Gefahren, aber auch Chancen. Widerstände werden nicht differenziert: Ist es ein Problem oder ist es ein Konflikt? Viele sehen überall nur Konflikte. Die bringen Stress, belasten uns, erschlagen uns und sind zu komplex, um damit erfolgreich umzugehen. Die **konfliktartigen Widerstände** bringen negative Emotionen – sie ärgern uns und rauben uns unsere Energie, so dass wir nicht mehr handlungsfähig sind – sie erschlagen uns förmlich als:

1. *Emotionale Belastung,*
2. *Kognitive Sperre,*
3. *Handlungsunfähigkeit.*

Der erste Ansatz zur Lösung liegt in der klaren Unterscheidung, dann weiß ich genau, ob ich problem- oder konfliktorientiert vorgehen muss. Was ist aber der eigentliche Unterschied? (Abb. 21,22) Ein Problem ist rein sachlich, bezieht sich auf Inhalte, Sachzusammenhänge und auf Dringlichkeiten (Inhaltsaspekt). Ein Konflikt wird es erst daraus, wenn belastende Emotionen, Gefühle, Ärger und Vorstellungen/Meinungen dazu kommen (Beziehungsaspekt) und uns derart behindern, dass wir nicht mehr zum Handeln kommen. Der belastende Beziehungsaspekt überlagert den Inhaltsaspekt und verhindert damit sachlich gute Lösungen. Wir müssen also zuerst die negativen Emotionen so weit abklären, dass wir dann sachlich weiterkommen können. Gute Lösung brauchen positive Emotionen. Unterscheiden Sie deutlich Probleme und Konflikte. Nicht jedes Problem ist gleich ein Konflikt - aber jeder Konflikt ist ein Problem.

*Wer den Konflikt verdrängt, scheut die Wahrheit. Pestalozzi*

Sobald Sie bei sich und/oder bei anderen negative Emotionen erkennen können, ist es ein Konflikt und muss als solcher behandelt werden. Der erste Schritt: Mit Ich-Botschaften direkt für sich und andere die negativen Emotionen ansprechen und dadurch bewusstmachen. Nach dieser Formulierung und Bewusstmachung können Sie eher auf das sachliche Problem losgehen und das lösen. Machen Sie sich also deutlich: Das ärgert mich – also ist das ein Konflikt. Wie kann man ganz strukturiert und strategisch die emotionale Lösung des Konfliktes angehen? (Vgl. Abb. 22, 25) Erscheint der Konflikt zu groß und unlösbar – dann aus der Situation herausgehen und gleich Hilfe von außen holen (Moderator, Freunde, Vorgesetzte, Berater, Coach, Supervisor). Die Verdrängung der negativen Gefühle bringt nur mehr Stress und keine echte Lösung – eher die Eskalation.

*Man kann sich von morgens bis abends ärgern, aber man ist nicht verpflichtet dazu.*

**Der Weg zur Konfliktlösung:**

1. *mit negativen Emotionen bewusst umgehen lernen – sie zulassen, annehmen,*
2. *Alternativen, Ziele, Vorgehensweisen überlegen – erste kleine Schritte,*
3. *Entscheidungen treffen und handeln – lieber »Probehandeln« als nichts tun…*

Konflikte sind nur dann störend, wenn wir nichts mehr denken und tun können – versuchen Sie möglichst klare Ziele mit ersten kleinen Meilensteinen zu formulieren, dann schaffen Sie für sich eine Art Selbstmotivation, diese direkt anzugehen und machen sich auf den Weg zur Lösung. Konflikte werden so zu Herausforderungen und bleiben nicht die unüberwindbaren Berge. Krisen kann man verändern und die Gefahr zur Chance werden lassen – nur durch eine veränderte Denkweise. Und dann haben Sie wieder die volle positive Kraft, um sich auf die Problemlösung zu konzentrieren. Lernen Sie Konflikte »umzudenken«: Machen Sie Probleme und Konflikte zu Herausforderungen.

*Das wirkungsvollste Mittel, sich Probleme dauernd vom Leib zu halten, ist, ihnen sofort zu Leibe zu rücken. Ernst Ferstl*

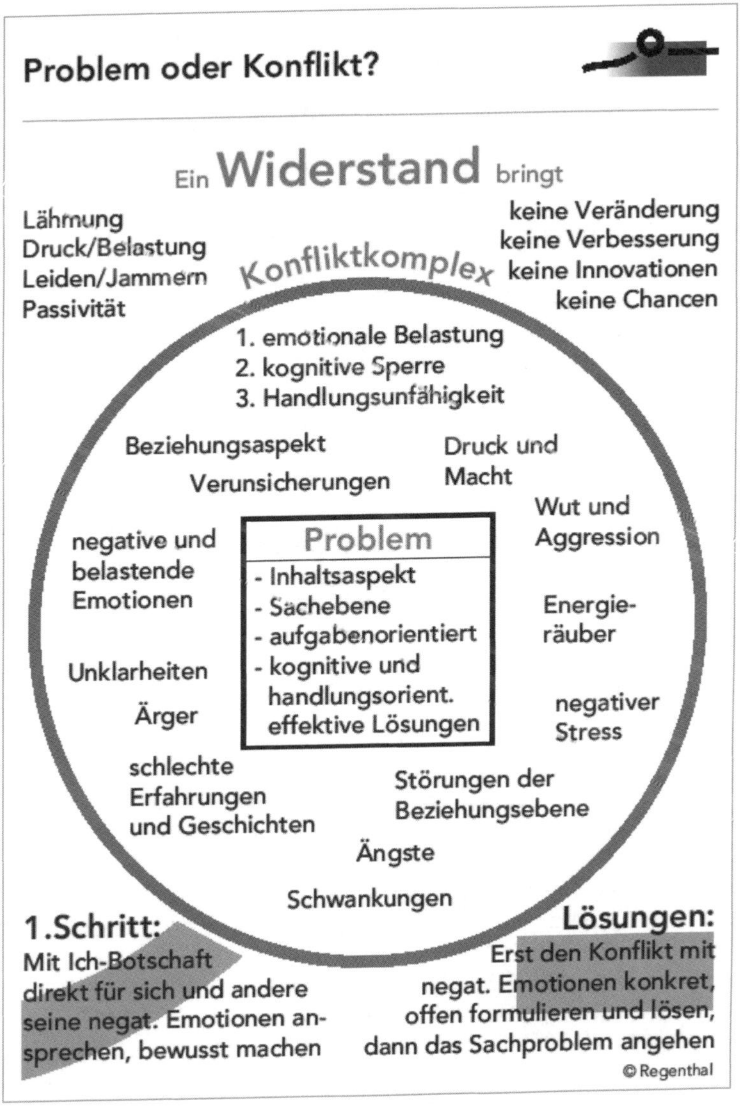


*Abb. 21: Problem oder Konflikt?*

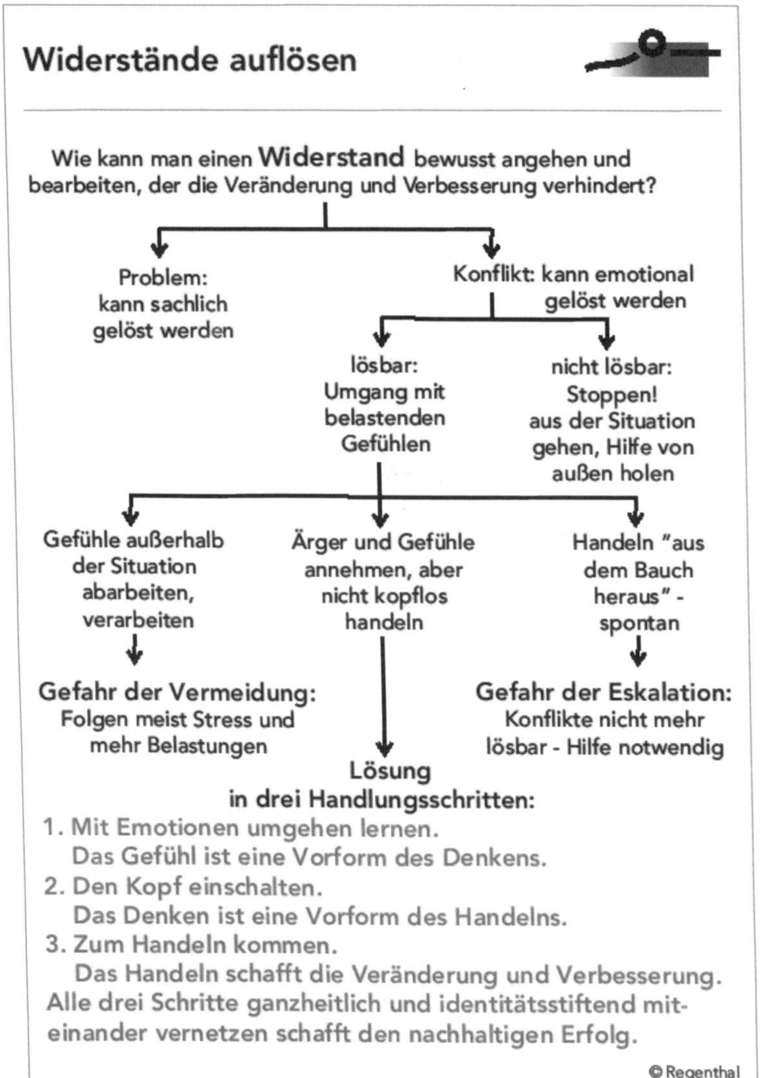


*Abb. 22: Widerstände auflösen*

### Konfliktmanagement

Immer wieder kommt es vor, dass Probleme bestehen bleiben, obwohl wir uns um Lösungen bemühen. Kann ein Konfliktmanagement helfen, gute Lösungen zu finden? Ein Konflikt (Komplex) ist im Gegensatz zum Problem (fachlich/sachlich) immer mit Emotionen beladen. Dies verursacht Unwohlseinsgefühle wie Unsicherheit, Angst oder Wut gegenüber anderen Personen bis hin zu leichteren Beschwerden (»Wenn ich daran denke, wird mir schlecht.«) oder auch stärkeren körperlichen Beschwerden und sogar psychosomatischen Erkrankungen. (»Diese Person macht mich ganz krank!«) Zu einem Konflikt gehören zwei Positionen. Es können die in uns widerstreitenden Interessen oder auch Wertvorstellungen sein, das ist dann ein Konflikt, den wir mit uns selbst haben (*Intra-Rollenkonflikt*): Ich muss eine bestimmte Aufgabe erledigen und habe jetzt die Zeit dazu – ich bin aber total abgespannt und würde mir lieber eine Ruhepause gönnen. Oder es ist ein Konflikt mit einer anderen Person oder Rolle, wenn unterschiedliche Interessen aufeinanderprallen (*Inter-Rollenkonflikt*).

Konflikte belasten das Zusammenleben und können auf Dauer nicht – ohne weiteren Schaden zu verursachen – »unter den Teppich gekehrt werden«. Es gibt nur eine Möglichkeit und dies ist zugleich die Beste: *Sie müssen ran und den Konflikt auflösen!* Nicht gelöste Konflikte belasten – gelöste Konflikte stärken und sind eine Chance zur Verbesserung. Die folgenden Schritte sollen Ihnen dabei helfen. (Vgl. Abb. 22a bis Abb. 30 und 30a) Oft sind gute Konfliktgespräche eine Lösungsmöglichkeit. Vielleicht versuchen Sie zunächst einmal, Ihre Fähigkeiten zur Konfliktbewältigung selbst einzuschätzen (Abb. 27), um eine Ausgangsbasis zu haben:

### Konflikte managen

*1. Schritt: Konfliktwahrnehmung*

Worum handelt es sich? Erleben Sie belastende Emotionen bei sich und/oder anderen oder ist es nur ein Problem, das sich ganz sachlich lösen lässt?

Beispiel 1: »Wir waren für Freitag verabredet. Sie können nun doch nicht? Welchen Termin schlagen Sie stattdessen vor?«

Beispiel 2: »Wir waren für Freitag verabredet. Sie können nun doch nicht? Wissen Sie nicht, wie wichtig mir dieser Termin war? Sie können doch nicht einfach Termine doppelt belegen! Sie meinen wohl, ich hätte nichts anderes zu tun? Schade, dass Sie mich wie Luft behandeln!«

Es geht bei diesen einfachen Beispielen um dieselbe Sache: Eine Terminkollision, die immer wieder einmal vorkommt, aber Sie sehen, wie unterschiedlich das Gespräch verlaufen kann und in welchem Fall eine schnelle, unbeschwerte Lösung möglich ist. Im anderen Fall wird aus dem Sachproblem der Terminkollision ein Konflikt durch ein paar Sätze, die »sitzen«.

## Konfliktstrategien

### Konflikte - Konfliktgespräche - Konfliktlösungen...

Unterscheiden Sie Probleme (rein sachlich) und Konflikte (mehr emotional). Konflikte sind normal - sie sind nur belastend, wenn wir sie verdrängen und nicht konstruktiv lösen. Unterschiedliche Interessen sollten fair und respektvoll möglichst so geklärt werden, dass alle Beteiligten damit leben können. Das erfordert klare Regeln, Richtlinien und eine offene, direkte Auseinandersetzung.

**Tipps** für d. Gesprächsführung, mögl. Strategien u. eine gute Konfliktlösung:

- Eigene Position/Rolle als Leiter verdeutlichen und Vorgehen/Grundannahmen gemeinsam klären und festhalten (ev. auch später daran erinnern/einfordern)...
- Konfliktregeln der Organisation (Leitbild, Verhaltensrichtlinien) bewusst machen und integrieren und auch beim Vorgehen bewusst machen...
- Jeder erhält Gelegenheit, seine Sichtweise kurz darzustellen und Lösungsvorschläge einzubringen (ev. Interessenposition erfragen/verdeutlichen)...
- Prioritäten setzen und wichtige Konfliktthemen von weniger wichtigen trennen - mit leichteren Themen anfangen (aufbauende Vorgehensweise)...
- Genaues Thema (Konfliktanlass, Konfliktpositionen) gemeinsam herausarbeiten und eingrenzen (Konzentration auf ein genaues Konfliktthema)...
- Gemeinsame Zielsetzung finden/vorschlagen, Einzelinteressen verdeutlichen, persönlichen Nutzen und Notwendigkeiten klären und Konsens finden...
- Festhalten von Zwischenergebnissen als gemeinsame Erfolge und zur Motivation, um darauf aufbauen zu können und sie nicht wieder zu verlieren...
- Zur Lösung ev. Verhandlungsbereich erweitern, um für alle Beteiligten Vorteile zu verdeutlichen (starre Positionen auflösen) - Zugeständnisse ansprechen...
- Kompensation/Kompromiss erbitten - Entgegenkommen mit dem Wunsch/der Bitte verbinden, dass dann auch der Andere entgegen kommt...
- "Brücken bauen" - gemeinsame übergeordnete Ziele und Werte bewusst machen und aus dieser Sicht der gemeins. Verantwortung nach Lösungen suchen...
- Persönliche Vorschläge zur Diskussion einbringen, um Lösungen zu finden (Gefahr der Parteinahme! Als "letztes Mittel" zurück halten.)...
- Bei großen Schwierigkeiten/festgefahrenen Positionen ev. "Auszeit" mit festem direkten neuen Termin vorschlagen (Nachdenk-Pause, Hilfen holen)...
- Wenn keine Annäherungen/Lösungen in Sicht sind, nach der Wirkung fragen, was wäre, wenn wir SO auseinander gehen würden?...

Zum Abschluss den gefunden Konsens genau formulieren/festhalten, danken, sich ev. persönlich einbringen, feste Bedingungen/Perspektiven aufzeigen...



*Abb. 22a: Konfliktstrategien*

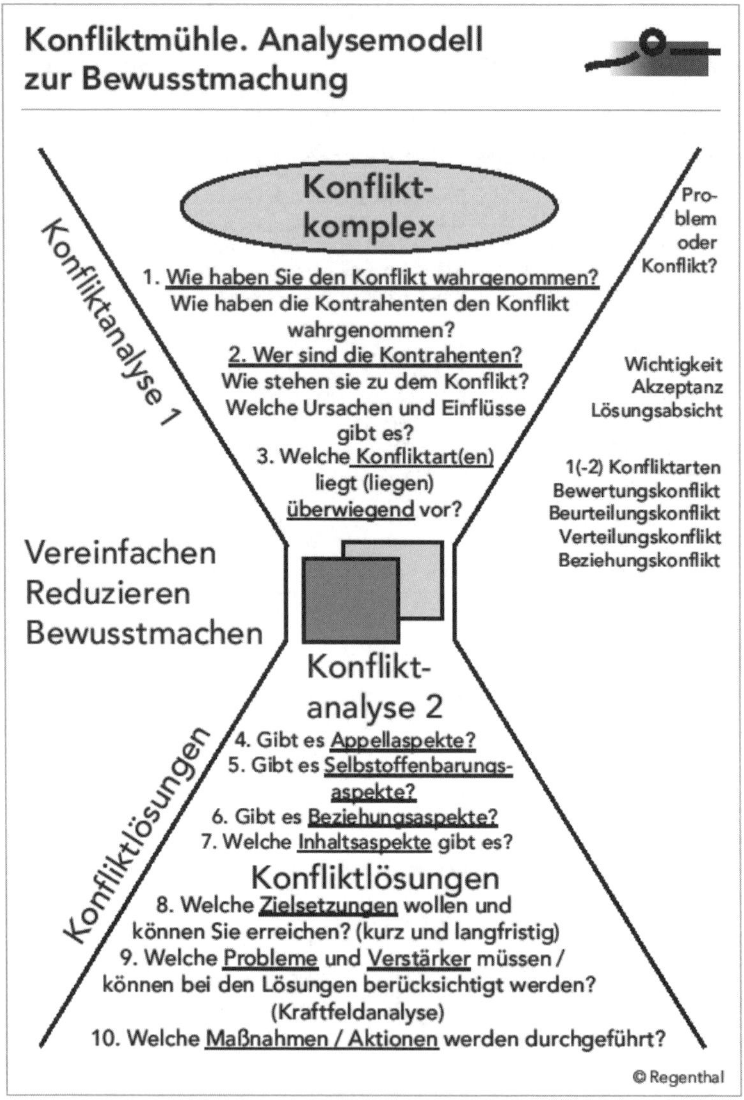


*Abb. 23: Konfliktmühle. Analysemodell zur Bewusstmachung*

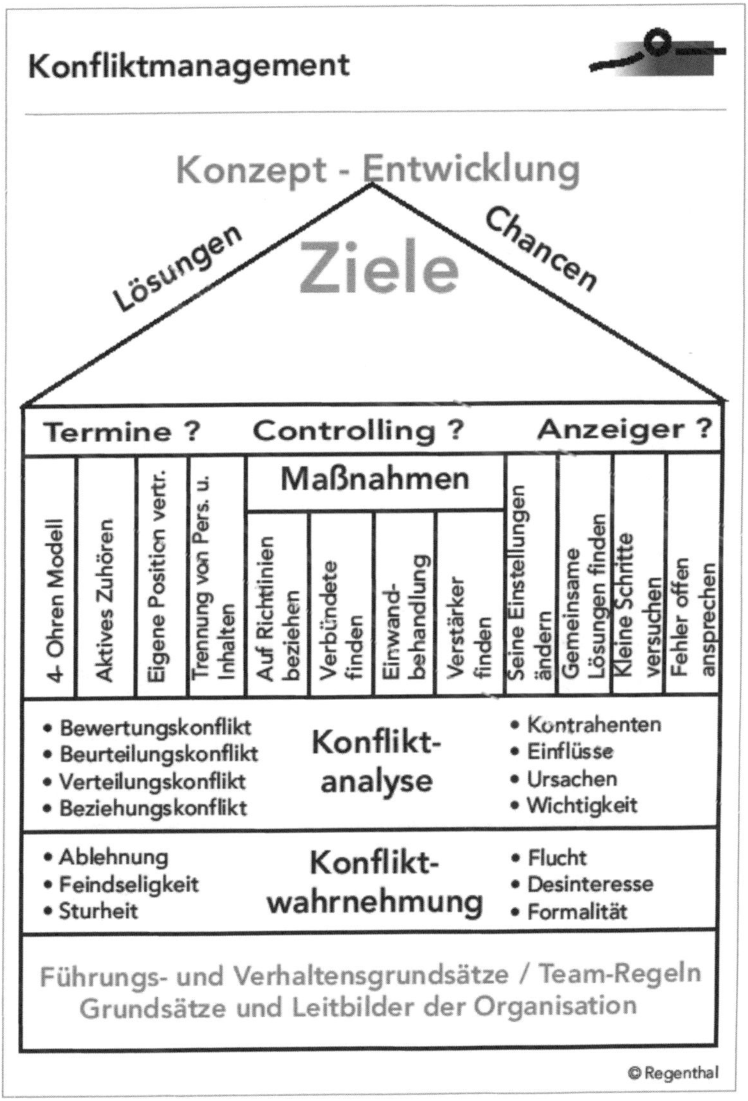


*Abb. 24: Konfliktmanagement*

## Widerstände aktiv angehen

| Widerstände Zielsetzung | Erster Schritt: erster Handlungsansatz ⊕ | Zielsetzung: Was will ich erreichen? | Vorsicht Falle! Was darf ich nicht machen? ⊖ | Methoden, Instrumente |
|---|---|---|---|---|
| **1. Prakt. Widerstände** beziehen sich auf die Art und Weise der Veränderung (Transparenz, Sache Ressourcen, Thema Arbeitsmittel, Zuständigkeiten) | aufnehmen, bewusst machen, beschreiben | realistische Lösung | Vorgeschobener Widerstand, eigentliche Ursache? | Kraftfeldanalyse, Akzeptanzbildung |
| **2. Machtwiderstände** zwischen Personen und Bereichen der Organisation (Machtstrukturen, Kritik am Bisherigen) | offen ansprechen, gemeinsam Ziele formulieren, Vertrauen wagen | Transparenz, Konsenslösungen | Machtkämpfe, "kneifen" (keine Position zeigen) | Konflikt-management, Akzeptanzbildung Konfliktgespräch |
| **3. Wertewiderstände** als Ablehnung anderer Werte und Zielvorstellungen (obwohl sie wirkliche Problemlösungen sein könnten) | bewusst machen, auflisten | Wertediskussion, Leitbilder, Grundsätze ganzheitlicher Identitätsprozesse entwickeln | Worthülsen ohne praktische Umsetzung, Arroganz | Akzeptanzbildung, ABC-Analyse, Rasteranalyse |
| **4. Psychische Widerstände** Sicherheitsbedürfnis Ruhebedürfnis Ängste Machtpositionen Kritikunfähigkeit Distanzverhalten Unglaubwürdigkeit | rechtzeitig erkennen, annehmen, Vertrauen schaffen | sich angemessen fühlen, Veränderungs-bereitschaft wecken | Versachlichung, Bloßstellung, Helfersyndrom, nicht ernst nehmen, eigene Grenzen nicht erkennen | Akzeptanzbildung, Gespräche, Ich-Botschaften, Rasteranalyse, Kraftfeldanalyse. |

**Wer den Konflikt verdrängt, scheut die Wahrheit.**

Pestalozzi

**Nicht jene, die streiten, sind zu fürchten, sondern jene, die ausweichen.**

Marie v. Ebner-Eschenbach



*Abb. 25: Widerstände aktiv angehen*

Es schwingt eben viel mehr mit in diesen Sätzen, als die reine Sachinformation. Vorwürfe, Unterstellungen – Sie kennen so etwas. Gut ist es, zu unterscheiden, worum es bei einem Konflikt konkret geht, dann können Sie ihn besser angehen.

*2. Schritt: Konfliktarten erkennen*

Um einen Konflikt gut bearbeiten zu können, muss Sie wissen, um was für eine Konfliktart es sich handelt, worum es eigentlich geht. Was will Ihr Gegenüber? Was will Ihr Gegenüber mit dem Satz »Sie meinen wohl, ich hätte nichts anderes zu tun?« noch alles sagen, außer: »Ich habe sehr viele Termine wahrzunehmen«. Was ist ihm so wichtig, dass er keine Ruhe gibt? Dieser »dicke Brocken« lässt sich nicht ohne weiteres aus dem Weg räumen und muss deshalb zerkleinert werden. Er muss gewissermaßen durch die Mühle (Abb. 23) gedreht und in seine Einzelteile zerlegt werden, damit die Einzelaspekte des Konfliktes besser zu Tage treten und einfacher behandelt werden können. (Abb. 24)

*Das Problem zu erkennen, ist wichtiger, als die Lösung zu erkennen, denn die genaue Darstellung des Problems führt zur Lösung. Albert Einstein*

Sie sollten mit diesen Methoden die Konfliktkomplexe aktiv angehen und nicht so erschlagend stehen lassen. Mit der Raster-Analyse (Abb. 25 und 37) können Sie die verschiedenen Arten dann auch unterschiedlich bearbeiten und so besser lösen.

**Klassische Konfliktarten** sind der:

- *Zielkonflikt* – haben Sie gleiche oder unterschiedliche Ziele?
- *Strategiekonflikt* – wollen Sie denselben Weg gehen?
- *Beurteilungskonflikt* – sind Sie gemeinsam dieser Meinung, schätzen Sie das anders ein?
- *Bewertungskonflikt* – ist es für Sie so wichtig, wie für den Anderen, haben Sie die gleichen Werte und Vorstellungen?
- *Verteilungskonflikt* – möchten Sie mehr, als andere das zugestehen?
- *Zuständigkeitskonflikt* – fällt das in Ihren oder in einen anderen Kompetenzbereich?
- *Beziehungskonflikt* – mögen Sie den Anderen etwa nicht?

**Es gibt die 3 Haupttypen:**

- *den Situationskonflikt,*
- *den konstruktiven und den*
- *destruktiven Konflikt sowie*
  *die Untertypen* der unbewussten, verdeckten, offenen, scheinbaren, bewussten, unterschätzten oder überschätzten Konflikte.

Je nach Konfliktart, geht es um etwas ganz Unterschiedliches und es muss dementsprechend anders reagiert werden. Wenn Sie herausgefunden haben, ob es sich eher um einen Ziel- oder einen Beurteilungskonflikt handelt, dann können Sie auch mit den entsprechenden Maßnahmen gezielter gegensteuern. Gut ist es, sehr genau hinzuhören. Nach Watzlawick wissen wir ja, dass es in der menschlichen Kommunikation einen Inhalts- und einen Beziehungsaspekt gibt. Bei unserem Beispiel ist der Inhaltsaspekt der Termin, den Sie gemeinsam vereinbart haben. Der passt aber nicht mehr, weil etwas noch Wichtigeres oder Dringenderes an seine Stelle getreten ist (auf der Beziehungsebene wird also die Entscheidung gefällt). Rechnen Sie während eines Veränderungsprozesses immer mit diesen »Verhinderern«, stellen Sie sich darauf ein. Beobachten Sie, welche auch in Ihnen wirksam werden und wie Sie damit umgehen. Begegnen Sie den Widerständen mit Geduld und Ernsthaftigkeit und überwinden Sie diese ohne Schuldzuweisungen und Abqualifizierung. Rechnen Sie bei jedem Schritt mit dem Auftreten der »Verhinderer« und lassen Sie es zu, dass diese ihren Raum brauchen, um überwunden zu werden. Umso verbindender und glaubwürdiger werden die Veränderungen ihre positiven Wirkungen entfalten. Kürzlich las ich eine Anmerkung über die Freiheit. Ihr Wesen bestehe darin, dass ihre Natur nicht gegeben sei, sondern dass ihre Funktion darin liege, etwas anderes zu werden, als sie in jedem gegebenen Moment ist. Freiheit ist die Möglichkeit zur Entwicklung.

## Haben Sie ein gutes Konfliktmanagement?

**Bewerten Sie diese Aussagen bezogen auf Ihr Konfliktmanagement, indem Sie jeweils ein Kreuz setzen. Berücksichtigen Sie bei der Notengebung die Meinung von Beteiligten und Freunden: Note 1 = "trifft voll zu" / sehr gut; Note 6 = "trifft nicht zu" / ungenügend:**

| Konfliktmanagementkriterien | 1 | 2 | 3 | 4 | 5 | 6 |
|---|---|---|---|---|---|---|
| Ich habe eine gute Konfliktwahrnehmung und gute Bewusstmachungsmöglichkeit (nehme Konflikte realistisch wahr - ohne Über- und Untertreibung) | | | | | | |
| Ich kann Probleme und Konflikte und die einzelnen Konfliktarten gut unterscheiden und entsprechend spezifisch angehen | | | | | | |
| Ich kann Konfliktkomplexe gut in Einzelelemente auflösen und transparent machen | | | | | | |
| Ich habe gute Konfliktlösungsstrategien (ich kenne Strategien und Methoden, um Konflikte anzugehen und kann sie gut einsetzen) | | | | | | |
| Ich führe gute Konfliktgespräche (setze mir Ziele, beachte Grundlagen und Strategien, gestalte den Gesprächsablauf, kann mich bewusst steuern) | | | | | | |
| Ich lerne aus den einzelnen Konfliktlösungssituationen und setze meine Erfahrungen beim nächsten Mal ein: Lernen sozialer Kompetenzen | | | | | | |
| Ich gehe gut mit Konflikten um (bewusst gestaltend und handlungsorientiert): Selbsteinschätzung meines Konfliktmanagements | | | | | | |
| Ich habe aus der Sicht anderer Beteiligter ein gutes Konfliktmanagement (Fremdeinschätzung) | | | | | | |

**Wenn ein Erfolgskriterium für Konfliktmanagement unter der Note 2,5 liegt, kommen Sie zu uns und lernen Sie Konfliktmanagement! - Wenn alle Erfolgskriterien über der Note 2 liegen, kommen Sie zu uns und lehren Sie uns den guten Umgang mit Konflikten!**
**Das Ziel ist nicht eine konfliktfreie Welt, sondern ein bewusster und handlungsorientierter Umgang mit Konflikten: Lernen mit Konflikten zu leben! Konfliktmanagement darf daher nicht zum technokratischen und allwissenden Problemlöser werden.**
**"Du sollst Dich nicht nach einer vollkommenden Lehre sehnen, sondern nach Vervollkommnung deiner selbst." Hermann Hesse**



*Abb. 26: Haben Sie ein gutes Konfliktmanagement?*

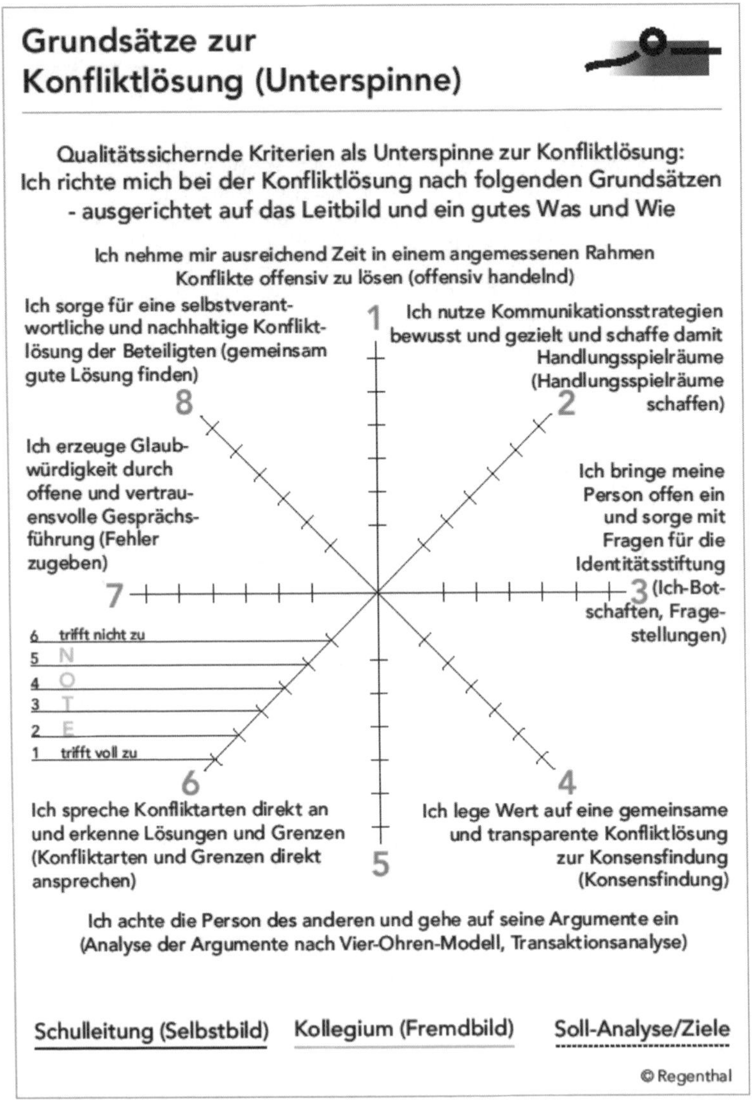


*Abb. 27: Grundsätze zur Konfliktlösung (Unterspinne)*

In einem Veränderungsprozess liegen große Möglichkeiten und Chancen. Nutzen und geben Sie die Freiheit, die Möglichkeit zur Entwicklung. Lösen Sie sich von der Vorstellung, Veränderungen seien belastende Pflichtübungen oder Notwendigkeiten, nur um Anforderungen und Ansprüchen gerecht zu werden. Sie bieten Ihnen Möglichkeiten, individuelle Fähigkeiten, Interessen und spezifische Vorstellungen einzubringen und zu verarbeiten, um Ihre persönlichen Grundlagen zu sichern und sich weiterentwickeln zu können. Das alles gilt es zu bedenken, wenn es um Konfliktmanagement geht. Beachten Sie dabei die Grundsätze (Abb. 27), die bei der Konfliktbewältigung wichtig sind. Die Spinnenanalyse hilft bei der kontinuierlichen und begleitenden Evaluation.

Durch die **klare Analyse**, die bewusste Wahrnehmung und Konfliktart-Benennung können Sie in der Phase der Planung viel besser und leichter die nächsten Schritte überlegen und festlegen:

- *Was will ich genau?*
- *Was ist mein Ziel?*
- *Wie kann ich es erreichen?*
- *Worauf (Widerstände, Gegenargumente etc.) muss ich mich einstellen?*
- *Welche Schritte muss ich tun? Maßnahmen, Projekte, Gespräche…*

Veränderungen planmäßig in 10 Schritten angehen kann ev. helfen, sich nicht zu verzetteln. (Abb. 33, 34) Dabei sind diese Schritte mehr Meilensteine, nach denen man sich orientieren kann.

*Was hindert uns? Was hilft uns?*

### Grundängste in uns, die uns behindern…

»*Man kann die Angst mit einem Schwindel vergleichen. Wer in eine gähnende Tiefe hinunterschauen muss, dem wird schwindlig.*« Angst ist nach Søren Kierkegaard ein ambivalenter Begriff: eine »sympathische Antipathie und antipathische Sympathie« und verursacht Neugier und Angst zugleich.

1. Ich muss mich durch Leistung beweisen und immer gut sein, sonst bin ich wertlos… Durch diese Notwendigkeit erarbeite ich mir eine Daseinsberechtigung und Anerkennung, aber je mehr ich mich zwanghaft anstrenge mich durch Leistung zu beweisen, desto stärker wird die Angst es zu schaffen oder ganz zu versagen…

2. Ich fühle mich wertlos und haltlos – alles entschwindet... Ich suche festen Halt durch Besitz oder absolute Geborgenheit und Hilfe durch einen Menschen. Weil ich keinen eigenen Halt für mich finde suche ich ihn woanders, aber damit schaffe ich mir nur eine Scheinwelt und keinen eigenen Halt.
3. Ich fühle mich irgendwie schuldig und strenge mich für andere besonders an, um diese Schuld abzubezahlen... Diese permanente Überforderung raubt mir meine Energie, kann mich depressiv machen – ist eine Sackgasse.
4. Ich habe Angst vor Nähe, verstecke meine Gefühle und distanziere mich von anderen... Diese Fantasien können immer mehr werden und mich immer mehr verfolgen und mich zerstören.

Wie können wir mit unseren Ängsten so umgehen, dass sie uns nicht kaputt machen oder völlig lähmen? Das Verdrängen der Angst raubt uns viel Energie, die wir für unser Leben brauchen und kann zur Erschöpfung oder Erstarrung führen. Die Angst kann verwandelt werden: sprechen Sie mit Ihren Ängsten (Was willst du mir sagen?) – sprechen Sie Ihre Ängste mutig offen an – die Angst verliert ihre Macht über Sie und macht Sie neugierig und stark. Angst wird zum Engel, der Sie auf Ihrem Weg begleitet, die Augen öffnet, Ihnen hilft Neues zu entdecken, Sie stark und achtsam macht, wenn Sie Ihre Angst annehmen und nicht verdrängen oder vor ihr weglaufen. Angst gehört zu Ihnen und zu Ihrem Leben dazu...

**Was hilft uns weiterzukommen?**

**...dass Sie mehr Wert auf Prozesse legen.** Das »Wie« ist wichtiger als das »Was«. Nicht nur auf Sachargumente Wert legen, sondern mehr auf die Umsetzungen, die Prozesse. Nicht nur machen, sondern mehr in Prozessen denken – für Erfahrungs- und Handlungsspielräume sorgen und für eine Reflexion.

**...dass Sie Anderen achten und auf Ihre Fragen, Interessen und Bedenken eingehen.** Respekt und Achtung als Wertebasis schafft Vertrauen und das ist die Grundlage für einen gelingenden Prozess zur Veränderung.

**...dass Sie Ihre Ansprüche und Zielsetzungen nicht zu hoch setzen und alles immer zu 100 Prozent erreichen wollen.** Sie werden einfacher und schneller zumindest in kleinen Schritten und Meilensteinen etwas erreichen. Wollen Sie 100 Prozent nicht erreichen oder lieber ca. 80 Prozent wirklich erreichen?

Das Wichtige gut machen – das Unwichtige auch machen. Alles immer perfekt machen zu wollen ist eine permanente Belastung – die Erfolge, die Qualität und Sie selbst leiden darunter.

**…dass Sie sich auf das Wesentliche und Dringliche konzentrieren.** Machen Sie nichts Unwichtiges, wenn Sie dadurch Wichtiges verlieren. Lassen Sie Unwichtiges lieber mal liegen. Bewusste Pausen und Entspannungsphasen einplanen, aber sich nicht verzetteln. Setzen Sie Höhepunkte und genießen Sie die Erfolge.

**…dass Sie eine Balance schaffen zwischen Effizienz und Menschlichkeit, Fakten/Bedingungen und Prozessen.** Alles hat seine Berechtigung und unterschiedliche Wirkungen: Wozu, was, wie, für und mit wem und wann? – alles zu seiner Zeit. Finden Sie Ihr Gespür für das richtige Vorgehen – die unterschiedlichen Pole schließen sich nicht aus, sondern sind Teil des vernetzten Ganzen.

**…dass Sie sich persönlich, begeistert und vorbildlich einbringen.** Sie können sich Prozessen nicht entziehen und sich raushalten wollen. Machen Sie mit!

**Was hindert uns weiterzukommen?**

**…dass Sie »es nicht eigentlich wirklich wollen wollen."** Nur wenn Sie wirklich wollen wollen, wollen und machen Sie es wirklich. Wer will sucht Wege, wer nicht will, sucht Gründe. Wer Wege finden will, findet Wege. Wer keine finden will, findet Gründe. Henry Ford: *Suche nicht nach Fehlern, suche nach Lösungen.*

**…dass Sie nicht bereit sind ein Risiko einzugehen und Fehler zu machen.** Nur wenn Sie bereit sind Fehler zu machen und aus ihnen zu lernen, können Sie etwas Neues entdecken und verbessern. Sicherheit gibt es nicht – wir werden aber sicherer, wenn wir lernen mit Unsicherheiten und Fehlern umzugehen. Im Kindergarten erlernen wir »Probehandeln« für eigene stärkende Erfahrungen. Wer arbeitet, macht Fehler. Konfuzius: *Wer einen Fehler begeht, und ihn nicht korrigiert, begeht einen zweiten.*

**…dass Sie nicht Einstellungen und Fakten trennen.** Nur wenn Sie lernen diese zu trennen und umzudenken, werden Sie klarer sehen und etwas verändern können. Sie können nur sich selbst und Ihre Einstellung und den Umgang mit Ihren Gefühlen verändern – die Bedingungen selbst kaum. Wenn Sie mehr

Verantwortung für sich und Ihr Handeln übernehmen wollen, dann können Sie an Ihrer Einstellung zu Ihren Gefühlen ansetzen. Wer ist für Ihre Gefühle verantwortlich? Schon Epiktet sagte: *Es sind nicht die Dinge, die uns beunruhigen, sondern unsere Sicht der Dinge.*

**...dass Sie nicht bereit sind, selbst Verantwortung zu übernehmen.** Nur wenn Sie anderen nicht die Schuld geben für Ihre Situation, sondern selbst die Verantwortung übernehmen (obwohl Sie nicht der Verursacher sind), werden Sie zum Handeln kommen und damit etwas verändern. Wenn du eine hilfreiche Hand suchst, suche sie am Ende deines Armes. Nur wenn Sie sich aus der »Opferrolle« befreien, werden Sie etwas verändern können. Wenn wir anderen die Schuld für unser Unglücklich sein geben (»Wenn die anderen anders wären, dann ginge es mir besser!«), – dann machen wir uns zum »Opfer der Umstände«- fühlen uns behandelt und kommen nicht zum selbst Handeln. Solange sich die Umstände nicht ändern, ändert sich auch nichts an unserer Situation. So fühlen wir uns hilflos und anderen ausgeliefert, sind verzweifelt, frustriert und deprimiert und haben sogar Hass auf die anderen, dass diese mit uns so umspringen. Erst wenn wir die Verantwortung für unsere Gefühle und unsere Situation übernehmen, befreien wir uns aus der »Opferrolle« (auch eine »gute Ausrede nichts zu tun«) und können unser Leben selbst gestalten.

## 10 Gesprächsregeln für das Konfliktgespräch

1. **Gespräche im Aufbau planen, Zielsetzungen festlegen**
   Argumente des Betroffenen und eigene überlegen und ordnen, Motivationsaspekte suchen (Basis) und Konzeptrichtlinien einbauen

2. **Positive Atmosphäre schaffen** (Zeitpunkt, Umfeld)

3. **Gute Absichten des Gesprächspartners voraussetzen**
   Vertrauen und Offenheit signalisieren / dem Mitarbeiter deutlich zu erkennen geben, dass man zu einer guten Zusammenarbeit bereit ist

4. **Kritikpunkt offen und deutlich darlegen**

5. **Vom Mitarbeiter Stellungnahme erbitten**, um seine Sichtweise kennen zulernen und evtl. seine eigene revidieren zu können

6. **Gemeinsame Veränderung entwickeln**
   Perspektiven suchen / Alternativen erarbeiten / Argumente stehen lassen

7. **Konstruktive Vorschläge machen**
   evtl. die Problematik vereinfachen / reduzieren und / oder in Teilprobleme unterteilen, nur bestimmtes Fehlverhalten kritisieren

8. **Den Gesprächspartner motivieren** / ihn in die Organisation einbinden

9. **Mit dem Gesprächspartner Hilfen und Kontrollen vereinbaren**

10. **Dem Gesprächspartner für das Gespräch danken**
    (evtl. weil offen, fair, schwierig, persönlich), um einen positiven Gesprächsabschluss zu schaffen

### Gefahren:

- Scheinkonflikte führen
- Beziehungsebene gestört
- Peinlichkeit wird empfunden und deswegen werden keine klaren Orientierungen gegeben
- unverfänglich / abwägen
- zu unverbindlich
- zu sozial, zu sehr ausgleichend
- zu emotional (zu große Betonung der Beziehungsebene)
- Überreaktion ("Holzhammermethode")
- persönliche Angriffe führen
- den Mitarbeiter isolieren und von der Organisation "abtrennen"
- moralische Vorwürfe / zu allgemein
- Vermutungen über die Ursachen anstellen
- pauschale Vorwürfe / Gesamtverhalten kritisieren
- nicht konkret werden (aus Angst vor Folgen)



*Abb. 28: 10 Gesprächsregeln für das Konfliktgespräch*

## Gewaltfreie Kommunikation (GfK) nach Rosenberg

Die vier Schritte der GfK sind Beobachtung, Gefühl, Bedürfnis, Bitte:

1. Es wird die Beobachtung einer konkreten Handlung oder Unterlassung beschrieben, möglichst ohne sie mit einer Bewertung oder Interpretation zu vermischen. („Sie sind diese Woche zweimal zu spät gekommen.") Alles aus: Quelle wikipedia.org ("mit eigenen Beispielen")
2. Es wird das Gefühl ausgedrückt, das mit der Beobachtung in Verbindung steht. („Ich ärgere mich darüber - auch andere.")
3. Das hinter dem Gefühl liegende Bedürfnis wird formuliert. Dies ist häufig nicht auf den ersten Blick erkennbar. Besonders bei negativen Gefühlen ist es für den empathischen Kontakt zum Kommunikationspartner notwendig, die dahinter liegenden eigenen Bedürfnisse zu verstehen. („Wir brauchen für unsere Zusammenarbeit klare, verlässliche Verhaltens- und Arbeitsweisen - dafür will ich sorgen.")
4. Es wird die Bitte um eine konkrete Handlung geäußert. Es wird zwischen Bitten und Wünschen unterschieden: Bitten beziehen sich auf Handlungen im Jetzt, Wünsche dagegen auf Ereignisse in der Zukunft. Da Empathie immer im Jetzt ist, passen dazu nur Bitten, die im Jetzt erfüllt werden können. Rosenberg schlägt vor, Bitten in einer „positiven Handlungssprache" zu formulieren. Man kann unterscheiden zwischen einer Handlungsbitte (beispielsweise darum, die Geschirrspülmaschine auszuräumen) und einer Beziehungsbitte (beispielsweise um eine Beschreibung der eigenen Empfindungen). („Sagen Sie mir, ob Sie ab jetzt pünktlich kommen oder bereit sind, mit mir verbindliche Verhaltensrichtlinien abzusprechen.")

Rosenberg fasst die Schritte der GfK in folgendem Satz zusammen: „Wenn ich a sehe, dann fühle ich b, weil ich c brauche. Deshalb möchte ich jetzt gerne d."

Ein Konzept, um es den Menschen zu ermöglichen, so miteinander umzugehen, dass der Kommunikationsfluss zwischen ihnen verbessert wird. Eine Grundhaltung für eine wertschätzende Beziehung und einfühlsame Kommunikation. Marshall B. Rosenberg: Gewaltfreie Kommunikation, 7. Auflage Paderborn 2007

© Regenthal

*Abb. 28a: Gewaltfreie Kommunikation (GfH) nach Rosenberg*

## Transaktionsanalyse der Kommunikationsstrukturen

**Eric Berne beobachtete, dass jeder Mensch unterschiedliche Erlebenszustände mit Denk-, Fühl- und Verhaltensweisen aktivieren kann - Ich-Zustände. ...abgespeichertes Erleben von früher erneut aktivieren als Kindheits-Ich-Zustand - einen neue Erlebenszustand, der sich voll und ganz auf das Hier und Jetzt bezieht als Erwachsenen-Ich-Zustand - wenn wir uns auf eine Art und Weise erleben, die wir von anderen übernommen haben als ein Eltern-Ich-Zustand.**

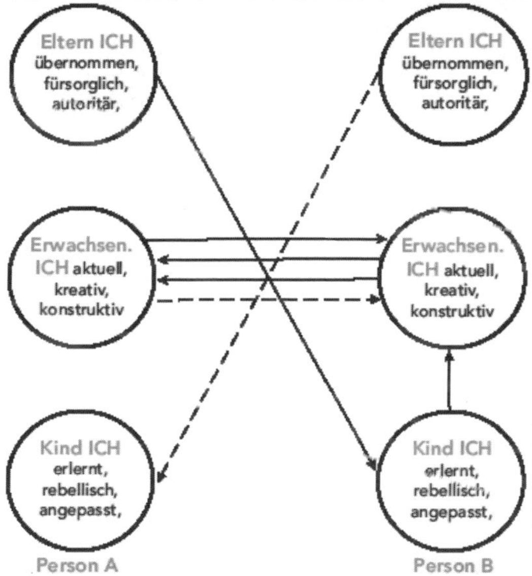


**Ideal wäre eine Kommunikation auf gleicher Augenhöhe zwischen den Erwachsenen-Ich-Zuständen (kein Überkreuzen). Beispiel: Was hat dein neues Auto gekostet? Antwort: 50.000 Euro.**

**Beispiel: Was hat dein neues Auto gekostet? (ER-ICH) Antwort: Wenn du mehr sparen würdest, könntest du dir auch ein neues kaufen. (EL-ICH) Überkreuz-Transaktion)**

**Beispiel: Kannst du dir dein neues Auto leisten? (EL-ICH) Antwort: Ja, ich habe lange gespart für die 50.000 Euro. (ER-ICH) (Überkreuz-Transakt.)**

**Eric Berne entwickelte die Transaktionsanalyse (TA) aus der Beobachtung zwischenmenschlicher Kommunikation heraus. Diese von ihm als Transaktionen benannten Vorgänge setzte er dann mit von Patienten berichteten inneren Prozessen in Beziehung. Eine Transaktion beschreibt stattfindende Kommunikation: das bewusste und unbewusste Austauschgeschehen zwischen Menschen und ihrer Umwelt, sowohl verbal als auch nonverbal.**
**Kommunikationsabläufe werden in Transaktionen differenziert und dadurch für den Betrachter verstehbar und beeinfluss- bzw. veränderbar. Komplexe Abläufe stereotyper Transaktionsmuster werden in der Transaktionsanalyse als Spiele bezeichnet (z. B. ein immer wieder ähnlich ablaufender Ehestreit). Sie stellen damit fixierte und einschränkende Muster des sozialen Miteinanders dar, denen Eric Berne sehr große Aufmerksamkeit widmete. (Eric Berne: Spiele der Erwachsenen. Psychologie der menschlichen Beziehungen. Rowohlt Verlag, Hamburg 2008) Quelle: wikipedia.org/wiki/Transaktionsanalyse - überarbeitet und ergänzt.**



*Abb. 29: Transaktionsanalyse der Kommunikationsstrukturen*

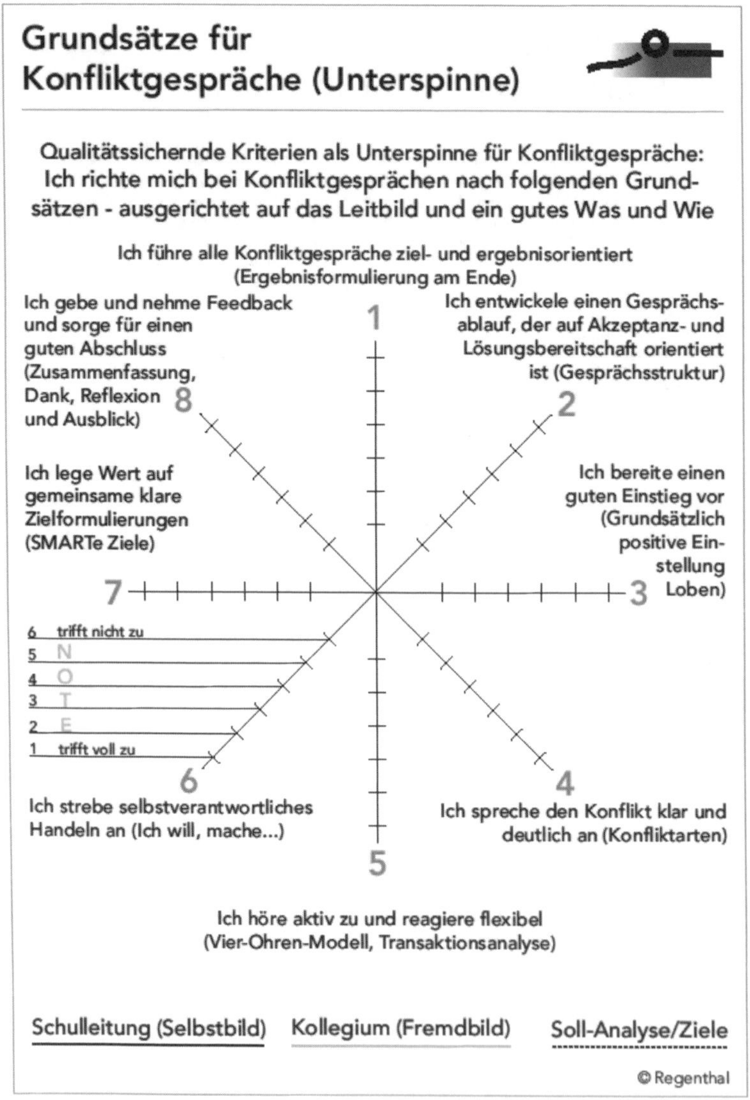


*Abb. 30: Grundsätze für Konfliktgespräche (Unterspinne)* ▪▪▪

Erfolgreiches Konfliktmanagement bedeutet, Prozesse weiter zu beobachten, zu steuern, Soll-Ist-Vergleiche zu machen, Gespräche zu führen, Verabredungen einzuhalten und auch einzufordern. Es gibt viel zu tun, aber es kann durch stringentes Arbeiten viel mehr als bisher dabei herauskommen, abgesehen vom guten Gefühl, eine Sache aufrichtig und engagiert voranzutreiben. Die Spinnenanalysen können durch eine Selbst- und Fremdbewertung die unterschiedlichen Wirkungen bewusstmachen und helfen, sich auf neue notwendige Schwachpunkte zu konzentrieren (Abb. 27). Finden Sie den ersten Schritt und erste Erfolgserlebnisse. Beim Konfliktmanagement kann man nicht verlieren, sondern nur lernen, seine Chancen wahrzunehmen und durch Übung und Handeln erste positive Erfahrungen zu sammeln. Konfliktkomplexe werden kleiner und Sie wachsen an Ihren Aufgaben.

*Probleme kann man niemals mit derselben Denkweise lösen, durch die sie entstanden sind. Albert Einstein*

### Nicht viele neue Veränderungen – besser *einen* Kontinuierlichen-Veränderungs-Prozess

Ich gehe davon aus, dass die Schule der Zukunft nicht weniger, sondern immer noch mehr neue Aufgaben erfüllen muss und sich immer mehr und schneller neuen komplexen Herausforderungen stellen muss und das erfordert grundlegende Veränderungsprozesse – besonders für Schulleitungen.

*Wenn der Wind des Wandels weht, bauen die einen Mauern, die anderen Windmühlen. Chinesisches Sprichwort*

*Es bewegt sich alles, Stillstand gibt es nicht. Everything is on the move, there is no standing still. Jean Tinguely*

- So kann es nicht weitergehen: Neue Aufgaben und Veränderungen beklagen und einfach abwarten oder abwehren wollen oder immer wieder von neuem anzufangen.
- Das bedeutet, dass Sie sich gezielt auf diese Herausforderungen einstellen müssen. Sie sollten aus Ihrer Schule eine lernende Organisation machen – mit einem **K**ontinuierlichen **V**erbesserungs-**P**rozess (**KVP**), um alle Ressourcen effektiv und effizient danach auszurichten. Ein kontinuierlicher

Veränderungsprozess schafft die Möglichkeit, die neuen Aufgaben und Anforderungen entlastender und besser zu integrieren.
- Und das bedeutet, dass Sie sich als Schulleiter entsprechend darauf einstellen und Ihre Position auch danach ausrichten: Sie müssen diese Veränderungen verantwortlich begleiten und steuern. Sie müssen selbst veränderungsbereit sein.

**Tipp**: Viele Schulleitungen sind wie in einem »Hamsterrad« – sie mühen sich ab, sie drehen sich, kommen aber nicht weiter. Es werden immer wieder neue Projekte und Prozesse angefangen, dabei werden aber grundlegende Fehler gemacht. Sie führen zu einem »blinden Aktionismus« und einer Verzettelung, die nur belasten und nicht wirklich sinnvoll, zielführend und wirksam sind.

**Die grundlegenden Fehler bei Veränderungs-Prozessen für sich selbst und für die Schule:**

1. Prozesse werden ohne eine motivierende Akzeptanzbildung und Analyse angefangen.
2. Prozesse werden nicht professionell genug organisiert und gestaltet.
3. Prozessabläufe werden nicht richtig abgeschlossen.
4. Einzelprozesse werden nicht in ein Gesamtkonzept integriert.
5. Veränderungsprozesse werden nicht weiter in Gang gehalten.

**Was für Verhinderer für Veränderungen gibt es bei Ihrem Entwicklungsprozess?**

Bei jedem Prozess und bei allen Personen gibt es ganz unterschiedliche »Stolpersteine«. »Was hindert Sie bei Ihrem Prozess der Veränderung?« »Was kann Ihnen helfen, wenn Sie gewisse Grundsätze berücksichtigen und sich daran orientieren?« (Abb. 30 – 38)

## Was hindert uns?

...dass Sie "es nicht eigentlich wirklich wollen wollen." Nur wenn Sie wirklich wollen wollen, wollen und machen Sie es wirklich. Wer will sucht Wege, wer nicht will, sucht Gründe. Wer Wege finden will, findet Wege. Wer keine finden will, findet Gründe. Suche nicht nach Fehlern, suche nach Lösungen. Henry Ford

...dass Sie nicht bereit sind ein Risiko einzugehen und Fehler zu machen. Nur wenn Sie bereit sind Fehler zu machen und aus ihnen zu lernen, können Sie etwas Neues entdecken und verbessern. Sicherheit gibt es nicht - wir werden aber sicherer, wenn wir lernen mit Unsicherheiten und Fehlern umzugehen. Im Kindergarten erlernen wir "Probehandeln" für eigene stärkende Erfahrungen. Wer arbeitet, macht Fehler. Konfuzius: Wer einen Fehler begeht, und ihn nicht korrigiert, begeht einen zweiten.

...dass Sie nicht Einstellungen und Fakten trennen. Nur wenn Sie lernen diese zu trennen und umzudenken, werden Sie klarer sehen und etwas verändern können. Sie können nur sich selbst und Ihre Einstellung und den Umgang mit Ihren Gefühlen verändern - die Bedingungen selbst kaum. Wenn Sie mehr Verantwortung für sich und Ihr Handeln übernehmen wollen, dann können Sie an Ihrer Einstellung zu Ihren Gefühlen ansetzen. Wer ist für Ihre Gefühle verantwortlich? Schon Epiktet sagte: Es sind nicht die Dinge, die uns beunruhigen, sondern unsere Sicht der Dinge.

...dass Sie nicht bereit sind, selbst Verantwortung zu übernehmen. Nur wenn Sie anderen nicht die Schuld geben für Ihre Situation, sondern selbst die Verantwortung übernehmen (obwohl Sie nicht der Verursacher sind), werden Sie zum Handeln kommen und damit etwas verändern. Wenn du eine hilfreiche Hand suchst, suche sie am Ende deines Armes. Nur wenn Sie sich aus der "Opferrolle" befreien, werden Sie etwas verändern können. Wenn wir anderen die Schuld für unser Unglücklich sein geben ("Wenn die anderen anders wären, dann ginge es mir besser!"), - dann machen wir uns zum "Opfer der Umstände"- fühlen uns behandelt und kommen nicht zum selbst Handeln. Solange sich die Umstände nicht ändern, ändert sich auch nichts an unserer Situation. So fühlen wir uns hilflos und anderen ausgeliefert, sind verzweifelt, frustriert und deprimiert und haben sogar Hass auf die anderen, dass diese mit uns so umspringen. Erst wenn wir die Verantwortung für unsere Gefühle und unsere Situation übernehmen, befreien wir uns aus der "Opferrolle"(auch eine "gute Ausrede nichts zu tun") und können unser Leben selbst gestalten.



*Abb. 30a: Was hindert uns?*

## Was hilft?

...dass Sie mehr Wert auf gemeinsame Prozesse legen. **Das "Wie" ist wichtiger als das "Was". Nicht nur auf Sachargumente Wert legen, sondern mehr auf die Umsetzungen, die Prozesse. Betroffene beteiligen und nicht nur anordnen und kontrollieren, sondern mehr vorleben, kommunizieren und für Transparenz, Erfahrungs- und Handlungsspielräume sorgen und für eine Reflexion.**

...dass Sie die anderen mehr achten und auf Ihre Fragen, Interessen und Bedenken eingehen. **Respekt und Achtung als Wertebasis schafft Vertrauen und das ist die Grundlage für gemeinsame gelingende Prozesse zur Veränderung. Die Bedürfnisse und Interessen der Beteiligten mit aufzunehmen ist kein aufgesetztes Sozialengagement, sondern notwendig, um die volle Motivation und das engagierte Mitdenken, Einbringen ihrer Ideen und Fähigkeiten und das qualifizierte Mitarbeiten und Umsetzen zu ermöglichen und zu gewährleisten.**

...dass Sie Ihre Ansprüche und Zielsetzungen nicht zu hoch setzen **und alles immer zu 100 Prozent erreichen wollen. Sie werden einfacher und schneller zumindest in kleinen Schritten und Meilensteinen etwas erreichen. Wollen Sie 100 Prozent nicht erreichen oder lieber ca. 80 Prozent wirklich erreichen? Das Wichtige gut machen - das Unwichtige auch machen. Alles immer perfekt machen zu wollen ist eine permanente Belastung - die Erfolge, die Qualität und Sie selbst leiden darunter.**

...dass Sie sich auf das Wesentliche und Dringliche konzentrieren. **Machen Sie nichts Unwichtiges, wenn Sie dadurch Wichtiges verlieren. Lassen Sie Unwichtiges lieber mal liegen. Bewusste Pausen und Entspannungsphasen einplanen, aber sich nicht verzetteln. Setzen Sie Höhepunkte und genießen Sie die Erfolge.**

...dass Sie eine Balance schaffen zwischen Effizienz und Menschlichkeit Fakten/Bedingungen und Prozessen. **Alles hat seine Berechtigung und unterschiedliche Wirkungen: Wozu, was, wie, für und mit wem und warum? - alles zu seiner Zeit. Finden Sie Ihr Gespür für das richtige Vorgehen - die unterschiedlichen Pole schließen sich nicht aus, sondern sind Teil des vernetzten Ganzen.**

...dass Sie sich persönlich, begeistert und vorbildlich einbringen. **Sie können sich den Prozessen nicht entziehen und sich raushalten wollen. Machen Sie mit!**

etwas - einfach - effektiv - effizient - engagiert - eloquent - empathisch - entspannt - erfolgreich - entwickeln...

© Regenthal

*Abb. 30aa: Was hilft?*

## 10 idealtypische Verhinderer

### 1. Beharrungsvermögen
Vielen Menschen fällt es schwer, Veränderungen hinzunehmen, weil sie zu sehr am Vertrauten hängen, nicht offen und flexibel genug sind und nicht in Bewegung kommen. Manchmal ist es ein krampfhaftes Festhalten an alten Strukturen.

### 2. Ruhebedürfnis
Manche Menschen wollen keine Unruhe oder Aufregung. Ihr oberstes Ziel heißt: Ich will meine Ruhe und bloß keinen Stress haben! Veränderungen stören meine Ruhe.

### 3. Sicherheitsbedürfnis
Keine Experimente, keine Verunsicherungen! Diese Menschen suchen Sicherheit durch Vertrautes und Bekanntes - Veränderungen stören und verunsichern. Das Sicherheitsbedürfnis ist als Grundbedürfnis stark ausgeprägt und sehr grundlegend.

### 4. Machtpositionen
Einmal erreichte Machtpositionen werden verteidigt, wenn sie durch Veränderungen angegriffen scheinen. Alle versuchen, - offen oder verdeckt - persönliche Vorteile zu bekommen, zu halten und nicht wieder abzugeben. Meist werden Konflikte als Sachauseinandersetzungen geführt - dahinter stehen sehr oft Machtkämpfe.

### 5. Ängste
Fast alle Menschen haben für sich Defizite, die mehr oder weniger stark ausgeprägt und bewusst sind. Aber jeder kennt seine Mängel und hat entsprechende Ängste. Auch diese Ängste vor dem Eingestehen fachlicher und persönlicher Mängel verhindern Veränderungen. Es entstehen Ängste, ob man die Veränderung tragen und aushalten kann.

### 6. Unglaubwürdigkeit
Aus Angst, Unsicherheit und mangelndem Verantwortungsbewusstsein wird oft versucht, Fehler zu vertuschen oder zu verstecken. Lieber nichts offen zeigen, es könnte verkehrt sein! Dies bedeutet, nicht zu seinen Taten stehen, Reden und Tun nicht glaubwürdig miteinander zu verbinden. Lieber keine Veränderungen, sie könnten die Fehler aufdecken, so dass man sich glaubwürdig darstellen muss.



*Abb. 32: 10 idealtypische Verhinderer*

## 10 idealtypische Verhinderer II

### 7. Kritikunfähigkeit

Viele Menschen können nur schwer Konflikte und Kritik aushalten und können damit nicht umgehen. Sie sind für sie belastend, störend, manchmal nicht lösbar. Veränderungen bringen Konflikte und häufig auch Kritik mit sich. In der Folge müssen negative Gefühle ausgehalten und verarbeitet werden. Veränderungen werden von vielen Menschen als sehr belastend und bedrohend angesehen.

### 8. Distanzverhalten

Die Arbeit in einem Betrieb zwingt dazu, sich täglich über mehrere Stunden mit Menschen zu arrangieren, mit denen man sich mehr oder weniger gut versteht. Jeder hat hier seine eigene Strategie, sich eine private oder persönliche Sphäre, seine Nische oder eine Art Rückzugsmöglichkeit zu schaffen. Nähe kann von vielen Menschen nur sehr schlecht ertragen werden, daher entwickeln sie ein mehr oder weniger ausgeprägtes Distanzverhalten. Durch Veränderungen müssen die Distanzen neu bestimmt werden, bzw. die Veränderungen verschieben die geschaffenen Distanzen und gefährden auch private Nischen - also lieber keine Veränderung, die mich bedrängt, mich aus meiner privaten Höhle herausholt!

### 9. Verantwortungslosigkeit

Lieber nicht persönlich Stellung beziehen, sich eher neutral bis gleichgültig verhalten und sich schon gar nicht selbstverantwortlich zeigen! Wer weiß, welche Folgen das für mich hat. Lieber anderen die Schuld und damit auch die Verantwortung zuschieben. Das ist doch nicht meine Sache! So können Veränderungen nicht erreicht werden. Das Abschieben auf andere Beteiligte ist zwar einfach, schafft aber keine erfolgreichen Verbesserungen und ist verantwortungslos.

### 10. Vertrauenslosigkeit

Entscheidet sich jemand für einen Arbeitsplatz, geht er eine Bindung ein. Diese gibt ihm Orientierung und Sicherheit und setzt gleichzeitig Vertrauen und Konsensfähigkeit voraus. Die Identifikation mit dem Betrieb, in dem man arbeitet, stellt eine Bindung dar, die durch Vertrauen und Zutrauen gehalten wird. Es ist die Voraussetzung dafür, dass ein Mitarbeiter eine positive Einstellung entwickelt und sich entsprechend leistungsstark einsetzt. Ist diese Vertrauensbasis gestört, liegt fehlendes Vertrauen evtl. schon in der Persönlichkeit des Einzelnen begründet, werden Veränderungen nur schwer akzeptiert. Ein Veränderungsprozess verlangt auch Risikobereitschaft, dass das vorher umrissene Ziel im Ergebnis auch anders ausfallen kann. Hier wird Vertrauen von beiden Seiten zur Grundlage für Veränderungen.

Ohne Resilienz (= Widerstandskraft und Durchhaltevermögen) kann es keine Veränderungen geben und damit keine Verbesserungen...



*Abb. 33: 10 idealtypische Verhinderer (2)*

## Veränderung in 10 Schritten

### Veränderungen gelingen besser mit

**1. einer motivierenden Akzeptanz.**
Wünsche und Anlässe machen uns auf die Veränderung aufmerksam, schaffen das Veränderungsbewusstsein durch die Klärung der Notwendigkeiten und den möglichen Nutzen. Veränderungen sind meist Krisen mit Leidensdruck, aber auch Chancen zur Verbesserung. Ohne Veränderung keine Verbesserung!

**2. einer vertrauensvollen Beteiligung.**
Mit einem Partner, Coach, in der Gruppe oder im Team erfahren wir Unterstützungen durch andere Personen. Gespräche, Wechselbeziehungen und Auseinandersetzungen mit anderen verdeutlichen, stärken den eigenen Standpunkt.

**3. einem bewussten Umdenken.**
Durch das Erkunden des Umfeldes erfahren wir unsere Stärken und Schwächen als Ist-Analyse, können Ursachen und Alternativen erforschen und schaffen ein entsprechendes Bewusstsein, um Fallen, Verhinderer bzw. Blockaden zu erkennen und erste Lösungsansätze. Das "Herumdenken" ist Vorbereitung zum Umdenken - um so aus "alten Bahnen" heraus zu einem "neuen Weg" zu finden.

**4. einer effektiven und effizienten Strategie.**
Veränderungen brauchen einen Fahrplan, eine Vorgehensweise. Eine einfache, effektive, effiziente und bewusste Strategie hilft bei Problemen im Veränderungsprozess zu bleiben. Die AMC-Strategie zeigt die einzelnen Schritte auf: Ist-Soll-Analysen, Maßnahmenkonzepte (mit Methoden) und Controlling.

**5. einer klaren Zielsetzung.**
Ohne Zielsetzung verzettelt man sich und ein Controlling ist nicht möglich. Ziele sollten aber realistisch sein und keine Wunschträume. Nur klare strategische und operationale Ziele helfen bei der Veränderung. Sie bündeln alle Ressourcen auf diesen Punkt, ersparen eher Enttäuschungen, ermöglichen besser Zwischenziele und sichern besser die erfolgreiche Zielerreichung. Ziele möglichst SMART!

**6. professionellen Methoden.**
Sie sind notwendige Instrumente für den Veränderungsprozess. Durch den Einsatz und das Ausprobieren der Methoden und Regeln schaffen Sie erste Anleitungen und auch eigene Erfahrungen. Wenn Sie für jeden Schritt eine entsprechende Methode haben, können Sie sicherer zu echten Veränderungen/Verbesserungen kommen. Methoden sind Handwerkszeuge für gute Veränderungen!



*Abb. 33: Veränderung in 10 Schritten*

## Veränderung in 10 Schritten (2)

### Veränderungen gelingen besser mit

**7. einem konsequenten Handeln.**
Suchen Sie sich im Rahmen Ihrer AMC-Strategie entsprechende Methoden und Maßnahmen, um sie in kleinen, aber konsequenten Schritten auszuprobieren und zu handeln. Probieren Sie auch Alternativen, um alte Strukturen und Erfahrungen loszulassen. Entlasten sie sich von Altem, Ängsten und Problemen - sind Sie mutig und gespannt auf das Neue, die Verbesserungen. Erleben Sie dann die neuen Empfindungen und Erfahrungen und genießen Sie sie dann auch, um sie bewusst zu festigen. Zwischenerfolge/Meilensteine motivieren für den Weg.

**8. einer lernenden Chaos-Phase.**
Jede echte Veränderung wird nicht einfach verlaufen, sondern erst einmal in Chaos und Unsicherheit münden. In der Umsetzung kommen Probleme und Krisen und wollen den Erfolg der Veränderung verhindern. (Festhalten an alten Strukturen!) Das bewusste Durchleben der Chaosphase ist das Herausfiltern der Veränderungselemente. Hier geht es um konsequentes Handeln, um Selbstdisziplin, um Lernprozesse und letztlich um die Glaubwürdigkeit der Person, ob sie wirklich die Ziele erreichen will: ein Schwanken: das Neue will durch das Alte.

**9. einem reflektierenden Controlling.**
Durch einen Ist-Soll-Vergleich können wir über unsere Erfahrungen reflektieren, aus Fehlern lernen, erste Ergebnisse festhalten, einüben und bestärken und damit das Neue bewusst machen. Was haben Sie verändert und damit tatsächlich verbessert? Was haben Sie dabei über sich und die anderen Beteiligten gelernt? Wie ist es Ihnen dabei ergangen? Controlling ist Steuerung - keine Kontrolle. Ohne eine bewusste Reflexion gibt es keine Qualitätsprozesse.

**10. einer guten Verfestigung der neu erreichten Veränderungen.**
Bauen Sie die neuen Erfahrungen in Ihre Lebensstrukturen fest ein (Integration), damit sie nicht verloren gehen, sondern sich erfolgreich auswirken können. Implementieren Sie das Gelernte in Ihre bisherigen Strukturen, übernehmen und übertragen Sie die Veränderungen (Rituale). Machen Sie sich das Umdenken bewusst! Vielleicht können Ihre Erfahrungen auch verallgemeinert und auf andere Bereiche übertragen werden als Richtlinien, als Regeln oder als permanente Lebensprozesse. Wie können Sie daraus kontinuierliche Veränderungsprozesse machen - eine lernende Organisation entwickeln? Wie gehen Sie mit Fehlern und mit Erfolgen um - wie können Sie neue Ziele in den Prozess mit einbauen?

**Wer aufhört, sich zu verändern, hört auf zu leben!**

© Regenthal

*Abb. 34: Veränderung in 10 Schritten (2)*

## NEIN sagen

ich schaffe das nicht mehr - wie geht es weiter?
es wird immer mehr und immer schwieriger
alle drängen mir noch mehr auf - stress
ich weiß nicht mehr wie und wann
ich halte das nicht mehr aus
nicht mehr mit mir
NEIN NEIN
NEIN
NEIN sagen
ich darf NEIN sagen!
NEIN sagen ist nicht negativ
ich schaffe pausen und grenzen
kein jein - sondern klarheit und sicherheit
keine ausreden herumreden oder lügen mehr
lieber ein ehrliches NEIN als ein gelogenes JA
ein NEIN ist ein JA für wesentliches ein JA für sich
ein NEIN ist ein JA und gibt uns kraft zeit und raum
das wichtige gut und erfolgreich zu tun und für sich
die richtige motivation und das gute selbstwertgefühl
zu schaffen und glaubwürdig und ehrlich und fair zu
leben für sich und mit anderen
ein NEIN ist eine gute grundlage
ist ein JA für ein gutes miteinander
JA für ein NEIN

NEIN

regenthal@ci-akademie.de
und was sagen Sie?



*Abb. 35: Nein sagen*

## Nein sagen lernen...

### Wie können Sie "Nein sagen" lernen?

- Ein freundliches und direktes "Nein" wird von den meisten Menschen gut akzeptiert. Viele Missverständnisse und Konflikte entstehen, weil man beim "Nein sagen" unklar, unglaubwürdig und mit "dummen Ausreden" ankommt. Lieber ganz einfach und normal "Nein sagen".
- Sagen Sie nicht immer gleich "Ja", sondern bitten Sie sich Bedenkzeiten aus: "Ich kann das gerade nicht entscheiden, ich melde mich deswegen bei dir, bis wann brauchst du eine Entscheidung?".
- Sei nicht böse, aber ich habe gerade so viel anderes zu tun.
- Das geht leider nicht, weil ich dann andere Dinge vernachlässigen müsste, die mir wichtig und dringlich sind und ich fest eingeplant habe.
- Nein, ich möchte das nicht (und ich will mich deswegen auch nicht rechtfertigen und das begründen). Das geht leider nicht!
- Kannst du mich nachher noch mal fragen. Ich kann das gerade nicht entscheiden.
- Ich überlege es mir mal. Oder: Eher nein. Das möchte ich nicht!
- Dabei kann ich dir leider gerade nicht helfen(, weil ...)
- Wenn jemand Sie um etwas bittet, dürfen Sie ruhig „Nein" sagen, den sonst wäre es ja keine Bitte, sondern ein Befehl!
- "Danke, dass du mich ansprichst - ich würde dir auch gern helfen, aber (jetzt nicht/das geht nicht, weil...)
- "Ich kann das verstehen, dass du das nicht allein schaffst/machen willst - vielleicht könntest du Herrn X ansprechen?"

Was ich verwundert immer sah:
Die Menschen sagen fröhlich 'ja'
und meistens ernst verbissen 'nein'.
Das sehe ich durchaus nicht ein.
Wer sicher ist, kann es doch wagen,
auch freundlich lächelnd 'nein' zu sagen. Karl-Heinz Söhler
Die Fähigkeit, das Wort "Nein" auszusprechen, ist der erste Schritt zur Freiheit. Nicolas Chamfort



*Abb. 36: Nein sagen lernen*

## Veränderungen erfolgreich angehen

| Problem, Ziel, Wunsch, Anlass | Erster Schritt, erste Handlung ⊕ | Vorsicht Falle! Was darf ich ⊖ nicht machen? | Klare Zielsetzung: Was will ich erreichen? | Methoden, Instrumente, Hilfsmittel |
|---|---|---|---|---|
| 1. Veränderungsbedarf als Ausgangspunkt umschreiben | 2. Spontane erste Überlegungen festhalten | 3. Mögliche Fehler, Fallen, Verhinderer vorher überlegen | 4. Konkretes, realistisches, messbares Ziel formulieren | 5. Methoden, Instrumente, Maßnahmen, Schritte, Vorgehen |
| Ich wiege zu viel - ich muss abnehmen... | Bewusster essen und trinken, Diät machen, weniger Süßigkeiten essen... | Gewaltkuren, Überforderungen, ohne bewusste Strategie weiter machen... | Ich werde bis Ende des Jahres min. drei Kilo nachhaltig abgenommen haben. | Smarte Ziele formulieren, Hilfen, Unterstützungen einbauen, Planung + Vorgehen mit Proj.Man. |
| | | | | |
| | | | | |

Mit dieser Rasteranalyse können Sie Ihre komplexe Aufgabe und Ihr Vorgehen "kleinrastern" und damit besser voran kommen. Die negative und systematische Denkweise erleichtert, um die Vorgehensweise damit einfacher, bewusster, realistischer und somit erfolgreicher zu machen. Die Anleitungen und das Beispiel sind Impulse - am Besten Sie besprechen ein eigenes Übungsbeispiel zusammen mit einem Anderen. Die konkrete weitere Umsetzung können Sie mit dem Projektmanagement gut planen, realisieren und reflektieren.

Fange jetzt zu leben an und zähle jeden Tag als ein Leben für sich. Seneca
Wer keinen Mut zum Träumen hat, hat auch keine Kraft zum Kämpfen.
Das Leben eines Menschen ist das, was seine Gedanken daraus machen.



*Abb. 37: Veränderungen erfolgreich angehen*

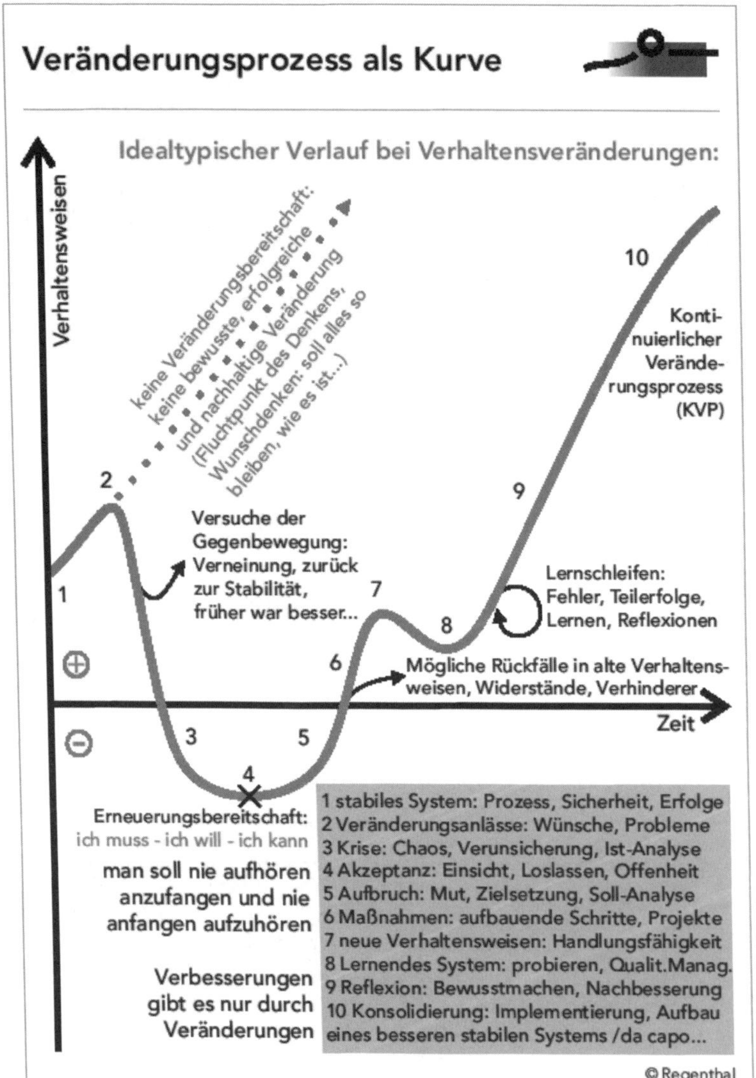


*Abb. 38: Veränderungsprozess als Kurve*

## 3.9 Vertrauen und Verantwortung als wichtige Lebenskomponenten

*Vertrauen ist Mut, und Treue ist Kraft. Marie von Ebner-Eschenbach*

*»Egoismus, Ellenbogen, Eigennutz – die Deutschen haben offenbar genug davon. Sie begegnen einander zunehmend mit Vertrauen. Das besagt zumindest eine Studie der Hamburger BAT-Stiftung für Zukunftsfragen. Gaben Im Jahr 2000 lediglich 36 von 100 Befragten an, 'dass man den Menschen vertrauen kann', waren es 2008 bereits 49 und 2013 sogar 65… Dieser Paradigmenwechsel kommt daher, dass die unsicheren Zeiten quasi dazu zwingen, sich wieder mehr auf Zwischenmenschliches zu verlassen.« (Braunschweiger Zeitung 23.12. 2013) Krisen zwingen zum Miteinander…*

Familie und Freunde, Gottvertrauen, ein positives Welt- und Menschenbild (»Es wird schon gut gehen!«) – wir haben alle unsere sozialen Grundbedürfnisse – wir brauchen alle »unser Netzwerk«. Zuvertrauen, Miteinander und Füreinander sind hier nicht als »soziale Wohltaten« zu sehen, sondern als Lebensnotwendigkeiten. Wir können mit einem Netz von Freunden und aus der Familie eine vertrauensvolle Unterstützung erhalten und damit besser leben, arbeiten und Widerstände angehen und Probleme überstehen. Bauen Sie für sich ein solches Netzwerk zur Absicherung und für Hilfen auch präventiv auf, um bei Bedarf Hilfen und Unterstützung annehmen und erhalten zu können. Das geht aber nur mit Vertrauen, nicht mit Einfordern. Zuvertrauen braucht und bringt Nähe, ist aber natürlich auch ein Risiko, denn es kann ja missbraucht werden und das schafft Frust und Enttäuschungen und das bringt wiederum Rückzug und Einsamkeit… (Abb. 39)

*Leben einzeln und frei wie ein Baum und brüderlich wie ein Wald, das ist unsere Sehnsucht. Nazim Hikmet*

*Man wird nicht für sich allein ein »Ganzer«, sondern nur mit anderen zusammen. Dietrich Bonhoeffer*

## Grundlagen für ein gutes Leben...

Was brauchen wir für ein gesundes, gutes und erfolgreiches Leben? Was sind die Grundlagen, die uns Orientierung, Energie und Mut geben, unser Leben in die richtige Richtung zu steuern? Was hilft uns gerade in schwierigen Situationen und bei Problemen? Was macht uns zufrieden, glücklich und gelassen? Grundlagen für ein gutes Leben:

**Selbstvertrauen**
Ich fühle mich gesund, zufrieden und glücklich, denn ich weiß um meine Kompetenzen, Stärken und habe auch entsprechende Erfahrungen und Rückmeldungen. Ich bin erfolgreich und mit meinem Leben zufrieden - ich kann meine Identität klar umreißen. Dieses Bild strahle ich auch authentisch aus.

**Vertrauen**
Ich weiß sicher, dass wenn ich allein nicht zurecht komme und Probleme habe, dass ich gute Hilfe bekomme, wenn ich sie brauche. Ich habe Freunde und Ansprechpartner, die mich achten, auffangen und die ich ansprechen kann. Ich bin nicht allein. Ich kann darauf vertrauen, dass ich sichere Unterstützung bekommen kann, durch meinen Glauben - seelisch, gesundheitlich, sozial, praktisch und finanziell.

**"Alles-wird-gut-Einstellung"**
Ich kann auch bei Krisen, Konflikten und Problemen davon ausgehen, dass letztlich doch alles gut wird. Ich muss daran arbeiten, aber es gibt bei diesen Herausforderungen immer eine Chance, gut damit leben zu können. Ich kann mein Leben so entsprechend einrichten - ich kann damit leben...



*Abb. 39: Grundlagen für ein gutes Leben*

**Sind Vertrauen und Verantwortung noch Werte, die der Realität ent sprechen?**

*Am Ideal gemessen versagt die Wirklichkeit. Aber was wäre das für eine traurige Wirklichkeit, wenn sie aufhören würde, sich nach dem Ideal zu orientieren und nach der Wirklichkeit zu fragen? Richard v. Weizsäcker*

Ist der »ehrliche Mensch«, ist der »ehrbare Kaufmann« – sind Ideale und Werte im aktuellen Konkurrenzkampf überhaupt noch gefragt? Ist der Ehrliche der Dumme, der Verlierer? Vertrauen und Verantwortung sind die Basis für eine wirklich gute und nachhaltige Qualität in allen Bereichen... Werte sind für uns alle immer wichtiger geworden – gerade, weil es überall und immer mehr Unsicherheit gibt... Der Wunsch nach Sicherheit, klarer Orientierung und Verlässlichkeit ist umso verständlicher und wichtiger; ob im privaten, beruflichen oder im gesellschaftlichen Bereich, ob als Führungskraft oder als Mensch.

Nachhaltige Veränderungen und Verbesserungen ohne Identifikation und Vertrauen sind nicht möglich – Vertrauen ohne Verantwortlichkeiten nicht machbar – Verantwortlichkeiten ohne Werte nicht denkbar. Der Irrglaube, z. B. durch ein gutes Erscheinungsbild bei uns Vertrauen schaffen zu können, kann höchstens kurzfristig funktionieren. Es geht um die Verbindung von Vertrauen und Verantwortung, die eine glaubwürdige Identität schaffen und damit eine ganz besondere Beziehung. Vertrauen und Identifizierung »macht es zu meinem« und schafft also mehr als nur »eine ganz andere Nähe« – es bringt einen Qualitäts-Aspekt auf höchstem Niveau und wird damit zum Entscheidenden – für alle Beteiligten. Durch die stetig steigenden, komplexen und neuen Anforderungen wird nur ein solcher identitätsstiftender Veränderungs- und Qualitäts-Prozess in Zukunft bestehen können. Ein Erfolg auf Kosten von Werten, Vertrauen und Verantwortlichkeiten kann nicht bestehen.

*Ideale sind wie Sterne: Man kann sie nicht erreichen, man kann sich aber nach ihnen orientieren. Carl Schurz*

Wertvolle und wirklich angenehme und langfristig erfolgreiche Beziehungen bauen auf Vertrauen auf. Dies gilt bei Personen genauso wie bei Gruppen, Organisationen und Unternehmen. Vertrauen kann man nicht »produzieren«, man bekommt es geschenkt und kann es ganz schnell wieder verlieren. Vertrauen entsteht auf der Basis von Glaubwürdigkeit, die zur Vertrauenswürdigkeit werden kann, wenn wir uns persönlich darauf einlassen können. Für beide Seiten eine riesige Chance, aber auch ein hohes Risiko. (vgl. Abb. 41) Wir verlassen uns vertrauensvoll aufeinander und es könnte schiefgehen und wir dann sehr enttäuscht sein. Ein guter Charakter und ein glaubwürdiges Verhalten wiederum können nur auf der Grundlage von Verantwortung entstehen. Was brauchen wir?

- *Werte und Normen* (z. B. Ehrlichkeit, Toleranz, Glaubwürdigkeit, soziales Engagement…)
- *Verantwortung* (z. B. diszipliniertes, effektives, konsequentes, verlässliches Handeln…)
- *Vertrauen* (z. B. auf den Anderen offen zu gehen und Vertrauen wagen…)
- *Identifikation* (z. B. beide Seiten identifizieren sich mit dem Weg, den Zielen, Methoden…)
- *Gemeinsame gute Erfolge und Qualitäten* (z. B. langfristige partnerschaftliche Beziehungen…)

Also ist der Weg von den Werten, über die Verantwortlichkeiten, zum Vertrauen hin zur Identifikation (»ich engagiere mich – es ist auch meins – Wir-Gefühl – das ist mir ganz wichtig…«). Dieser Prozess der Identifizierung »macht es zu meinem« und schafft also mehr als nur Vertrauen – »eine ganz andere Nähe« – eine »qualifizierte Beziehung auf höchstem Niveau«. Damit wird in allen Beziehungen die Identifikation zum entscheidenden und zusammenfassenden Aspekt – zum anspruchsvollen Ziel. Ein Erfolg auf Kosten von Werten, Vertrauen und Verantwortlichkeiten kann nicht langfristig bestehen…

Alles wird zu einer »Lebensphilosophie« – natürlich können Sie auch alles ohne Werte, Vertrauen und Verantwortung versuchen und so womöglich Ihr Ziel sogar viel einfacher und schneller erreichen…Es wird immer auf Kosten von anderen gehen und damit nicht nur nicht sinnvoll und wertvoll, sondern auch nicht langfristig und auch ethisch gut sein. Sie müssen sich entscheiden – wobei es eigentlich keinen Kompromiss gibt – ein »bisschen Werte, Vertrauen und Verantwortung« gibt es nicht.

**Grundlagen für eine verantwortliche Zukunftsgestaltung**

Was brauchen wir, um diesen Weg zu gehen? Es ist ein »neuer/alter« Weg, der aber zumindest nicht einfach ist, weil es ein »Umdenken« bedeutet. Wie kann und will man seine Zukunft gestalten? Welche Grundlagen sind zur bewussten, verantwortlichen, nachhaltigen und erfolgreichen Gestaltung der Zukunft notwendig? Es geht um den Mehr-Wert, eine echte Wertschöpfung – es zählt nicht nur das »Messbare«, sondern auch das »Unsichtbare«, das ist genauso viel wert. Einiges müssen wir dabei neu lernen und das geht am besten während des gemeinsamen Prozesses, »*denn die Dinge, die wir erst lernen müssen, bevor wir sie tun, lernen wir beim Tun.*« Aristoteles (vgl. Abb. 40)

*Der Verstand vermag nichts anzuschauen und die Sinne nichts zu denken. Nur daraus, dass sie sich vereinigen, kann Erkenntnis entspringen. Kant, Kritik der reinen Vernunft*

## Zukunftsgestaltung durch Kompetenzen

**Drei Grundlagen sind zur bewussten, verantwortlichen, nachhaltigen und erfolgreichen Gestaltung der Zukunft notwendig und gleichzeitig aber auch erlernbar:**

**1. klare Visionen (als motivierende Zielgrößen)**
**2. Mut und Vertrauen (um auch wirklich anzufangen und loszugehen)**
**2. Persönliche Kompetenzen (um die Visionen, Ziele erfolgreich zu erreichen)**

Zukunft hat viele Namen: Für die Schwachen ist sie das Unerreichbare, für die Furchtsamen das Unbekannte, für die Tapferen ist sie die Chance. Victor Hugo

Denn die Dinge, die wir erst lernen müssen, bevor wir sie tun, lernen wir beim Tun. Aristoteles

### 10 Kompetenzen für die Zukunft:

| | |
|---|---|
| **Selbst- und Gesamt-Verantwortung** | • Selbstdisziplin, Werteorientierung |
| | • Selbstgestaltung, verantwortlich. Handeln |
| | • Selbstbewusstsein, Stärke , Vorbild |
| **Mut und Offenheit** | • Neugierde, Entdeckungsgeist |
| | • Offen für Alternativen |
| | • Bereitschaft für Neuerungen |
| **Risikobereitschaft** | • Umgang mit Unsicherheiten, Risiken |
| | • Umgang mit Belastungen |
| | • Umgang mit Ängsten, Fehlern |
| **Flexibilität** | • Bereichsübergreifendes Denken |
| | • Zeitliches Umstellen, Alternativen finden |
| | • Umdenken, für Andere mitdenken |
| **Konfliktfähigkeit** | • Umgang mit Widerständen, Belastungen |
| | • Problemlösungsstrategien |
| | • Streitkultur, Feedback-Kultur |
| **Handlungsfähigkeit** | • Entscheidungsfähigkeit |
| | • Ausprobieren, Probehandeln |
| | • Widerstandsfähigkeit (Resilienz) |
| **Konzentrationsfähigkeit** | • Prioritätensetzung |
| | • Bündelungen, Vernetzungen |
| | • Stringenz, Konsequenz |
| **Reflexionsfähigkeit** | • Selbstcontrolling, kritische Evaluation |
| | • Umgang mit Fehlern und Misserfolgen |
| | • Abstand, In Frage stellen, Kritikfähigkeit |
| **Lernfähigkeit** | • Veränderungsbereitschaft |
| | • Lernmethoden, Lerndisziplin |
| | • Stressbewältigung, Verhaltensveränderung |
| **Identitätsfähigkeit** | • Begeisterung, Motivation, Vertrauen |
| | • Identifizierung mit der Aufgabe |
| | • Glaubwürdigkeit, Ehrlichkeit, Authentizität |



*Abb. 40: Zukunftsgestaltung durch Kompetenzen*

## Verantwortung

*Die vollkommene Methode fehlt uns allen. Aber wir müssen alle Kräfte daransetzen, uns ihr zu nähern. J. H. Pestalozzi*

Kants kategorischer Imperativ »Handle so, dass die Maxime deines Willens jederzeit zugleich als Prinzip einer allgemeinen Gesetzgebung gelten könne«, zeigt die allgemeine sittliche Verantwortung, aber auch die persönliche Einbindung. Jeder Mensch muss sich also der Auswirkungen und Folgen seines Verhaltens bewusstwerden und dabei sein Ziel der freien Selbstbestimmung auch immer als Freiheit des Anderen verstehen (Rosa Luxemburg). In seinem Buch »Das Prinzip Verantwortung« hat Hans Jonas 1985 den »verantwortungsethischen Imperativ« formuliert: »*Handle so, dass die Folgen deines Tuns mit einem künftigen menschenwürdigen Dasein vereinbar sind, d. h. mit dem Anspruch der Menschheit auf unbeschränkte Zeit zu überleben.*« »Das Prinzip Selbstverantwortung« hat 1995 Reinhard Sprenger in die Diskussion eingebracht. Für eine Veränderung unserer Denkweisen müssen hieraus konkrete Orientierungsgrößen abgeleitet werden können. Entsprechend dem ganzheitlichen Denkansatz der Corporate Identity können hier diese Orientierungsgrößen zusammengefasst und vernetzt vorgestellt werden. Ein »Imperativ« für Verantwortung im Rahmen eines ganzheitlichen Denkens könnte ausformuliert heißen:

*Handle so, dass du für dein Handeln selbst verantwortlich bist und dich damit identifizieren kannst, dabei die Selbstbestimmung der Anderen respektierst, sodass die Maxime deines Verhaltens allgemeine gesellschaftliche Grundlage sein könnte und die Folgen mit einem künftigen menschenwürdigen Dasein vereinbar sind. Handle so für dich selbst, dass auch andere sich selbst entwickeln können und so ein echtes Miteinander möglich ist. Dazu gehört nicht nur das Tun, sondern auch das, was man nicht tut.*

Nicht mehr nach Ausreden und schlechten Bedingungen suchen, sondern selbst aktiv und selbstbestimmt sein Leben gestalten und verantworten. Die, die wir kritisieren, sind nicht unsere Lehrmeister! Andere sind nicht unsere Bestimmungsgrößen, sondern eher Vorbilder und Orientierungsgrößen, letztlich sind nur wir selbst verantwortlich. Wenn du eine hilfreiche Hand suchst, suche sie am Ende deines Armes! Um glaubwürdige Verbesserungen zu erreichen, gelten folgende Grundsätze:

Für die **Selbstverantwortung** sind vier Grundelemente notwendige Basis:

1. **Handlungsfähigkeit.** Für die Selbstverantwortung muss ein ergebnisorientiertes, strategisches und konsequentes Verhalten die Ergebnisse bringen. Der Zustand der Selbstverantwortung bringt nur dann Erfolg, wenn er sich in der Praxis bewährt und Verbesserungen schafft. Dazu gehören Selbstdisziplin und Mut zum Machen!
2. **Konfliktfähigkeit.** Die selbstverantwortliche Strategie kann die Ergebnisse nicht genau vorher festlegen. Es bleibt also immer ein Restrisiko: Ein glaubwürdiger Entwicklungsprozess ist letztlich bestimmt durch Fehler, Probleme, Krisen und Unzulänglichkeiten, die vorher nicht konkret vorher bestimmbar sind. Menschliches Verhalten bleibt nur unzulänglich und muss lernen, mit diesen Unzulänglichkeiten und der Endlichkeit fertig zu werden und daraus Konsequenzen zu ziehen. Nicht keine Probleme zu haben ist das Ziel, sondern mit den Problemen umzugehen, ist der richtige Weg.
3. **Emotionsfähigkeit.** Alles Verhalten hat Folgen und Auswirkungen. Diese Auswirkungen auf die Gefühle wahrzunehmen und damit bewusster umzugehen, ist notwendig für die Selbstverantwortung. Stress und Belastungen sind emotionale Faktoren, die aufgearbeitet werden müssen, damit sie nicht als Störungen die Erfolge be- und verhindern. Aber auch die positiven Emotionen wie das Wohlgefühl sind notwendig als Motivatoren und Verstärker.
4. **Reflexionsfähigkeit.** Eine ganzheitliche Selbstverantwortung umfasst Kopf, Herz und Hand. Herz als die Emotionsfähigkeit, Hand als die Handlungsfähigkeit und Kopf als die Reflexionsfähigkeit. Um über die anderen notwendigen Elemente nachdenken und sie gestalten zu können, ist es wichtig, sich über die Wirkungen bewusst zu werden: Die Werte mit dem Wollen und den Wirkungen zu vergleichen. Die Fähigkeit zur Reflexion schafft die Möglichkeit, sich auf einer Metaebene alle Elemente und Einflussfaktoren bewusst zu machen. Nur diese Bewusstmachung schafft bewusste Veränderungen, die nicht nur zufällige Verbesserungen sind und die dem Imperativ der Selbstverantwortlichkeit entsprechen können.

Alle vier Grundelemente der Selbstverantwortung sind ganzheitlich miteinander verbunden. Ein Element allein kann keine Selbstverantwortung entwickeln und ermöglichen. Nur die interdependente Verbindung aller Grundlagen kann ein Umdenken zu mehr Selbstverantwortung bewirken. Erst die Entwicklung der Schulkultur durch die bewusste Gestaltung der Selbstverantwortung kann die Schule für die Zukunft profilieren. Sonst wird es keine Veränderungen geben, sondern nur die üblichen Reformen, die aber nichts verbessern. Organisationen werden sich nicht verändern, wenn sich nicht der Einzelne ändert…

*Zwischen Reiz und Reaktion gibt es einen Raum.*

*In diesem Raum haben wir die Freiheit und die Macht, unsere Reaktion zu wählen.*

*In unserer Reaktion liegen unser Wachstum und unsere Freiheit.*

*Source:* http://www.psychologischepraxis-thun.ch/psychologische-praxis/logotherapie-und-existenzanalyse/zitate-viktor-frankl/

Wenn Sie diese Entscheidungen auf Ihre Werte beziehen, ist das glaubwürdig und selbstverantwortlich. Nur so können wir verantwortlich und sinnvoll unser Leben gestalten und können als Führungskräfte wirklich gut motivieren und leiten.

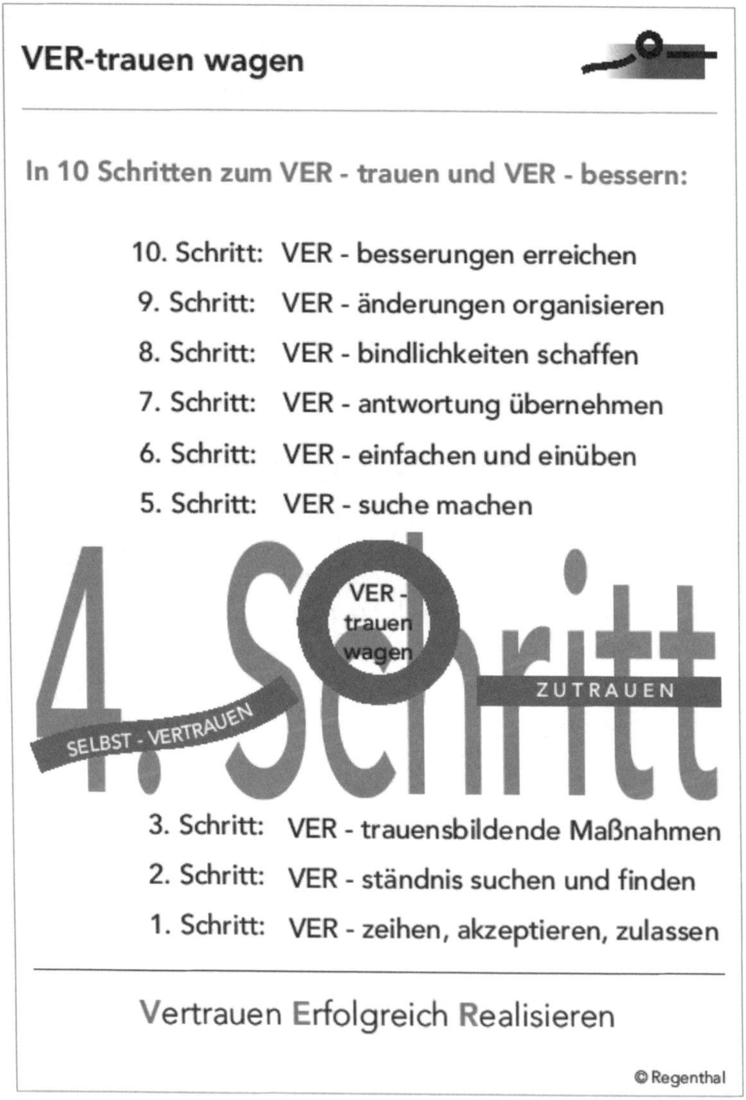


*Abb. 41: Vertrauen wagen*

## Vertrauen

Kein Vertrauen in die Unternehmen, Organisationen und in die Wirtschaft und kein Vertrauen in die deutsche und europäische Politik und Gesellschaft – ein diffuses Misstrauen für die Zukunft allgemein und für seine eigene… Vertrauenskrisen…

Wir brauchen eine Vertrauenskultur, die wertvoll, wertschöpfend, gemeinsame und nachhaltige Erfolge schafft und für Qualität, Orientierung und verlässliches Handeln sorgt – gerade bei Veränderungen, Innovationen und in unsicheren und schwierigen Zeiten…

*Ich muss nicht ständig etwas tun. Vieles geschieht auch ohne mein Zutun. Vieles ist auch ein Geschenk des Lebens an mich. Wir sollten jedoch immer daran denken, dass die Zukunft weder ganz noch gar nicht in unserer Hand liegt, damit wir nicht ständig erwarten, was geschehen wird und nicht zweifeln an dem, was nicht geschehen wird. Epikur*

## Selbstvertrauen

*Sobald du dir vertraust, sobald weißt du zu leben. Mephistopheles in Goethes Faust*

Sich selbst vertrauen heißt, sich selbst mit seinen Stärken und Schwächen annehmen – eins zu sein mit sich. Das bedingt, dass Sie auch Ihre »Fehler und Macken« akzeptieren. Das Entscheidende aber ist, ob Sie eine Vorstellung haben, von dem, wie Sie leben wollen.

Gerade in schwierigen Zeiten mit besonderen Belastungen wie Krieg, Krankheit und Krisensituation fragen wir uns, wie es überhaupt weitergehen kann. Diese belastenden Umstände und Schicksalsschläge zwingen uns, unser Leben neu einzurichten. Es geht darum, dass sie eine klare Zielsetzung brauchen – ob das Ihr Glaube ist, oder das Bedürfnis, für andere da zu sein. Wenn Sie nicht wissen warum Sie wirklich leben wollen, können Sie das WIE, die Belastungen nicht ertragen. Lebensziele sind im Alltag genauso wichtig, um uns in Bewegung zu halten: Motivation (lat. movere=bewegen, antreiben). Welche Motivation, welcher Lebenssinn treibt Sie an? Wenn Sie diese Frage klar beantworten können, können Sie ja mit Selbstvertrauen stark und sicher Ihr Leben in die Hand nehmen.

Selbstverantwortliche Menschen sind da. Sie suchen nicht, sind nicht unsicher, sondern gestalten ihr Leben selbstbestimmt. Sie sind nicht im belastenden Stress, sondern können ihr Leben entlastet und begeistert genießen. Sie sind frei und zufrieden. Sie schieben nicht Anderen die Schuld für schlechte Lebensbedingungen zu, sehen sich nicht als Opfer der Umstände – sie übernehmen die Verantwortung für ihr Leben und Handeln, weil sie glauben, dass sie ihre Lebenssituationen ändern können: wenn nicht konkret, dann doch in ihrer Einstellung dazu. Die Menschen entscheiden nicht nach dem, wie es ist, sondern wie sie glauben, dass es sei. Es geht also nicht allein um starke Persönlichkeiten – es geht um das Selbstvertrauen. Dieses Bewusstsein entscheidet und deswegen geht es um die Bewusstmachung, um so damit besser umgehen zu können…

*Karl Valentin in seiner besonderen Art sagt dazu: »Ich bin froh, dass das so ist, denn wenn ich nicht froh wäre, wäre es trotzdem so.«*

Wenn ich weiß, warum ich lebe, kann ich mit Selbstvertrauen und Selbstbestimmung mein Leben gut leben. Selbstverantwortung braucht also klare Werte und Ziele, Neugier, Mut und Risikobereitschaft. Wir alle haben aber Ängste in uns, die uns stoppen, bedrängen und hindern so einfach selbstbewusst voran zu gehen und diesen Kurs zu halten…

**Wenn Sie sich auf den Weg machen…**

Selbstvertrauen muss man aufbauen und entwickeln – man bekommt es nicht geschenkt. Die Grundlagen, die uns dafür mitgegeben wurden müssen Sie sich bewusstmachen, stärken und weiterentwickeln – es ist wie die Fitness. Die »Komfortzone« müssen Sie dabei verlassen und es kommen Schwierigkeiten auf Sie zu und Risiken, die Sie nicht geahnt haben. Das geht nur, wenn Sie eine Vision haben, das WARUM geklärt haben. Ansonsten werden die Motivation und das Durchhaltevermögen bald nachlassen. Sie müssen dabei Gewohnheiten und Verkrustungen aufbrechen und lernen neu zu denken…

Zwischen Müssen und Wollen, Verantwortung und Vertrauen müssen Sie Ihren eigenen Weg – eine Balance finden. Viele konzentrieren sich zu sehr auf das Müssen und schaffen es mit ihrem Perfektionismus dann nicht, ihre Wünsche und Interessen (ihr Wollen) anzugehen – »dafür habe ich keine Zeit mehr!« Natürlich können Sie nicht das Eine gegen das Andere ausspielen – ein bleibt nur die Möglichkeit einer Balance. Und die schaffen Sie, indem Sie das Müssen reduzieren auf das Nötigste und das so gut machen, dass alle damit leben können. Sie selbst müssen sich Zeit und Raum schaffen für Ihr Wollen – für das, was Ihnen wichtig ist. Damit sind Sie zufriedener, weniger gestresst und bestärkter in Ihrem Selbstvertrauen, weil Sie es selbst in der Hand haben! So profilieren Sie auch Ihre Persönlichkeit und Ihr Selbstbewusstsein – und das müsste doch eigentlich die Absicht der Führungskräfte sein…

*Wo Liebe ist, gibt es keine Last. Einstein*

# 4 Warum brauchen Sie ein Selbstmanagement?

**Schlaglichter vom DSLK (Deutscher Schulleiter Kongress) 2017 in Düsseldorf als Erfahrungen aus dem Schulleitungsalltag**

*»Wenn ich mich als Schulleitung nicht selbst ›führen‹ kann, kann ich auch keine Schule führen.*

*Wenn mein Handy und mein Laptop keine Energie mehr haben, lade ich sie auf. Wann und wie lade ich mich auf?*

*Will ich »verwalten oder gestalten«? Was will ich als Schulleitung erreichen?*

*Wie soll ich das alles nur schaffen? Wie werde ich mit den vielfältigen und komplexen Anforderungen fertig?*

*Ich fühle mich voll gestresst und ausgebrannt. Was kann ich tun – wer kann mir nur helfen?*

*Wie kann ich eine gute Balance schaffen zwischen meinem privaten und meinem beruflichen Leben, damit keines darunter leidet?«*

## Ein Wandel der Schullandschaft bedingt einen Wandel der Schulleitungs-Rolle

Alles Aussagen von Schulleitungen, die den Schulalltag widerspiegeln. Die besondere Position der Schulleitung mit all ihren Aufgaben und Anforderungen ist entscheidend für die Qualität und das Ansehen der ganzen Schule. Sie ist auch ganz besonderen Belastungen ausgesetzt und erfordert deswegen auch spezielle Unterstützungsbedingungen: erprobte und einfache Konzepte, Strategien und Methoden, die als ein Selbstmanagement helfen, mit all diesen Fragen so umzugehen, so dass Sie ganz persönliche ansprechende und effektive Antworten finden – Sie Ihr Leben als Schulleitung professionell managen können. Wer als Schulleitung sein Leben nicht gut managen kann, kann auch seine Schule nicht gut managen. »Persönliche Defizite« können leicht zu »Schulleitungs-Fehler« und »Schulleitungs-Belastungen« zu »persönlichen Belastungen« werden… Das Eine bedingt das Andere – alles gehört zusammen und muss aufeinander abgestimmt sein, damit es sich nicht behindert.

**Wie soll ich das alles nur schaffen? Umdenken!**

**Vom »Wie sollen wir das alles nur aushalten?« zum »Ich will mein Leben bewusst und verantwortlich selbst gestalten!« (vom Jammern zum Handeln) = Ich coache mich selbst!**

Wir sind in einem Wandel, einem Umbruch der gesamten Schulkultur, die »alte Hierarchien« aufbricht und die Eigenverantwortung und das Mit- und Neu-Denken aller Beteiligten fordert und ermöglicht und entsprechende Handlungsfreiräume und extra »Pionierbereiche« dafür schafft (als nachhaltige Innovationsquelle). (Abb. 2) Schulleitungsauffassungen und Schulleitungsaufgaben haben sich völlig geändert… (Abb. 1a)

Das mechanistische Denkmodell von damals hat uns die Grenzen aufgezeigt – »nicht alles ist machbar« und »nicht nur der Erfolg zählt«. Management 4.0 in der Schule darf in dieser »Pionierstimmung« nicht wieder in die gleiche Falle gehen. Sorgen Sie für klare verantwortliche Werte und Zielvorstellungen und vernetzen Sie alle Grundlagen und Vorgehensweisen für eine nachhaltige identitätsstiftende Wirkung. (Abb. 1)

**Navigieren Sie also Ihre Schule mit Mut (Innovations- und Risikobereitschaft) und De-Mut (Bewusstsein der Grenzen und Allmachbarkeit sowie der Verantwortlichkeit) in die Zukunft.**

Eine verantwortliche, professionelle und zukunftsorientierte Schulleitung leitet die Schule nicht nur als Vorgesetzter und erfüllt nur die Anforderungen von oben, sondern legt besonderen Wert auf seine Führungs-Persönlichkeit und sein Führungs-Verhalten. Die Balance zwischen diesen drei Rollen ist als Schulleitungs-Triade entscheidend für den langfristigen Erfolg. Welche Ziele wollen Sie umsetzen? (Abb. 1a) Gerade bei der Vielzahl der Zielsetzungen ist es wichtig, dass Sie eigene Ziele haben und nicht nur der »Erfüller« der Ziele für andere sind. Setzen Sie eigene Schwerpunkte: Wer sind Sie mehr? Was ist Ihnen wichtig? Wie wollen Sie wirklich arbeiten? Welche Ziele sind Ihnen wichtig?

**Sehen Sie sich mehr als Vorgesetzter, als Motivator oder als Führungs-Persönlichkeit?**

Um für sich eine klare Antwort zu finden und eine ausgeglichene Balance der drei Komponenten zu schaffen, bedarf es eines bewussten Klärungsprozesses – den jede verantwortliche Führungskraft leisten muss. Ein solcher Selbst-Coaching-Prozess ist wie ein »kritischer Freund« an Ihrer Seite, der Ihnen hilft schneller voran zu kommen…

*Einen kritischen Freund an der Seite, kommt man immer schneller vom Fleck. J. W. v. Goethe*

*Abb. 1: Die Schulleitungs-Triade: Positionen in der Balance*

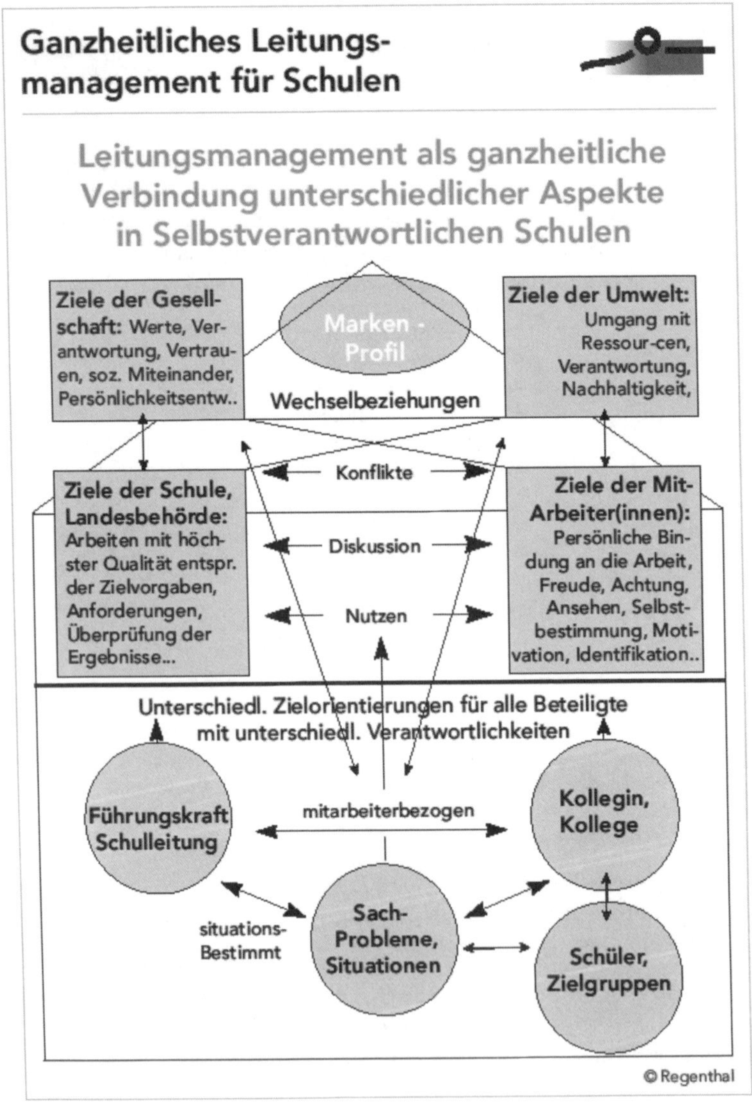


*Abb. 1a: Ganzheitliches Leitungsmanagement für Schulen*

## Grob-Vergleich von Schulleitungs-Auffassungen

| Kriterien | Schulleitung alt | Schulleitung neu |
|---|---|---|
| Orientierung geben | SL als Weitergabe der Anordnungen+mehr selbst vorgeben/entscheiden | Vorbild+pers. Entscheidungen+gem. Prozesse/Schule gem.selbstverant.gestalten |
| Prozesse gestalten | Vorbild/pers. Entscheidungen + gem. Prozesse nur wenn nötig | Vorbild/pers. Entscheidg. + das Wie gem. Prozesse zur identit.gem.Gestaltung |
| Entscheidungen treffen | Schule mehr verwalten Müssen/Was im Vordergrund | Schule mehr gestalten Müssen+Wollen als Balance Selbst/Kollegium entschei. |
| Verantwortlk. delegieren | SL ist verantwortl.für alles+ weist alles an + kontrolliert alles | Klare verantw. Bereiche/ Teams schaffen+ vernetzen+Controlling/Koordin. |
| Konflikte angehen/lösen | Konlikte/Widerstände per. lösen oder "aussitzen"... | Klare Konfliktregelungen, präv. Feedbackkultur + Evaluationen |
| Mitarbeiter führen/leiten | Mitarbeiter anweisen, beauftragen+konrollieren hier. Führungsstil | Mitarbeiter fördern, unterstützen, begleiten/Zielvereinbarungen/dem.Führgstil |
| Unterricht/Erziehung-Qual | Unterrichtsqualität hat Vorrang - Erziehung begl. - wenig Vernetzung/Gemein. | Unterrichtsqualität+Erziehung haben Priorität - ent. ist die gemeinsame Qual. |
| Kooperationen pflegen | Kooperationen laufen über die Schulleitung | Kooperationen über Schulleitung + Beauftragte/Verantwortliche... |
| Öffentlichkeitsarbeit | Öffentlichkeitsarbeit nicht so wichtig - Schulleitung steht im Vordergrund... | Prof./gemeins./identitätsst. Öffentlichkeitsarbeit zur Profilierung i. Wettbewerb |
| Feedback-Kultur pfleg. | Feedback nicht nötig - persönliche Empfingen/ Einschätzungen reichen... | Feedback wichtig zur Optimierung d.Zusammenarbeit Für Stärkung/Motivation |
| Qualitätssich. Evaluationen | Schulleitung kontrolliert... | Schulleitung sorgt für gem. Qualitätssicherung |

© Regenthal

*Abb. 2: Grob-Vergleich von Schulleitungs-Auffassungen*

**Eine Work-Life-Balance für Schulleitungen durch ein Selbst-Coaching zeigt Ihnen** (vgl. Abb. 3)

- , wie Sie Ihre Arbeits- und Lebenssituation in der Schulleitung entlasten, professionalisieren und verbessern können. (*Schulmanagement*)
- Strategien und Methoden für ein Selbst-Coaching auf, die es ihnen ermöglichen, ihr Leben und Arbeiten bewusster selbst zu managen. (*Selbstmanagement*)
- Wege auf, wie sie mit Ihren Anforderungen und Belastungen besser umgehen können. (*Stressmanagement*)
- Anleitungen zu einem gesunden Umgang mit sich selbst. (*Gesundheitsmanagement*)
- ganz praktische Arbeitshilfen und deren Einsatz auf, um mit diesem Handwerkszeug Ihr Leben selbstverantwortlich zu gestalten. (*Lebensmanagement*)

*Abb. 3: Wie kann ich mit den neuen Herausforderungen umgehen?*

## Machen Sie doch einmal ein Experiment, um selbst eigene Erfahrungen zu bekommen

**selbst**

**bewusst**

**sein**

Ein echter Paradigma-Wechsel – aber er ist dringend notwendig, weil die bisherigen »Reformen und Versuche« nicht wirklich etwas gebracht haben.

Man kann Strukturen nicht mit jenen Denkmustern ändern, die zu diesen Strukturen geführt haben. Die Strukturprobleme und Herausforderungen für die Zukunft erfordern innovative Denkstrategien. Neue ganzheitliche Denkweisen schaffen gemeinsame *Veränderungsprozesse*, nachhaltige Erfolge und ein identitätsstiftendes Umdenken in diese Richtung.

*Den Zustand der Erfolglosigkeit überwindet man nicht dadurch, dass man das Erfolglose intensiviert. Watzlawick*

**Machen Sie doch mal ein Experiment (nicht nur darüber nachdenken, sondern es mutig machen), um die Vorteile und den Nutzen eines Selbst-Coachings direkt zu erfahrenen. Was wäre, wenn…** Sie als Schulleitung Ihr Leben und Arbeiten mit klaren Zielsetzungen, an denen sie arbeiten wollen, selbst in ihre Hand nehmen und selbst daran arbeiten – es selbst verantwortlich gestalten könnten? Zumindest SO WEIT WIE IRGENDMÖGLICH! So würde für alle Beteiligten eine ganz neue Situation entstehen, die für alle Beteiligten nur Vorteile brächte… Machen Sie daraus eine (zeitlich begrenzte) »Studie – ein Pilotprojekt«. Sie können das auch ein »Probehandeln« oder ein »Lernprojekt« nennen, um selbst eigene Erfahrungen zu sammeln.

| Selbst-Coaching für Schulleitungen – Was bringt das? | | | © Regenthal |
|---|---|---|---|
| **Nutzen für die Schulleitung** | **Nutzen für das Kollegium** | **Nutzen für die Familie** | **Wichtige Vorteile für mich:……………….** |
| Mehr Motivation und Arbeitsfreude | Mehr Motivation und Arbeitsfreude durch Vorbild | Mehr Zufriedenheit für alle und weniger Stress | z. B. Lebensfreude und Zufriedenheit und Lebenskraft |
| Bessere Gesundheit (körperlich + psychisch) | Weniger Ausfälle und Schwierigkeiten | Gemeinsames Erleben ermöglichen | z. B. Gesundheits-Bewusstsein und gute Fitness |
| Professionellere Arbeitsweise (für sich und alle Kooperations-Partner) | Gemeinsame Schulentwicklungs-Prozesse und bessere Schulorganisation | Verlässliche Zeitfenster für gemeinsame Zeit | z. B. Möglichkeiten, um meine Vorstellungen zu verwirklichen |
| Gezielte Ressourcen-Konzentration und weniger Belastungen | Sinnvoller Einsatz der Ressourcen | Weniger Stress und mehr Ruhe und gemeinsame Zeit | z. B. mehr Zeit für mich und Energie aufladen |
| Bewusstere Zielsetzungen | Transparenz und Sicherheit und klare gemeinsame Orientierung | Verständnis und Unterstützung und Absprachen | z. B. Möglichkeit, gemeinsame Schulentwicklung zu machen |
| Mehr Klarheit (für sich und andere) | Verlässlichkeit und Verbindlichkeit | Gemeinsame Perspektiven | z. B. klares Selbstbewusstsein |
| Bessere Balance zwischen beruflich und privat | Konzentration auf das Wesentliche und weniger Verzettelung | Konzentration auf die Familie und gemeinsames Erleben | z. B. mehr Ausgeglichenheit und Ruhe |
| Bessere Qualität / Ergebnisse (beruflich und privat) | Gemeinsame Erfolgserlebnisse | Gemeinsame Erfolgserlebnisse | z. B. Bestärkung der Person und der Arbeitsweisen |
| Vorbild für Kollegium und Schüler | Bessere Zusammenarbeit und Mitarbeiterführung | Rollenklärung in der Familie | z. B. Klärung der diversen Rollen (Rollenklarheit) |
| Sicherung und Profilierung der Schule für die Zukunft | Sichere Perspektive für die Schule und wertige Anerkennung der Arbeit | Zufriedenheit über schulische Arbeit schafft Zufriedenheit auch in der Familie | z. B. Klärung der Aufgaben und der Rolle der Schulleitung |
| Stärkere Identität und Persönlichkeit | Ausstrahlung und Begeisterung | Wichtiges Mitglied der Familie | Zufriedenheit und Lebensqualität |

*Abb. 4: Selbst-Coaching für Schulleitungen – Was bringt das?*

**Am besten ist es, wenn es einen direkten Anlass gibt:** Überlastung, Schwierigkeiten in der Schulleitung, Probleme zwischen Schulleitung und Kollegium oder bei der Balancefindung zwischen beruflich und privat. Um so ein Experiment mal ca. 2-3 Monate zu probieren, informieren Sie Ihre Familie und Ihre Schulleitung über Ihr Vorhaben. Beginnen Sie dann mit den einzelnen Schritten des Selbst-Coachings. Anschließend können Sie dann alles reflektieren – »Was war gut? Was war schlecht? Was habe ich gelernt und erfahren? Was will ich weitermachen? Will ich das Experiment beenden oder weiterführen und wenn JA, WIE?«

So lernen Sie die Methoden und deren Wirkungen genau kennen, erfahren neue eigene Erlebnisse und Erfolge und können letztlich dann auch besser das Selbst-Coaching einschätzen und darüber entscheiden…

## Nutzen eines Selbst-Coachings für Schulleitungen

Die vielfältigen Herausforderungen – privat und beruflich und auf einem hohen Niveau – erfordern ein professionelles Selbstmanagement, um nicht unter diesen Belastungen »zusammenzubrechen«. Die Maxime als Lösung heißt:

**Schulleitungen können und sollen ihr Arbeiten und Leben mehr selbst verantwortlich gestalten.**

Nur das ist eine praktikable, realistische, sinnvolle und wirklich wirksame Lösung. Die vielfältigen Funktionen der **Selbstverantwortlichkeit** zeigen die unterschiedlichen Bedeutungen auf:

- Ohne Selbstverantwortlichkeit gibt es keine wirklich erfolgreichen Verbesserungsprozesse.
- Ohne Selbstverantwortlichkeit kann Schule nicht gut geleitet und gemanagt werden.
- Ohne Selbstverantwortlichkeit können die Herausforderungen nicht gemeistert werden.
- Ohne Selbstverantwortlichkeit ist eine Lebens- u. auch Krisenbewältigung nicht möglich.
- Ohne Selbstverantwortlichkeit kann keine Lebens-Balance gefunden werden.
- Die Selbstverantwortlichkeit ist die Basis für eine gesunde Identitätsentwicklung.

- Die Selbstverantwortlichkeit ist für ein soziales Verhalten und ein Miteinander wichtig.
- Die Selbstverantwortlichkeit ist Grundlage für unser gesellschaftliches Zusammenleben.
- Die Selbstverantwortlichkeit ist der Ausgangspunkt für eigene Entdeckungen/ Erfahrungen.
- Die Selbstverantwortlichkeit ist die Wertegrundlage einer zukunftsorientierten Schulleitung.

**Grundlagen als Axiome:**

- Das will ich erreichen – das will ich verändern! (*Selbst-Motivation/ Wirklich-Wollen-Wollen*)
- Für meinen weiteren Lebensweg brauche ich eine Orientierung. (*einen Kompass/Fahrplan*)
- Ich muss etwas verändern, um Verbesserungen zu erreichen. (*Veränderungs-Lernprozess*)
- Den Weg gehen muss ich allein. Nur ICH kann diesen Weg selbst und verantwortlich gehen. (*Selbstverantwortlichkeit*)
- Dazu brauche ich Strategien, Methoden, Hilfsmittel, damit ich auch erfolgreich vorankomme. (*Selbst-Coaching*)

| **Was bringt mir ein Selbst-Coaching? Nutzen, Vorteile, Verbesserungen** | | **© Regenthal** |
|---|---|---|
| **Ohne Selbst-Coaching...** ☹ | **Mit Selbst-Coaching...** ☺ | **Warum Selbst-Coaching für mich gut ist...** |
| Des-Orientierung | Orientierung | |
| Verzettelung | Konzentration | |
| Hilflosigkeit | Handeln können | |
| De-Motivation | Motivation | |
| Probleme | Problemlösungen | |
| Stress | Stressbewältigung | |
| Gesundheitliche Probleme | Gesundheit | |
| Häufung der Aufgaben | Vernetzung der Aufgaben | |
| Belastungen | Entlastungen | |
| Gegeneinander der Rollen | Miteinander der Rollen | |
| Ungleichgewicht der verschiedenen *Belastungen* | Verschiedene *Herausforderungen* in der Balance – Lebensbalance | z. B. *Umsetzung meiner Vorstellungen* |

*Abb. 5: Was bringt mir ein Selbst-Coaching?*

Wenn Sie sich diese tabellarische Übersicht ansehen, sind das alles Gegensätze und Polaritäten. Natürlich ist mit einem Selbst-Coaching nicht gleich alles besser, aber es kann schneller besser werden – und diese Perspektive ist wichtig. Finden Sie für sich Ihre möglichen Verbesserungen heraus, indem Sie sich die allgemeinen Aspekte ansehen, auf Ihre Person beziehen und entsprechend genauer formulieren. Die allgemeinen Aspekte dienen also nur als Anregungen und Impulse, um sich für sich den Nutzen eines Selbst-Coachings deutlich zu machen. Entscheidend ist doch die Frage: »Was bringt *mir* ein Selbst-Coaching?« (lesen Sie dazu auch das Vorwort am Anfang)

**Ohne ein Selbstmanagement-Konzept arbeitet die Schulleitung eher ziellos und aktionistisch** Verzettelung, selbstgemachte Belastungen, Doppelungen, »Hamsterrad«, Frustration, Verzweiflung und... Zeit und Kraft für die wesentlichen Herausforderungen und das, was Ihnen wichtig ist, fehlen dann.

Ein gutes Schulmanagement allein reicht nicht aus. Die Reduktion auf nur fachliche und sachliche Strategien und Konzepte vergisst die Menschen. Durch ein professionelles Selbst-Coaching wird der Schulleitung – trotz aller Belastungen – eine gezielte, sinnvolle und verantwortliche Lebens- und Arbeitsplanung/Strategie geboten, die den wechselnden und hohen Anforderungen gerecht wird und trotzdem »Freiräume« schafft zur privaten Selbstgestaltung (um Zeit und Raum, Ruhe und Gelassenheit zu haben und nicht nur immer handeln zu müssen - vgl. dazu Abb. 6) – für eine gute Work-Life-Balance…

**Schulleitungen stehen wegen vieler Erwartungen unter ständiger besonderer Spannung**

Die vielen unterschiedlichen Erwartungen an die Schulleitung – privat und beruflich – schaffen eine besondere Anspannung. Kann ich den Anforderungen des Kollegiums, der Schulaufsicht und der vielen Kooperationspartnern entsprechen – wo stimmen wir überein und wo gehen wir auseinander? Dissonanzräume als permanente Spannungszustände belasten. Und wie steht es mit den Anforderungen der Familie, der Freunde und mit Ihren eigenen? Wenn mehrere Dissonanzräume zusammenkommen, kann das schnell zu andauernden Belastungen und Stresssituationen führen. Man steht unter Druck, etwas zu tun, um »eine harmonische Übereinstimmung« zu finden. Ein Selbst-Coaching klärt diese Belastungszustände und sorgt für Entlastungen damit.

Die Theorie der kognitiven Dissonanz (Begriff nach Festinger 1957) beschreibt das Bestreben der Menschen nach Widerspruchsfreiheit. Sie empfinden Spannungen als unangenehm und haben das Bedürfnis diese abzubauen. Kognitive Dissonanz ist ein unangenehm empfundener Gefühlszustand, der dadurch entsteht, dass ein Mensch mehrere »Kognitionen« hat – Wahrnehmungen, Gedanken, Meinungen, Einstellungen, Wünsche oder Absichten –, die nicht miteinander vereinbar sind. Derartige Zustände werden als unerträglich empfunden und erzeugen im Menschen Spannungen/Ungleichgewichte, die danach drängen, wieder in ein Gleichgewicht zu kommen. Kognitive Dissonanz tritt z. B. auf, wenn man eine Entscheidung getroffen hat, die sich doch als Fehlentscheidung erweist. Das Streben nach Gleichgewicht führt dann zu unterschiedlichen Strategien: Verhaltens- oder Einstellungsveränderung. Das Ziel: Identifikation/Übereinstimmung. (Abb. 7)

*»Mir reicht's! – Ich kann nicht mehr! Wie soll ich das alles nur aushalten?«* so gibt es in den Schulen sehr viele, die nicht mehr wissen, wie es weiter gehen soll... Die Anforderungen und Belastungen im Schulalltag sind von Jahr zu Jahr mehr geworden, komplexer und vielfältiger und zum Teil immer sinnloser. Diese Stressfaktoren zeigen natürlich Auswirkungen auf die Zusammenarbeit mit dem Kollegium und die Qualität der gesamten pädagogischen Arbeit. Zeit für das Wichtige, das Wesentliche fehlt immer mehr – die Schulleiterinnen und Schulleiter leiden darunter, aber natürlich auch die Kolleginnen und Kollegen. So kann ein gutes Schulleitungs-Selbst-Coaching auch allen dienen, die mit Schule zu tun haben...

Es wird immer deutlicher, dass »das Fass am Überlaufen ist« und die Basis für eine gute schulische Arbeit fehlt: die Gesundheit aller Beteiligten. Eine gute Schulqualität braucht eine gute Schulleitung und die braucht ein professionelles, einfaches und entlastendes Selbst-Coaching – nicht nur als Schulmanagement, sondern auch als Abstimmung zu ihrem Privatleben. Auf aufbauende Grundlagen, Bedingungen und Unterstützungen für die Anforderungen im Rahmen der selbstverantwortlichen Schule werden wir wahrscheinlich endlos warten... Was also tun? Wie geht es weiter?

**Selbstverantwortliche Schule – quo vadis?**

- Immer mehr neue Aufgaben und Ansprüche
- Komplexe Belastungen und permanenter Stress
- Sinnlose Anforderungen und Überprüfungen
- Weniger Zeit und Entscheidungsfreiheit
- Widersprüchliche Polaritäten
- Orientierungslosigkeit, Verunsicherungen
- Frustration, Demotivation, Rückzug...

**»Ich will mein Leben bewusst und verantwortlich selbst bewusst gestalten!«**

## Wie muss ein Selbst-Coaching aufgebaut sein?

Ein professionelles Selbstmanagement muss über ein reines Zeitmanagement alter Art weit hinausgehen. Es muss ein Selbst-Coaching werden, damit es ganzheitlich alle Aspekte miteinander verbindet und den heutigen Anforderungen gerecht wird. Und das mündet automatisch ein in einen Identitätsprozess, weil Ihre Lebensziele richtungsweisend und grundlegend für alle Entscheidungen sind. Ein **Selbst-Coaching**

- *muss einfach sein*, damit es nicht noch mehr belastet und damit es funktioniert – nicht kompliziert.
- *muss alles miteinander vernetzen*, damit nicht noch mehr aufgehäuft wird und zur Verzettelung und zum »blinden Aktionismus« führt. Damit sich die Maßnahmen und Projekte nicht gegenseitig in ihren Wirkungen behindern, aufeinander aufbauen und miteinander vernetzt sind.
- *muss flexibel sein*, damit nicht etwas übergestülpt wird. Damit Sie selbst nach Bedarf entscheiden können, was Sie wann machen.
- *muss entlastend sein*, damit nicht noch mehr – ev. sogar sinnlose – Belastungen dazu kommen. Damit sich die Nutzen und Vorteile auch wirklich einstellen. Damit es sich lohnt.
- *muss persönlich sein*, damit Sie nicht allgemeine Anleitungen bekommen (darf also nicht fremdbestimmt sein), die für Sie nicht passen. Damit Sie Ihre ganz spezifische Identität bewusst machen und profilieren können. Damit Sie sich selbst erkennen und identifizieren können. Es muss persönlich sein, damit es auch bei Ihnen wirkt – muss auch veränderbar und anpassbar sein, damit es Ihnen gefällt und für Sie passend ist.

Das Konzept umfasst ganz konkrete, einfache und entlastende *Coaching-Arbeitshilfen*. (Praxishilfen, Methoden, Arbeitshilfen und Checklisten mit konkreten Beispielen und zum direkten Ausprobieren…)

Alle Coaching-Methoden sind direkt miteinander verbunden und schaffen in nur 5 Arbeitsschritten ein einfaches und faszinierendes Gestaltungskonzept, das durch kurze unterstützende Hintergrundinformationen ergänzt wird. Das Konzept holt die Schulleitungen ab aus ihrem Alltag und schafft für sie eine stärkende, unterstützende und inspirierende Orientierung…

**Das Selbst-Coaching geht in 5 Schritten vor:**

1. Wo will ich hin und wo bin ich jetzt?
2. Auf welche Ziele konzentriere ich mich?
3. Wie kann ich Meilensteine festhalten und mit Problemen und Widerständen fertig werden?

4. Was muss ich konkret zur Umsetzung tun?
5. Wie kann ich meinen Weg reflektieren und überprüfen?

**Tipp:** Für Schulleitungen wäre es auch gut, wenn Sie diese erprobten Selbst-Coaching-Methoden auch anderen Mitgliedern der Schulleitung und dem Kollegium zur Verfügung stellen könnten – als Impuls, Unterstützung und für eine gute Zusammenarbeit. Wenn Sie diese Methoden und professionellen Arbeitsweisen auch auf die Schule übertragen können, schaffen Sie damit hohe Lern- und Synergieeffekte. Gerade die Übertragbarkeit für Schulorganisation und Schulentwicklung erleichtert das Arbeiten damit – Sie lernen noch besser damit umzugehen... Übertragen Sie doch Ihre persönlichen Erfahrungen auf die ganze Schule – es geht schneller und einfacher und ist viel persönlicher und authentischer.

*Wir können nicht gegen die Zeit leben, sondern nur mit und in ihr. Finden Sie Ihre eigene Zeit. Begegnen wir der Zeit, wie sie uns sucht. W. Shakespeare*

**Gestalten - zulassen - leben
das ist meine Aufgabe**

Die Balance zu finden zwischen MÜSSEN + WOLLEN (gestalten) - ENTDECKEN + ERFAHREN (zulassen) und LEBEN + GELEBT WERDEN (leben) ist nicht einfach, aber macht letztlich unser privates Leben aus. Diese Identität kann ganz unterschiedliche Ausrichtungen, Schwerpunkte und ganz besondere Profile schaffen. Selbstbewusstsein, Klarheit, Sicherheit, Motivation und Erfolge können nur von jedem in diesem Handlungsspielraum selbst verantwortlich und bewusst mit gestaltet werden. Je mehr das jeder bewusst gestaltet, um so besser kann er mit Anforderungen und Schwierigkeiten in seinem Leben umgehen.



*Abb. 6: Gestalten – zulassen – leben – das ist meine Aufgabe*

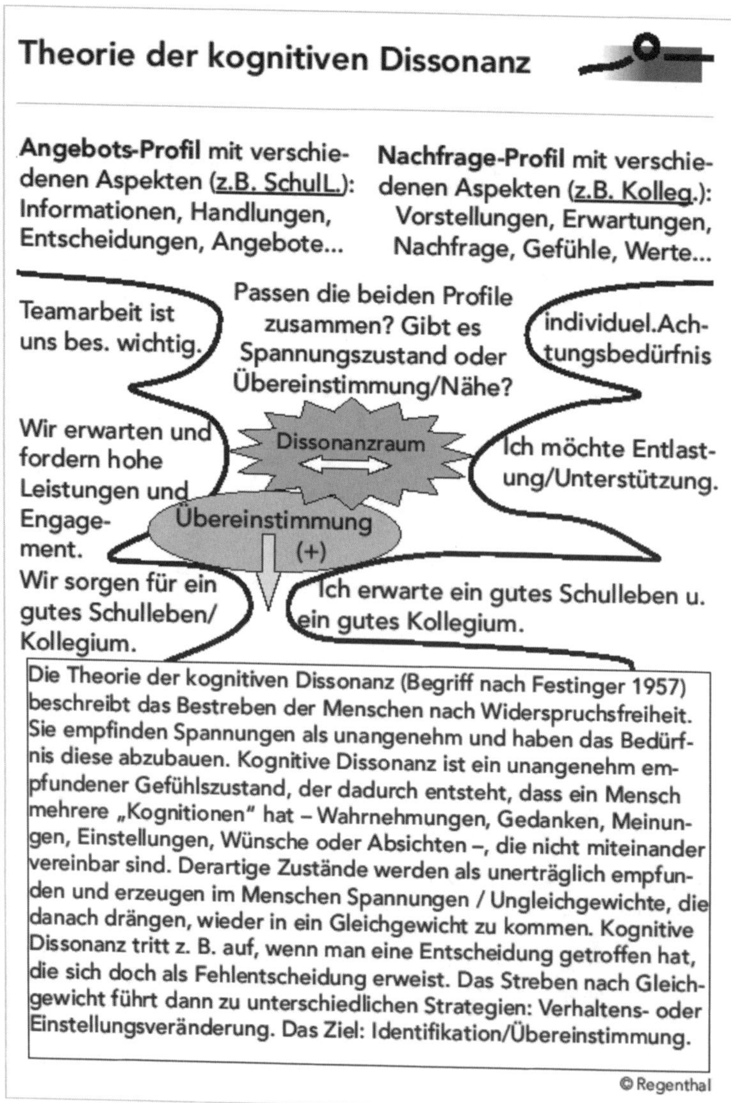


*Abb. 7: Theorie der kognitiven Dissonanz*

# 5 Wie funktioniert ein Selbst-Coaching?

Die Zeit der permanenten Anspannung und Auseinandersetzung ist jetzt vorbei. Sie gewinnen eine gute Work-Live-Balance – Zeit und Raum für sich und Ihr Leben. Es beginnt mit einer Bewusstmachung und geht über klare Ziele und kleinen Schritten hin zu einer selbstgesteuerten Veränderung. »SIE nehmen das Heft des Handelns in die Hand!« Sie entscheiden und setzen es verantwortlich um.

**Es beginnt ein identitätsstiftender Dialog mit sich selbst.**

Dieser reflektierende Dialog hilft Ihnen, sich deutlicher und stärker auf das zu konzentrieren, was Ihnen wichtig ist. Die Herausforderungen bleiben – aber Sie lernen damit bewusst und verantwortlich so umzugehen, dass sie Sie nicht mehr so stark belasten und verunsichern. Es geht um Ihr Leben…

### Zur Vorbereitung und Einstimmung

**Vorschlag zur Vorgehensweise:** Sie können alles verändern, anpassen und ergänzen – auch die vorgeschlagene Vorgehensweise und die Alternativen und Ergänzungen…

**Wie sind Sie vorgegangen?**

- *Haben Sie die allgemeinen Grundlagen und Einführungen in die Thematik vorher gelesen? Dann haben Sie einen Überblick, ein Gespür und eine Anleitung für das Selbst-Coaching bekommen und können jetzt ganz praktisch anfangen.*
- *Wenn Sie jetzt gleich direkt mit dem Selbst-Coaching beginnen, ist das auch möglich. Sie sollten dann zu den einzelnen Aspekten – z. B. zu den Gewohnheiten oder zu der Stressbewältigung – vorn zur Ergänzung und Vertiefung nachlesen.*
- *Manchmal kann es auch gut sein – egal, wie Sie angefangen haben – nach Bedarf doch noch mal wieder nachzulesen – zur Erweiterung und Stärkung – zum besseren Verständnis…*

### Selbst-Coaching für Schulleitungen – Was bringt mir das?

Mit der Abb. 4 Selbst-Coaching für Schulleitungen und Abb. 5 Was bringt mir ein Selbst-Coaching? aus dem vorherigen Kapitel – klären und herausfinden, welche Vorteile und welchen Nutzen das Selbst-Coaching bringt und sich motivieren, damit zu arbeiten. Sie können sich auch noch einmal die allgemeinen Grundlagen vorher ansehen und für sich aktuell klären, *warum* Sie mit dem Selbst-Coaching starten wollen? *Ein klares WARUM wäre ein guter Einstieg.*

*Selbst-Caching – warum – wozu? Anlässe, Bedeutungen und Funktionen für sich vorher bewusstmachen…*

**Selbstcoaching – wie geht das? Sich einen ersten Überblick verschaffen…**

Mit der Abb. A Mein Selbstbild, Fremdbild und mein Verhalten, (hier besonders die verschiedenen Sichtweisen beachten, die vernetzt werden sollten) Abb. B Das Selbstcoaching-Konzept I (Methoden im Zusammenhang und als sinnvolles Konzept) und Abb. C Das Selbstcoaching-Konzept II (Arbeitsblatt) einen allgemeinen Überblick über das Vorgehen bekommen. Mit der Abb. C Das Selbstcoachingkonzept II (Arbeitsblatt) können Sie Ihre individuelle Vorgehensweise und erste Zwischenschritte sowie Teilergebnisse festhalten. Mit der Abb. D Die AMC-Strategie – können Sie allgemein ein professionelles Vorgehen sehen, das sich durch seine Klarheit und Sinnhaftigkeit bestens bewährtes hat und auch für ein Selbstmanagement eine gute Grundlage ist.

**Ich brauche für die Gestaltung meines Lebens einen Kompass. Selbstcoaching in 5 Schritten als Überblick:**

*Es beginnt ein identitätsstiftender Dialog mit sich selbst – der wichtige Wege und Entscheidungen bewusst macht und Sie wie »ein kritischer Freund« begleitet…*

1. **Wo will ich hin? Was will ich verändern?**
   Mit einer Selbstreflexion Ihr Leben reflektieren und Aspekte finden, an denen Sie arbeiten oder die Sie verändern wollen. Von den Wünschen, der Vision zu den Zielen – zu konkreten Zielen und einer Work-Life-Balance…

2. **Welche Ziele will ich erreichen?**
   Mit der Spinnenanalyse Lebensgrundsätze festlegen und durch eine Ist- und Soll-Analyse zu konkreten Zielen kommen, an denen Sie direkt arbeiten wollen. Nach Bedarf ev. Unterspinnen zur Konkretion machen.

3. **Welchen Weg kann ich gehen und welche Schritte muss ich tun, um mein Ziel zu erreichen?**

Mit der Kraftfeldanalyse eine genaue Vorgehensweise entwickeln als Aktions- oder Strategieplan. Prioritäten setzen und mögliche Probleme beachten.

4. **Was muss ich konkret wann tun?**
   Mit einem Projektmanagement die gefundenen Maßnahmen in ein Umsetzungsplan einarbeiten und motiviert und verlässlich umsetzen. Umgang mit Widerständen. Selbstdisziplin, Gewohnheiten… beachten.

5. **War mein Weg erfolgreich und gut? Was habe ich gelernt? Wie geht es weiter?**
   Mit der Spinnenanalyse (Hauptspinne, Unterspinnen) nach der Umsetzung als Soll-Ist-Vergleich die Verbesserungen bewusstmachen und neue Ziele festlegen. Da capo – es beginnt ein zweiter Durchgang – der alles verfeinert, ergänzt und festigt…

ANLAGEN und ALTERNATIVEN für das Selbst-Coaching (alle Abbildungen, die über die 5 Haupt-Methoden hinausgehen) können Sie zusätzlich zur Information, Alternative, Ergänzung und für einen Gebrauch beim zweiten Durchgang auswählen und dazunehmen…

## Mein Selbstbild, Fremdbild und mein Verhalten

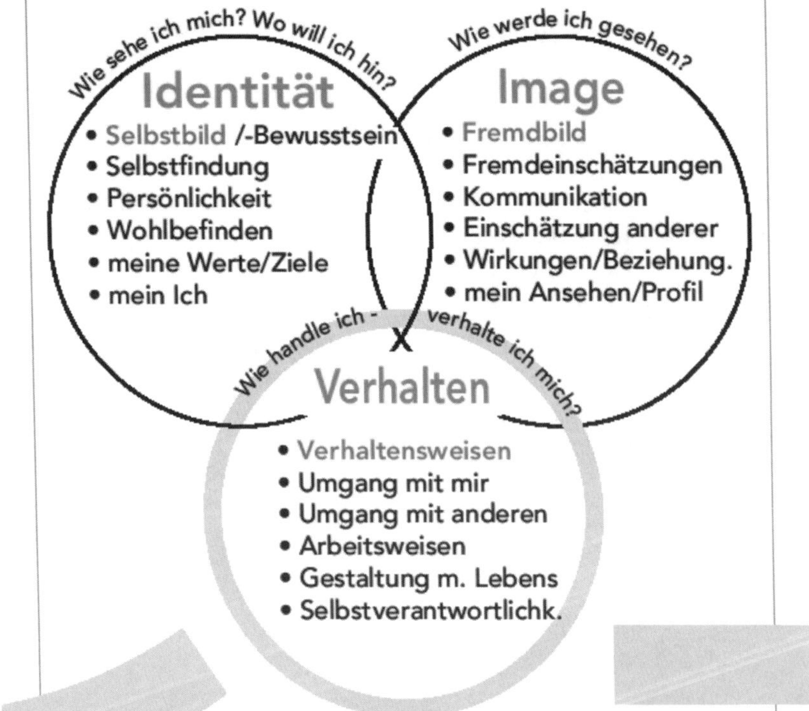


Grundlage einer erfolgreichen Persönlichkeitsentwicklung sind klare Zielsetzungen, ein kritisches Selbstbewusstsein und ein achtsames Empfinden für sich. Diese Identität schafft Motivation, Kraft und Sicherheit und kann von anderen auch besser wahrgenommen werden. Eine klare Identität sorgt somit auch für eine gute Kommunikation und Beziehung zu anderen. Du kannst also direkt an dir arbeiten und verantwortlich dein Leben selbst gestalten! Das Ziel ist eine möglichst große Übereinstimmung von Selbstbild, Fremdbild und Verhaltensweisen - dann wirst du zufriedener sein...

© Regenthal

*Abb. A: Mein Selbstbild, Fremdbild und mein Verhalten*

*Abb. B: Das Selbstcoaching-Konzept I (Methoden)*

*Abb. C: Das Selbstcoaching-Konzept II (Arbeitsblatt)*

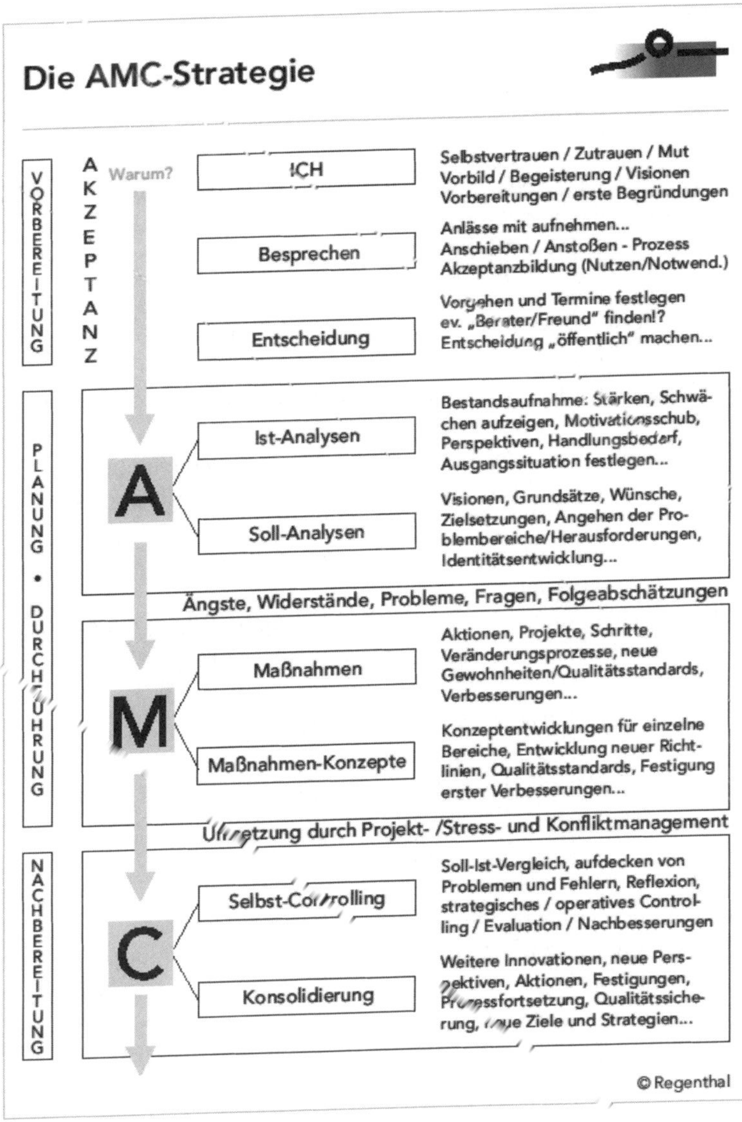


*Abb. D: Die AMC-Strategie*

## So geht Selbst-Coaching in 5 Schritten

**So kann es konkret gehen!**

(vgl. Sie dazu als Überblick und Anleitung die Abb. B und C Das Selbstcoaching-Konzept I und II)

**Selbst-Coaching in 5 Schritten – diese fünf Schritte sind das GRUNDGERÜST des Selbst-Coachings als minimale Stufen, die Sie flexibel und nach Bedarf durch Alternativen und Erweiterungen persönlich ergänzen können…**

**Kurzüberblick in 10 Schritten – so können Sie vorgehen – mit alternativen Wahlmöglichkeiten**:

(1) **1 Selbstreflexion** zur Einstimmung und Bewusstmachung möglicher Stärken und Schwächen

(2) Persönliche Zielvorstellungen und Kriterien ableiten, in Ihre Lebensspinne übertragen und daraus **2 Ihre Hauptspinne** (Lebensspinne) entwickeln

(3) **Lebens- (Haupt-) spinne** mit Noten bewerten (Selbst- und ev. auch Fremdeinschätzung)

(4) Mit der Lebensspinne Stärken und Schwächen finden (**Ist-Analyse**)

(5) **Ihre individuellen Ziele** festlegen, an denen Sie arbeiten wollen (**Soll-Analyse**)

(6) WAHL: Ev. /alternativ zu der Zielsetzung eine genauere **Unterspinne** machen

(7) Mit der **3 Kraftfeldanalyse** einen Aktions- und Strategieplan für Ihren Weg erarbeiten

(8) Mit dem **4 Projektmanagement** für die konkrete Umsetzung sorgen, ev. Unterspinne machen

(9) Anschließend mit der Spinnenanalyse (Haupt-/Unterspinne) einen **5 Soll-Ist-Vergleich** machen, **neue Ziele** festlegen und wie oben weitermachen

(10) WAHL: Ev. /alternativ mit der **ZUG-Methode** Ihren Weg und die Ergebnisse reflektieren

**Tipp:** Ihr persönliches Vorgehen sollte Sie zur besseren Umsetzung schriftlich festhalten: Entweder in der Abb. C Das Selbstcoaching-Konzept II (Arbeitsblatt) und/oder in der folgenden Tabelle.

| **Überblick für das Vorgehen beim Selbst-Coaching ©Regenthal** | | | | | |
|---|---|---|---|---|---|
| **Nr.** | **Phasen** | **Mögliche Methoden** | **Mögliche Ergebnisse** | **Meine Methoden** | **Meine Ergeb-nisse** |
| 1 | Vorbereitung Akzeptanz Motivation | Selbstreflexion, ZUG-Methode | Motivation, Selbstverantwortung, Handlungsbedarfe | | |
| 2 | Ist-Soll-Analyse, Zielfindung | Lebensspinne, Spinnenanalyse, Unterspinne, smart | Eckwerte des Lebens, Vision u. Wirklichkeit, konkretes Ziel formul. | | |
| 3 | Strategische Planung | Kraftfeldanalyse, Rasteranalyse | Mögliche Maßnahmenfindung | | |
| 4 | Konkrete Umsetzung | Projektmanagement, Handlungsplan | Konkrete Umsetzung der Maßnahmen | | |
| 5 | Soll-Ist-Ver-gleich Reflexion | Lebensspinne Unterspinne, ZUG-Methode | Veränderungen, Erfolge, LERNPROZESS | | |
| ... | *Kont. Verbess.-Prozess* | *Neue Ziele finden...* | *Gelerntes erweitern und festigen...* | | |

*Abb. E: Überblick für das Vorgehen beim Selbst-Coaching*

## Selbstreflexion in 10 Schritten

**Anleitung zur schnellen Selbstreflexion: Schreiben Sie spontan ca.10 Dinge auf, die in Ihrem Leben gut sind (Pluspunkte wie Gesundheit, Hobby) und ca. 10 Dinge, die Sie sich anders wünschen würden (Minuspunkte wie mehr Sport, Freunde, Stressabbau).**

| Pluspunkte in meinem Leben | | Minuspunkte in meinem Leben |
|---|---|---|
| | 1 | |
| | 2 | |
| | 3 | |
| | 4 | |
| | 5 | |
| | 6 | |
| | 7 | |
| | 8 | |
| | 9 | |
| | 10 | |

**Schätzen Sie die einzelnen Aspekte ein. Treffen Sie durch das Vergeben von Buchstaben kleine Entscheidungen, wie Sie mit Ihrer augenblicklichen Situation in Ihrem Leben umgehen wollen. Dadurch gewinnen Sie ein anderes Bewusstsein, mehr Klarheit und Gestaltungsmöglichkeiten für Ihr Leben: (L) Davon möchte ich noch mehr haben und dafür etwas tun. (I) Das will ich bewusst und dankbar genießen. (E) Das kann oder will ich nicht ändern - ich akzeptiere das. (B) Das will ich ändern, aber erst später - ich akzeptiere das bis dahin. (E) Das will ich als nächstes ändern und konkret angehen.**

© Regenthal

*Abb. 1: Selbstreflexion in 10 Schritten*

## Das Schattenkonzept

**Eine Methode zur Selbsterkenntnis - wie in einen Spiegel schauen...**

Alles, was uns an anderen irritiert, kann zu einem besseren Verständnis unseres Selbst führen. Carl G. Jung

**"Der Schatten ist sozusagen die dunkle, im Schatten liegende Seite der Persönlichkeit. Er ist Teil des Ich-nahen persönlichen Unbewussten und setzt sich aus all jenen, mit den bewussten Identifikationen des Ich unvereinbaren Aspekten, Neigungen und Eigenschaften eines Menschen zusammen. Solange keine bewusste Auseinandersetzung des Ich mit diesem unbewussten Schatten stattgefunden hat, kann dieser nur außerhalb des Ich wahrgenommen werden und wird deshalb häufig auf andere Personen projiziert (Schattenkonzept)."** Aus: www.wikipedia.org

**"Alle Menschen und Ereignisse, die Sie liebenswert, liebevoll, zärtlich, hingebungsvoll, umsichtig, mitfühlend, schön, bewundernswert, attraktiv, großartig und herrlich finden, spiegeln das wieder, was an Ihnen liebenswert, liebevoll, zärtlich, hingebungsvoll, umsichtig, mitfühlend, schön, bewundernswert, attraktiv, großartig und herrlich ist. Wir projizieren irgendwas in andere hinein und das zeigt uns, wie wir selbst sind...**

**Wenn Sie das nächste Mal über einen anderen Menschen denken: 'Ich verabscheue ihn', dann fragen Sie sich: 'Was hat dieser Mensch an sich, das mich an etwas erinnert, das ich an mir selbst verabscheue?' Und das nächste Mal, wenn Sie über einen Mitmenschen denken: 'Der gefällt mir', dann sollten Sie sich fragen: 'Was finde ich an mir besonders sympathisch, das dieser Mensch auch an sich hat?'.**

**Die Antworten - und das Akzeptieren der Antworten - sind die Fundamente für positive, sinnvolle Beziehungen zu anderen, aber auch zu uns selbst."** Aus: Roger / Mc Willams: Das 1 x 1 des Lebens. Alles über das Leben, was wir gern in der Schule gelernt hätten, aber nicht gelernt haben. Frankfurt a. M. / Berlin 1992, S. 149, 153 - 155



*Abb. 1a: Das Schattenkonzept*

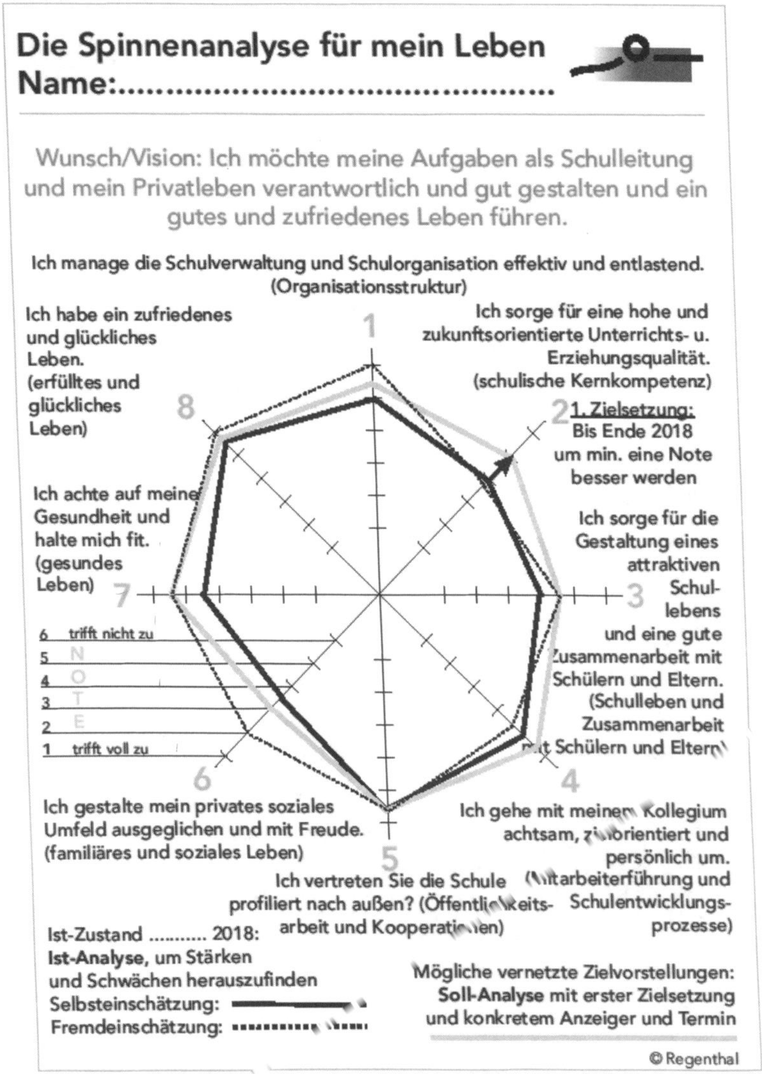


*Abb. 2: Die Spinnenanalyse für mein Leben (Hauptspinne)*

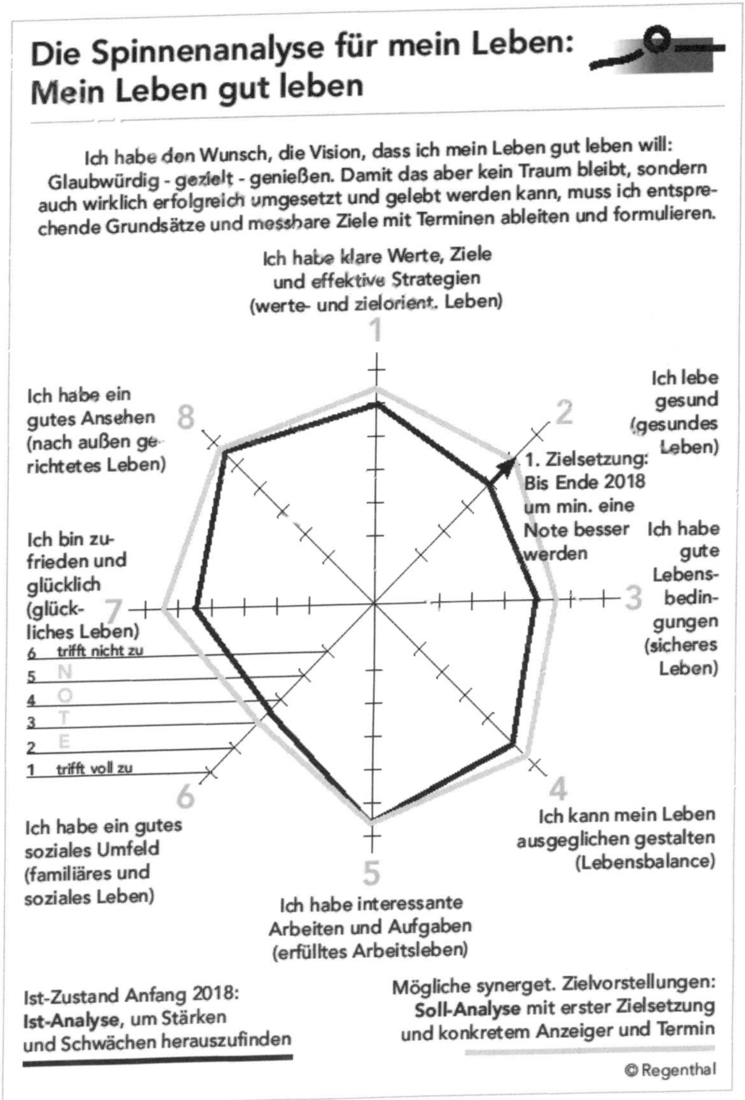


*Abb. 2.0: Die Spinnenanalyse für mein Leben: Mein Leben gut leben*

| Kriterien | Selbst | Grp2 | Grp3 |
|---|---|---|---|
| Organisation | 1,83 | 2,67 | 2,00 |
| Unterricht | 2,80 | 2,00 | 3,38 |
| Schulleben | 2,50 | 2,17 | 2,75 |
| Kollegium | 2,83 | 3,14 | 2,00 |
| Image | 1,60 | 1,71 | 4,43 |
| Soz. Umfeld | 1,20 | 3,71 | 2,13 |
| Gesundheit | 1,40 | 1,63 | 3,00 |
| Zufriedenheit | 1,43 | 3,29 | 1,67 |

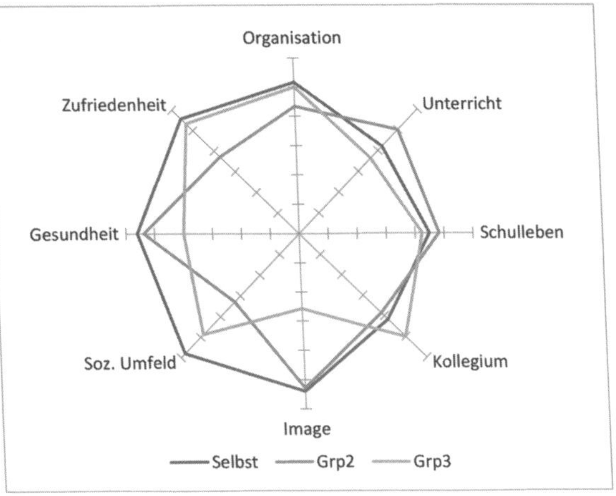


*Abb. 2.1: Spinnenanalyse (Hauptspinne)*

## Mögliche Kriterien:

- Organisation
- Unterrichtsqualität
- Schulleben
- Umgang mit Kollegium
- Öffentlichkeitsarbeit
- Soziales Umfeld und Familie
- Gesundheit
- Zufriedenheit und Lebensqualität…

## Die Spinnenanalyse für mein Leben
**Name:......................................**

**Mein Wunsch:**..............................................................................
..............................................................................................

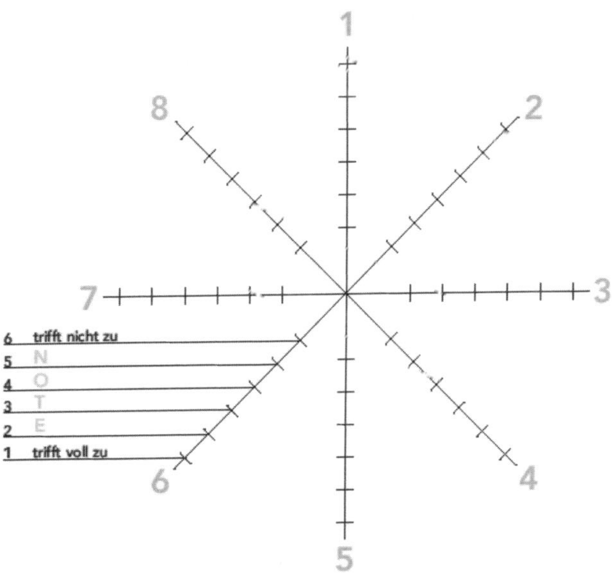


Ist-Zustand ........... 2018:
**Ist-Analyse**, um Stärken
und Schwächen herauszufinden
Selbsteinschätzung:
Fremdeinschätzung:

Mögliche vernetzte Zielvorstellungen:
**Soll-Analyse** mit erster Zielsetzung
und konkretem Anzeiger und Termin



*Abb. 2a: Die Spinnenanalyse für mein Leben (Hauptspinne) (Arbeitsblatt)*

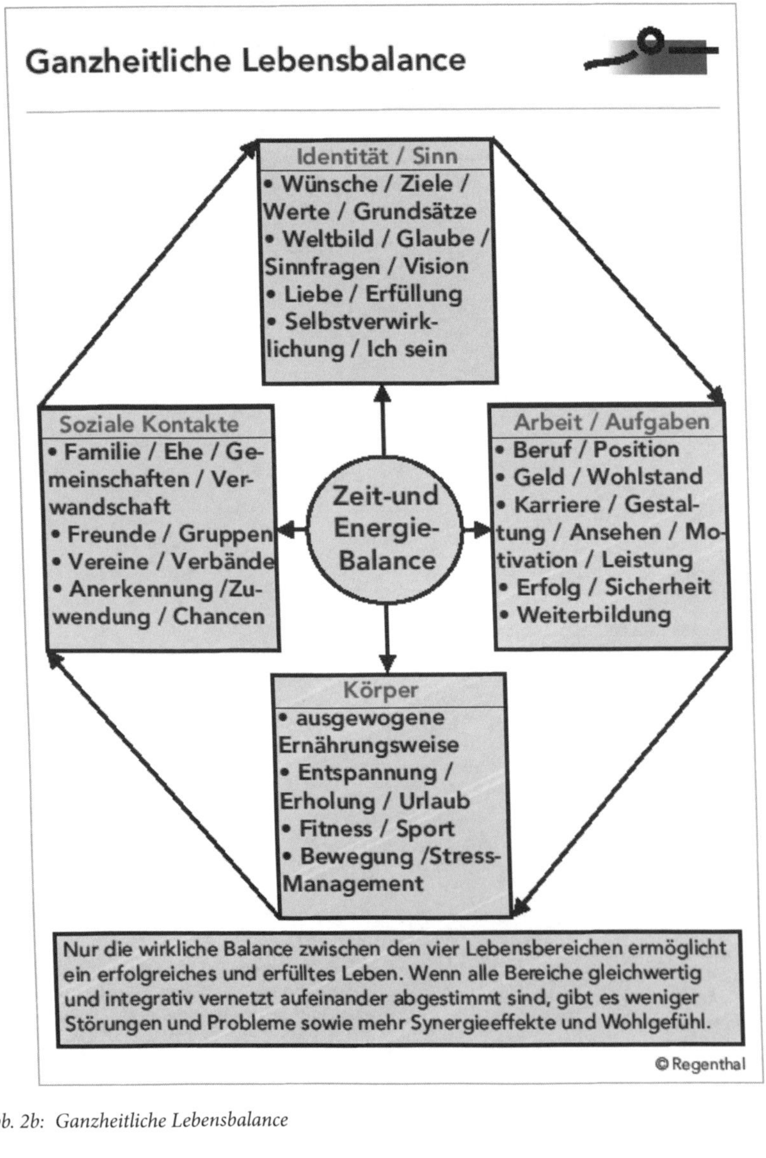


*Abb. 2b: Ganzheitliche Lebensbalance*

## Zielsetzungen smart formulieren

Zielsetz. smart formulieren: Ich mache jeden Tag min.10 Min. Sport

**S = Spezifisch:** nicht: Ich will mehr Sport machen. Ich **jogge heute.**
- positiv und aktiv formulieren, nicht negativ
- so konkret wie möglich mit genauen Anzeigern
- direkt auf das Ergebnis ausgerichtet, keine allgemeinen Aussagen
- in kleinen Schritten, Meilensteine auf dem Weg zur Vision
- identitätsstiftend und persönlich: Ich- und Wir-Sätze

**M = Messbar:** nicht: Ich jogge. Ich jogge heute **30 Minuten.**
- auf Visionen ausgerichtet, Wünsche aufnehmend - aber konkretisieren
- werteorientiert, auf Grundsätze und Regeln aufbauend
- Stärken bestärken - Schwächen abbauen
- nach Prioritäten geordnet, aufeinander abgestimmt
- mit konkreten Messgrößenanzeigern, überprüfbar

**A = Aktionsorientiert:** nicht: Ich möchte... Ich **jogge** heute 30 Minuten.
- verständlich, konkrete Handlung oder Aktion ansprechen
- eindeutig, direkt und dadurch selbstbewusst und motivierend
- einfach, reduziert, Großes in kleine Portionen aufteilen
- transparent, Anderen mitteilen als Verstärkung
- möglichst schriftlich und ohne "wollen/versuchen" - so verbindlicher

**R = Realistisch:** nicht: Jeden Tag 20 km. Ich mache **min.10 Min. Sport.**
- erreichbar, realistischer - lieber Minimalziele als Maximalziele
- flexibel, veränderbar, erweiterbar und letztlich bestärkend
- terminiert, zeitlich festgelegt, kontinuierlich
- verantwortlich, authentisch, nicht überfordernd
- in Alternativen umsetzbar, damit keine Frustrationen aufbauend

**T = Terminiert:** nicht: Ich jogge mal. Ich mache **jeden Tag** min.10 Min. Sport.
- überprüfbar, messbar - mit fachlichen und/oder zeitlichen Messgrößen
- Soll-Ist-Vergleich, reflektierbar, vergleichbar, kontrollierbar
- verbindlich, konsequent, glaubwürdig, langfristiger, nachhaltig
- motivierend, selbstbewusster machend, stärkend und kontinuierlicher
- neue Ziele und Standards entwickelnd, Perspektiven aufzeigend

Klare, konkrete Ziele geben uns Orientierung, Sicherheit und Motivation und können besser erreicht werden. Zielsetzungen als Wünsche und Träume formuliert, bleiben Wunsch-Träume, die nicht realisiert und überprüft werden können.

© Regenthal

*Abb. 2c: Zielsetzungen smart formulieren*

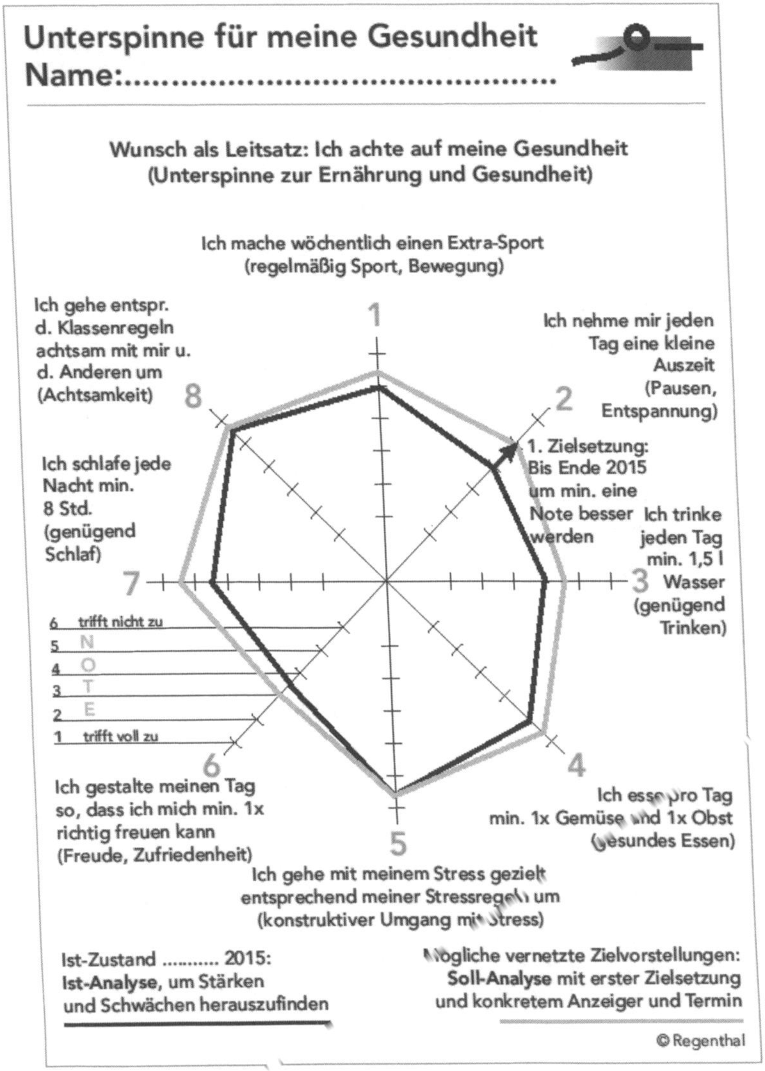


*Abb. 2d: Unterspinne für meine Gesundheit NUUU*

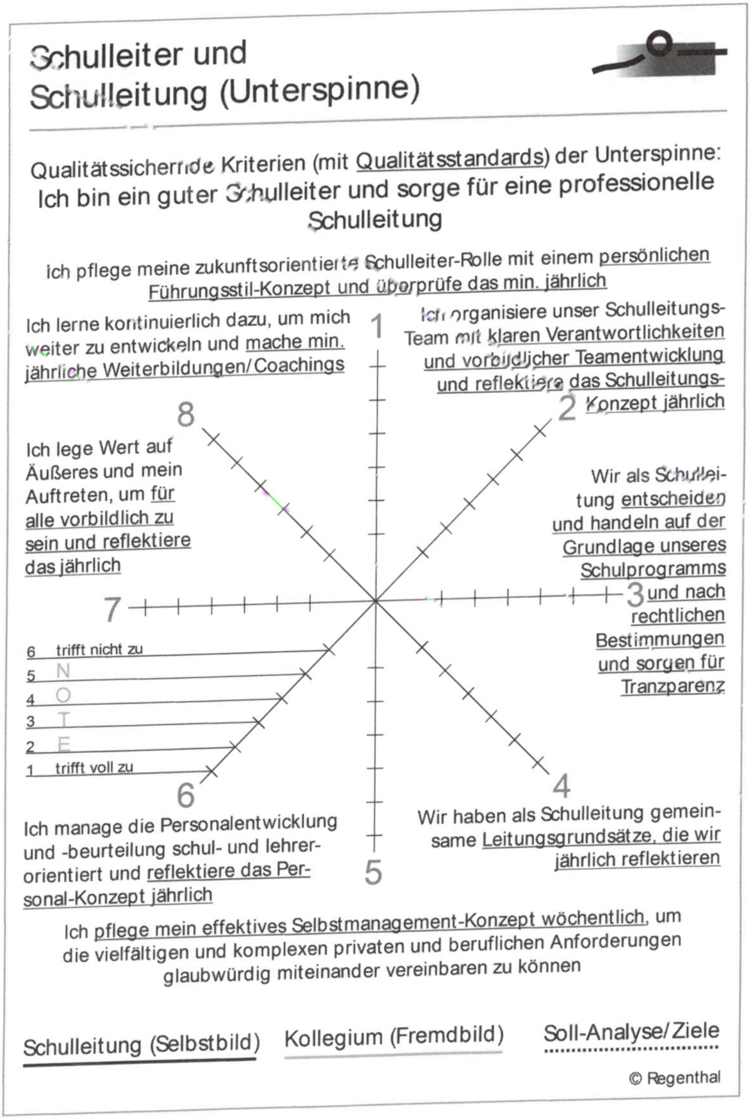


*Abb. 2d.1: Schulleiter und Schulleitung (Unterspinne)*

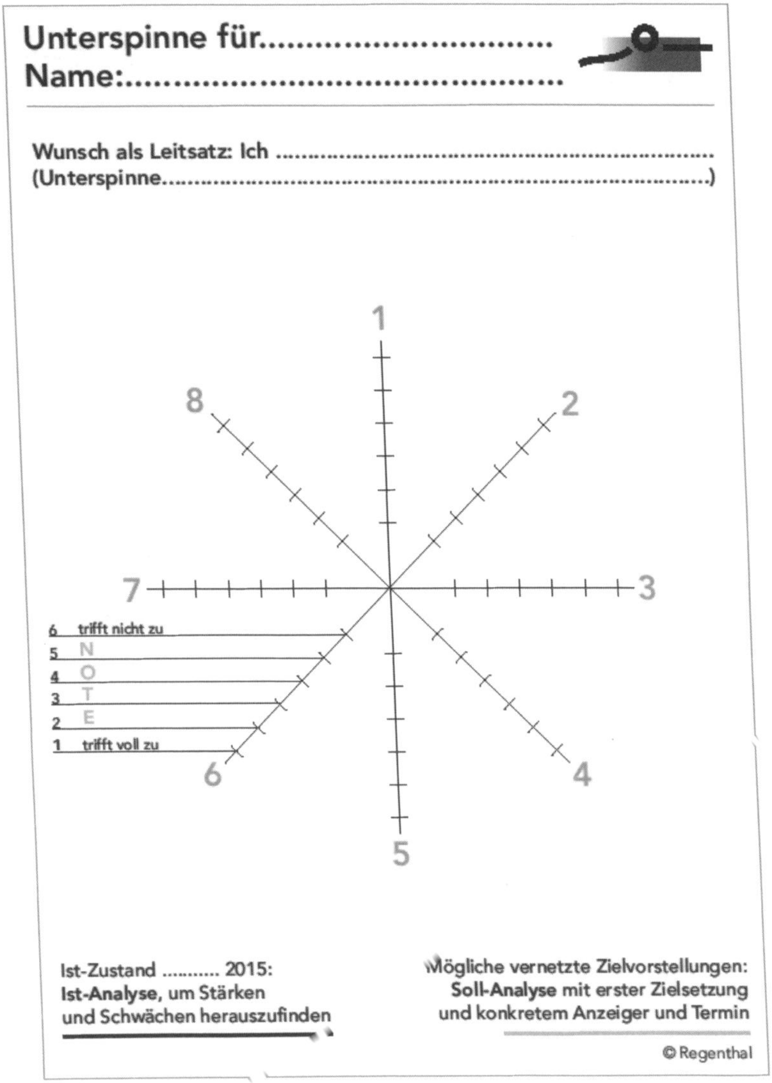


*Abb. 2e: Unterspinne für (Arbeitsblatt)*

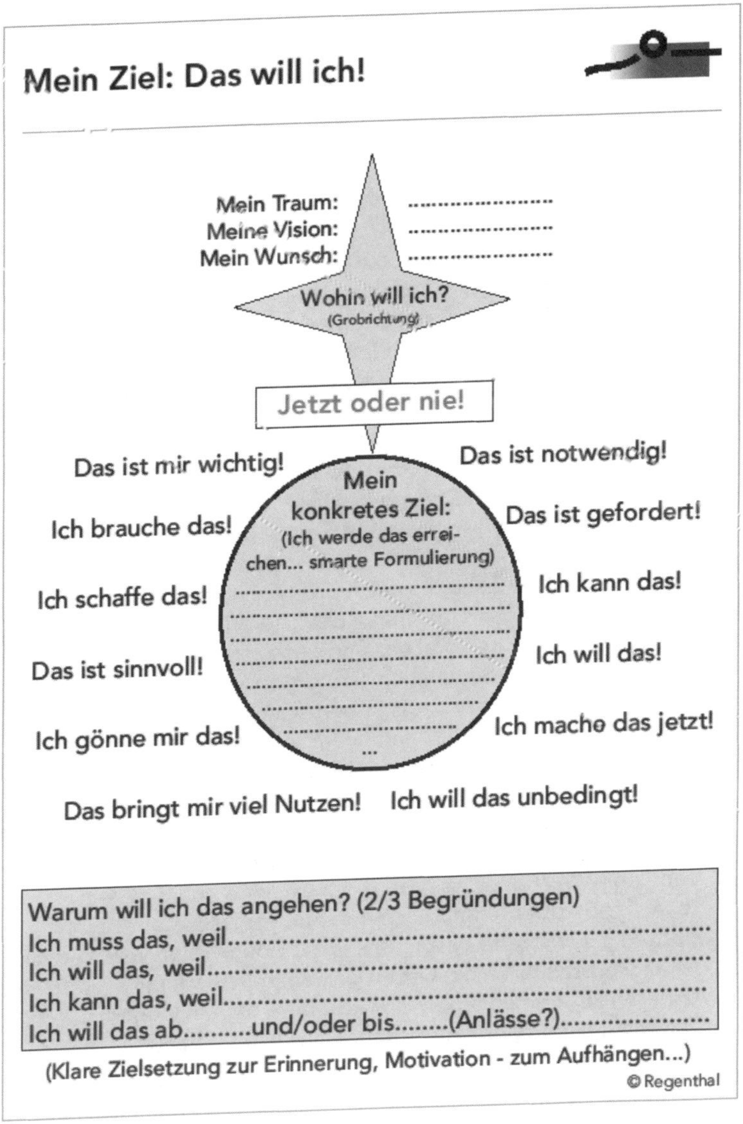


*Abb. 2f: Mein Ziel: Das will ich! (Arbeitsblatt)*

## Mein Lebenziel...

**Was ist mein Lebenstraum**, meine Vision oder meine Mission - das was ich eigentlich gern in meinem Leben machen würde - was ist meine wirkliche Lebensaufgabe? Was ist mir wichtig, wofür setze ich mich ein, was gibt mir Kraft, Mut und Begeisterung dafür zu kämpfen? Wie kann ich für mich das alles zusammenfassen und bewusst machen, damit ich mich nicht verzettele, mich nicht verliere und mich darauf konzentrieren kann?

**Diese Fragen müssten beantwortet werden**: Kann ich mein ganz persönliches Lebensziel mit zwei, drei Schlagworten oder in einem Satz formulieren? Wer bin ich - wer will ich sein? Eine schwierige Frage. Eine klare Antwort könnte mir aber Sicherheit, Orientierung und Stärke geben. Wenn ich für mich eine Antwort formulieren könnte, würde ich die vielen Entscheidungen auf meinem Lebensweg einfacher und besser darauf ausrichten können, dadurch auch erfolgreicher und mit einem besseren Gefühl mein Leben leben können. Ich hätte ein sinnerfülltes Leben.

**Lieber Werte und Ziele unvollständig formulieren...**

**Wie könnten die Antworten aussehen?** Es ist besser eine Antwort zu finden, die ich verändern kann, als gar keine zu haben: Ich will anderen helfen. Ich will frei leben. Ich will Schönes gestalten. Ich will eine interessante Aufgabe übernehmen. Ich möchte viel Neues entdecken. Ich will eine besondere Idee, einen Traum verwirklichen. Ich will mein Leben genießen. Ich will mit anderen zusammen leben und arbeiten. Ich will jeden Tag mein Leben neu entdecken. Ich will...



*Abb. 2g: Mein Lebensziel*

**Tipp: Jetzt geht es los. Was sollten/könnten Sie tun und in welcher Reihenfolge?**

Zuerst gibt es ***Beispiele und Vorschläge*** und direkt dazu dann ***Arbeitsblätter***, in denen Sie diesen Schritt gleich für sich umsetzen können. Zum Ausprobieren/ Versuchen (das können Sie dann noch leichter verändern) oder auch gleich als konkreten Schritt für Ihren Weg (auch der ist natürlich veränderbar – gerade, wenn Sie bei den weiteren Schritten zurücksehen und/oder beim zweiten Durchgang).

Beachte Sie die vorgeschlagenen ***Vorgehens- und Arbeitsweisen mit den Arbeitsblättern:*** Abb. 2 Die Spinnenanalyse für mein Leben (Hauptspinne), Abb. 2a Die Spinnenanalyse für mein Leben (Hauptspinne) (Arbeitsblatt), Abb. 2b Ganzheitliche Lebensbalance, Abb. 2c Zielsetzungen smart formulieren, Abb. 2d Unterspinne für meine Gesundheit, Abb. 2e Unterspinne für … (Arbeitsblatt), Abb. 2f Mein Ziel: Das will ich!, Abb. 2g Spinnenanalyse für mein Leben (Hauptspinne) mit EXCEL, Abb. 3 Kraftfeldanalyse, Abb. 3b Rasteranalyse, Abb. 3c Rasteranalyse (Arbeitsblatt), Abb. 4 Projektmanagement usw… ***(vgl. dazu auch die direkten Anleitungen in einigen Arbeitsblättern und die Abbildungen, die zur Information und Ergänzung dienen…)***

## 5.1 Wo will ich hin? Was will ich verändern?

Die erste Phase dient zur Einstimmung und Grobanalyse. »An welchen Aspekten Ihres Lebens wollen Sie arbeiten? Was wollen Sie verändern und verbessern? Wo wollen sie eigentlich hin? Machen Sie sich Ihre Anlässe bewusst – klären Sie für sich vorher das Warum? Wohin soll Ihr Lebensweg führen –was ist Ihr eigentliches Lebensziel? (vgl. dazu Abb. 2g Mein Lebensziel) «

Wenn Sie sich dann einen kurzen Überblick verschafft haben über die 5 Schritte des Selbst-Coachings und sich das »Wie geht das Selbst-Coaching?« mit den Abb. A und B bewusstgemacht haben, können Sie direkt mit der individuellen Selbstreflexion (Abb. 1) anfangen, um herauszufinden, was Sie eigentlich ganz persönlich weiter ausbauen und/oder verändern möchten: Mit dem Arbeitsblatt, das Sie persönlich für sich allein durcharbeiten, erhalten Sie ca. drei bis fünf Ziele, die man vielleicht noch kurz zusammenfassen und/oder aufeinander abstimmen kann: Durch das Finden von entsprechenden **Überschriften** können Sie ev. einzelne Bereiche clustern und auch noch erweitern. Sie könnten mit den so gefundenen Ansatzpunkten für Ihren Veränderungs-Prozess jetzt gleich in den nächsten Schritt 2 des Selbst-Coachings gehen. Falls Sie aber unsicher und noch nicht zufrieden sind und/oder ev. noch andere Aspekte suchen und/oder Ihre überprüfen und festigen wollen, können Sie Ihre gefundenen Aspekte noch einmal hinterfragen und ergänzen:

*Zusammen mit der Abb. 2 Die Spinnenanalyse für mein Leben? (Hauptspinne) als ein* ***Vorbild*** *und der Abb. 2b Ganzheitliche Lebensbalance als allgemeine* ***Grundlage*** *können dann acht Kriterien für eine Lebensspinne gesammelt und formuliert werden. Die Kriterien können Sie dann im nächsten Schritt 2 direkt übertragen in Ihr Arbeitsblatt (Abb. 2a Die Spinnenanalyse für mein Leben (Hauptspinne) (Arbeitsblatt).*

**Alternativen:** Als Einstieg, als Alternative und zur Ergänzung können auch andere Methoden dienen: Das Schattenkonzept und/oder die ZUG-Methode. (siehe Abb. 1a Das Schattenkonzept und Abb. 5 ZUG-Methode IM KAPITEL 5 Controlling)

Durch die negative Bewusstmachung dessen, was Sie nicht sein und tun wollen, kommen Sie schneller voran – die ZUG-Methode (ist auch gleichzeitig eine sehr gute Controlling-Methode) braucht etwas mehr Zeit und wäre ev. beim zweiten Durchgang besser.

***Alles, was uns an anderen irritiert, kann zu einem besseren Verständnis unseres Selbst führen. Carl G. Jung***

**Conclusio:** Am Ende der ersten Phase sollten Sie möglichst ca. 5 – max. 10 Aspekte gefunden haben, die Sie verändern und verbessern wollen – an denen Sie arbeiten wollen. Dabei sollten diese Aspekte aus den verschiedenen Bereichen kommen – privat und beruflich – Leben und Arbeiten. Sie sollten auch eine gewisse Balance in der Auswahl haben und nicht zu unrealistisch sein – also zu »schwere oder nicht veränderbare« Aspekte sein.

## 5.2 Welche Ziele will ich erreichen? Was will und kann ich verbessern?

### 1. Lebensspinne entwickeln und bewerten (Hauptspinne) Worum geht es bei der Spinnenanalyse?

Das Gebilde der Spinnenanalyse zeichnet die Ist-Situation für Ihre jetzige Situation auf: »Wo stehe ich jetzt?« (Ausgangslage) bezüglich meiner Vision? Je größer das Gebilde ist, das sich durch die Bewertung ergibt, desto stärker ist Ihre persönliche Identität ausgeprägt. So können Sie Ihre Identität sichtbar und damit gestaltbar machen. Sollte dieser erste Schritt einer Ist-Bestimmung als zu allgemein empfunden werden, kann man direkt mit Unterspinnen weitermachen. Sie können wieder acht Kriterien (konkretere) für die allgemeine Zielsetzung (als Überschrift) zusammenstellen, um mit Hilfe dieser Unterspinne das Problem genauer zu beleuchten (Fein-Analyse). Das schafft Klarheit für den ersten Schritt zur Veränderung, der dann nach der Zielfindung durch die Entwicklung eines Aktionsplans mit konkreten Maßnahmen weiter fortgesetzt wird.

Die Erstanalyse, die zunächst den Ist-Zustand als Ausgangspunkt darstellt, ist also nicht unbedingt die letzte und einzige Analyse, sondern zeigt auch gleichzeitig auf, an welchen Punkten noch einmal genauer hingeschaut und nachgefragt werden muss oder was noch einmal neu durchdacht werden sollte. Die einzelnen »Spinnen« begleiten Sie kurz- und längerfristig und helfen Ihnen, sich auf Ihrem Weg zu orientieren und sich nicht zu verlaufen. Sie können Orientierung, Kraft, Mut und auch Handlungshinweise geben und Sie ganzheitlich unterstützen. Die Spinnenanalysen sind wie ein Kompass – wie ein Radar für Ihren Weg…

**Die Arbeit mit der Spinnenanalyse hat viele unterschiedliche Aufgaben.** Sie ist eine

- Ist- und Soll-Analyse, (Bestandsaufnahmen, Stärken-Schwächen-Profil, Zielfindung…)
- begleitende und stärkende Analyse für Ihren Entwicklungsprozess (Persönlichkeitsentwicklung),
- Methode, die die Ergebnisse und Zusammenhänge einfach und gut sichtbar macht,

- Methode, die sehr einfach, effektiv und effizient ist,
- mit Haupt- und Unterspinnen sehr differenzierte Methode für Gesamt- und Teilkonzepte,
- Methode, die alles miteinander verbindet und vernetzt,
- Evaluation-Methode zur Reflexion und zur Qualitätssicherung,
- vielfältige, persönlich und flexibel anpassbare Methode.

**Alternativen: Mögliche Ergänzungen und Hilfen durch eine klare Ordnung**

Versuchen Sie doch mal eine reduzierte Zusammenfassung (wie eine Art Slogan) zu formulieren, die alle gesammelten Kriterien kurz und knapp zusammenfasst/umreißt. (z. B. Wunsch/Vision: »Ich möchte meine Aufgaben als Schulleitung und mein Privatleben verantwortlich und gut gestalten und ein gutes und zufriedenes Leben führen…« Was muss ich dafür tun?) Die folgenden Fragen sollten mit ihren Antworten diesen Wunsch erfolgreich angehen. Die Antworten auf diese ***Fragen an Sie*** sind also automatisch schon mögliche Kriterien/Eckwerte für die Hauptspinne. Coaching beginnt mit Fragen. Können Sie darauf klare Antworten geben? Formulieren Sie Ihre Antworten als kurze thesenhafte Ich-Sätze mit aktiven Verben und verfeinernden Adjektiven. Diese Leitsätze sind dann die Eckwerte Ihres Lebenskonzeptes – Ihres Selbstmanagements-Konzeptes. Die Beispiele in der Spinnenanalyse geben Ihnen einen guten Anhalt und eine Orientierung. Vergessen Sie aber nicht Ihre eigenen Vorstellungen – es ist IHR Lebenskonzept! Achten Sie in der Lebensspinne darauf, dass Sie grundsätzliche Aspekte Ihres Lebens bei der Suche nach den Kriterien berücksichtigen und eine Balance untereinander (besonders beruflich und privat) finden. Wichtig ist die Reduktion auf möglichst acht Leitsätze, damit Sie sich nicht verzettelt – also müssen Sie eine Ordnung finden und reduzieren: erste Ebene (Hauptspinne mit eher allgemeinen *Leitsätzen*) und zweite Ebene (Unterspinnen mit konkreten *Leitzielen*).

**Vorschläge für die Lebensspinne (Hauptspinne) – für das Leben und Arbeiten als Schulleitung**

Die Kriterien für die Spinnenanalyse können Sie selbst zusammenstellen: Sie können sie völlig frei formulieren, auf die Vorschläge zurückgreifen und/oder Ihre persönlichen Handlungsschwerpunkte aufnehmen und integrieren. Meist wird es eine »bunte Mischung« aus allen Elementen sein. Wichtig ist, dass

Sie IHRE Kriterien finden, die Ihnen wichtig sind und an denen Sie arbeiten wollen.

*Aus der Selbstreflexion (Abb. 1) können Sie Ihre speziellen Handlungsfelder herausfinden. Und zusammen mit der Abb. 2 Die Spinnenanalyse für mein Leben (Hauptspinne) als ein* ***Vorbild*** *und der Abb. 2b Ganzheitliche Lebensbalance als allgemeine* ***Grundlage*** *können Sie dann acht Kriterien für eine Lebensspinne sammeln und formulieren. Diese Kriterien können Sie jetzt direkt übertragen in Ihr Arbeitsblatt (Abb. 2a Die Spinnenanalyse für mein Leben (Hauptspinne) (Arbeitsblatt). Die Abb. 2.0 gibt Ihnen zusätzliche Beispiele und Formulierungshilfen für Ihr privates Leben – die Abb. 2d.1 mehr für Ihre beruflichen Aufgaben. Wenn Sie gern direkt gleich mit EXCEL arbeiten wollen, so wie ein Beispiel unter Abb. 2.1, können Sie die Spinnenanalyse auch hier finden. (nur die Bewertungswerte durch negative Werte umkehren = eins ist sehr gut und sechs ist ganz schlecht…) Das hat den Vorteil, dass Sie über die Selbsteinschätzung auch gleich andere Gruppen (Freunde und Familie als Fremdeinschätzung) zum Vergleich noch mit dazunehmen können.*

1. Wie wollen Sie die Schulverwaltung und Schulorganisation managen? (*Organisationsstruktur*)
2. Wie wollen Sie Ihre Unterrichts- u. Erziehungsqualität ausrichten und gestalten? (*schulische Kernkompetenz*)
3. Wie wollen Sie das Schulleben und die Zusammenarbeit mit Schülern und Eltern gestalten? (*Schulleben und Zusammenarbeit mit Schülern und Eltern*)
4. Wie wollen Sie mit dem Kollegium umgehen? (*Mitarbeiterführung und Schulentwicklungsprozesse*)
5. Wie vertreten Sie die Schule nach außen? (*Öffentlichkeitsarbeit und Kooperationen*)
6. Wie wollen Sie Ihr privates soziales Umfeld gestalten? (*familiäres und soziales Leben*)
7. Wie achten Sie auf Ihre Gesundheit? Wie halten Sie sich fit? (*gesundes Leben*)
8. Haben Sie ein zufriedenes und glückliches Leben? (*erfülltes und glückliches Leben*)

Wie wollen Sie mit möglichen Problemen und Konflikten besser umgehen? (Das ist eher ein Unterpunkt für 4.//6.// oder auch 3. und gehört in eine entsprechende Unterspinne. Wenn es Ihnen aber wichtig ist, nehmen Sie es mit in die Hauptspinne als Kriterium zum »Verhalten« und lassen dann dafür ev. Nr. 8. raus.)

**Beachten Sie bei den Formulierungen** der einzelnen Kriterien/Aussagen-Sätze folgende Punkte:

- Alle Formulierungen der Leitsätze in der Hauptspinne und der Leitziele in den Unterspinnen sind Aussagen und Thesen als Selbstverständnis (so wie es sein sollte) aus der Sicht der einzelnen Person (deswegen **Ich-Sätze** — diese Ziele werden später hinterlegt mit messbaren Qualitätsmerkmalen, konkreten Maßnahmen und Schritten).
- Unterscheiden Sie **Leitsätze** (sehr allgemein, grundsätzlich als Absichten/Zielsetzungen und auch mehr als Vision (neu), wohin Sie sich entwickeln wollen — als Zusammenfassung/Überschrift), **Leitziele** (die als genauere Zielsetzungen diese Überschriften erläutern und konkretisieren — auch in Form von Ich-Sätzen…), **Qualitätsstandards** (als minimale konkrete Messgrößen mit Zeiten, »smart« formuliert, vgl. Abb. 2c — Alle- / Jeder-Sätze…) und **Maßnahmen** (einzelne Schritte, Maßnahmen und Projekte zur Umsetzung der Leitziele, mit klaren Terminen (Projektmanagement) und einem entsprechendem **Controlling** (Evaluation, Reflexion und Dokumentation). Wichtig ist die klare und strukturierte Ordnung und Unterscheidung, damit es nicht zu allgemein bleibt und die einzelnen Ebenen genauer unterschieden werden können. (vgl. dazu Abb. B)
- Die Pyramiden-Ordnung mit 5 Ebenen (Abb. B) kann **in ein Arbeitskonzept einmünden** und so besser umgesetzt werden: siehe Abb. 2h Mein Gesundheitskonzept »Gesundes Leben.« Es sind dieselben Strukturen – nur in Tabellenform als Projektmanagement. Diese Übersicht hilft auch für eine konsequente Umsetzung…
- **Beispiel:** *Leitsatz* = Wir sorgen für einen sicheren Autoverkehr. *Leitziel* = Wir überprüfen kontinuierlich die Sicherheit der Autos. *Qualitätsstandard* = Alle Autos müssen min. alle 2 Jahre zum TÜV. *Maßnahmen* = Wer macht das? Wann wird das gemacht? Autowerkstatt, bei der Jahresinspektion, vorher nötige Reparaturen machen und Auto waschen. Beim TÜV: Brems-,

Licht- usw. Kontrollen. *Controlling* = Bekomme ich den TÜV-Stempel? Der signalisiert die geprüfte Sicherheit meines Autos und ermöglicht der Polizei die entsprechende Überprüfung.

- **Unterscheiden Sie bei den Qualitätsstandards Prozess- und Ergebnis-Qualität.**
- **Beispiel:** Leitsatz als Zielsetzung = Wir sorgen für einen sicheren Autoverkehr. **Ergebnis-Qualität** (Haben wir unser Ziel wirklich erreicht? WAS – Outputorientiert) Ergebnis wäre: Alle Autos sind 100 Prozent sicher. (ist aber nicht nur nicht messbar und machbar/zu schwierig, sondern eher eine Fiktion — eine Zielsetzung) **Prozess-Qualität** (*Was tun wir*, um unser Ziel zu erreichen? WIE — Inputorientiert) wäre: Alle Autos müssen min. alle 2 Jahre zum TÜV. (das ist realistisch, machbar und überprüfbar/messbar — auch smart formuliert — und kann somit als Qualitätsstandard die Sicherheit der Autos anzeigen. Gerade in der Persönlichkeitsentwicklung ist es sehr schwierig, Ergebnisse der Arbeit über die subjektive Einschätzung hinaus messbar zu machen und nur auf die gezielten Aktivitäten zurückzuführen. Es ist also viel sinnvoller, Prozesse verbindlich und transparent aufzuzeigen (**smart formuliert,** mit Messgröße, Termin, realistisch, spezifisch und aktionsorientiert), die für die Qualität der Entwicklung sorgen. Die minimale Formulierung soll lieber verlässliche Grundlagen und keine Utopien aufzeigen und Sie damit auch nicht noch mehr unter Druck setzen.
- **Formulieren Sie alles aktiv**, positiv, sowie möglichst verständlich und einfach (keine Versuchens- und Wollens-Sätze) und **mit wertigen/qualifizierenden Adjektiven/Adverbien:** »Ich manage die Schulverwaltung und Schulorganisation effektiv und effizient. (Organisationsstruktur)« Nicht mit zu vielen Heraushebungen übertreiben und keine negativen Abgrenzungen oder negative Formulierungen nehmen.
- **Reduzieren Sie** die Anzahl der Leitziele und Qualitätsstandards auf möglichst 8 bis max. 10 pro Leitsatz, (nicht jedes Leitziel bekommt eigene Qualitätsstandards) damit Sie keine Verzettelung haben; lieber einiges zusammenfassen und klare Aussagen mit Gewicht treffen.
- **Ordnen Sie die Aussagen und die Reihenfolge**, verdeutlichen Sie Steigerung/Struktur/Lesbarkeit durch Absätze und Aufzählungen — keine Prioritäten – nur eine gute, aufeinander abgestimmte Lesereihenfolge.

- **Was kann auch nach außen gehen – für das Kollegium, Familie, Freunde?** Ein gutes Konzept motiviert Sie und schafft nach außen ein transparentes Profil (Leitsätze, Leitziele und ev. auch die Qualitätsstandards gehen auch nach außen, aber SIE entscheiden! — die Maßnahmen und die Evaluation sind ein internes Arbeitsprogramm. Eine Außenpräsentation sorgt für Verbindlichkeit und Vertrauen, gibt Ihnen ein Feedback und eine Verstärkung und unterstützt Ihr Selbstcoaching…

**Alternativen: Für die Lebensspinne** kann man auch sehr gut direkt mit EXCEL arbeiten. (Vgl. Abb. 2.1 Spinnenanalyse für mein Leben) Nach der **Entwicklung** und der **Erarbeitung** der Lebensspinne mit acht Kriterien fertig ist, geht es jetzt hauptsächlich um die **Bewertungen** (als Selbst- und Fremdbild). Die Arbeit mit einem Tabellenkalkulationsprogramm ist eine gute Methode zur effizienten Auswertung. Die Vor- und Nacharbeit sollten Sie aber lieber mit den aufgezeigten analogen Methoden angehen. Als Alternative und Ergänzung zur Arbeit mit der Spinnenvorlage kann man effektiv mit EXCEL arbeiten. Hier können Sie ihr mit dem Menü »Daten bearbeiten« direkt Noten eingeben und erhalten so auch eine Spinnenanalyse. Die Notengebung ist hier »umgedreht« (EXCEL hat die Spinne umgekehrt aufgebaut – wie eine Zielscheibe: Note 1 liegt innen, Note 6 außen) worden und damit »Note 1« auch wirklich eine gute Note ist und Größe vermittelt – also außen ist, geben Sie einfach negative Werte ein. Die Eingaben (gerade die regelmäßigen und zur Reflexion notwendigen Vergleiche der Selbst- und Fremdeinschätzungen) und ev. auch die Mittelwertberechnungen laufen viel effizienter.

### 2. Mit der Lebensspinne Stärken und Schwächen finden

Wenn Sie Ihre Lebensspinne fertig gestaltet haben, können Sie sie bewerten: die Noten von 1 – 6 entsprechen den Schulnoten (1 = sehr gut/die formulierte These trifft voll zu; 6 = sehr schlecht/die formulierte These nicht zu). Bedenken Sie dabei, dass Sie nicht zu kritisch mit sich sind und bewerten Sie den augenblicklichen Stand (nicht unbedingt nur die Tageskondition). Wenn alle Noten vergeben sind, können Sie sie miteinander verbinden und so wird daraus ein »Spinnennetz«. Durch plus und minus können Sie diese Ist-Analyse als Stärken und Schwächen bewerten und sich damit bewusstmachen, wer Sie sind.

Genießen Sie die Stärken und überlegen sich, an welchen Schwächen Sie arbeiten wollen, so dass sie sich verbessern.

Untrennbar von der Ist-Analyse ist die Soll-Analyse. Die Kriterien der Ist-Spinne sind ja die Denkweisen und Vorstellungen in Bezug auf die Vision und Ihre eigene Identität, die Sie noch als wichtige Meilensteine angehen wollen. Die Bewertung der Kriterien zeigt, wo Sie Stärken und Schwächen haben und so wird automatisch der Handlungsbedarf deutlich: »Was muss ich tun, um meine Vision zu verwirklichen?« Die Bewusstmachung der Ausgangspunkte, des jetzigen Ist-Zustandes gibt Ihnen die Antwort auf die Frage: wo Sie stehen. Somit ist die Ist-Analyse auch gleichzeitig eine Soll-Analyse: »Wo wollen Sie hin?«

Sie können einen Spinnenarm von den achten auswählen, an dem Sie verstärkt weiterarbeiten wollen. Bitte nicht verzetteln und sofort an allen Spinnenarmen eine Verbesserung erreichen wollen (Verzettelungsgefahr, Überforderung – der Prozess ist evtl. mit einem Berater/einem Freund zur Unterstützung leichter). Reduzieren Sie den Arbeitsschwerpunkt und konzentrieren Sie sich und alle Ressourcen auf ein Teilziel.

Bei der Auswahl der Zielsetzung sollten besonders zwei Leitfragen vorher deutlich gemacht werden, um möglichst große Synergieeffekte zu haben und auch, um einzelne Elemente besser miteinander vernetzen zu können:

- Welche Zielsetzung schafft gute und schnelle Lernerfolge, um am Anfang einen großen Motivationsschub zu bekommen?
- Welche Zielsetzung hat einen großen Synergieeffekt für alle anderen Bereiche – kann andere Ziele mit verstärken und verbinden?

Damit sollen nicht die größten Schwierigkeiten gleich am Anfang angegangen werden – die Gefahr des Scheiterns und der Frustration wäre zu groß. Wählen Sie also als ersten Ansatz einen leichten Start damit der erste Erfolg motiviert weiter zu machen. Entscheidend dabei kann auch die Auswahl für einen Schwachpunkt oder für eine Stärke sein. Es muss die erste Zielsetzung nicht die Behebung einer Schwäche sein, schon gar nicht die größte Schwäche (schwierige, verkrustete Strukturen). Es kann auch mit dem Ausbau einer Stärke begonnen werden. Eine Zielsetzung, die eine große Auswirkung auf andere Bereiche hat, sollte bei der Auswahl und der Prioritätenliste besonders berücksichtigt werden, um damit einen großen Schritt voranzukommen. Legen Sie eine so gewichtete Reihenfolge fest, dann haben Sie eine klare Strategie und können mit der Umsetzung beginnen. Die anderen möglichen Ziele können Sie in eine (Prioritäten-) Reihenfolge bringen – ev. gleich schon mal mit realistischen Terminen festlegen. (nach dem Eisenhower-Prinzip)

### 3. Für sich individuelle Ziele festlegen

Sie haben durch die Analysen eine und/oder mehrere Ziele und Absichten gefunden, an denen Sie weiterarbeiten möchten – die Sie umsetzen möchten – aber was genau ist Ihre Zielsetzung und was sollten Sie dabei beachten? (Abb. 2f Mein Ziel: Das will ich! Und auch Abb. 2g)

- Unterscheiden Sie Wunsch, Absicht und Ziel: Wünsche sind sehr allgemein und diffus – »Ich möchte als Schulleitung besser werden.« Ziele sind schon konkreter und möglichst smart formuliert – »Ich (will – besser und stärker ist es ohne WOLLEN und VERSUCHEN das Ziel zu formulieren) manage unsere Schulverwaltung und Schulorganisation bis Ende des Schuljahres so effektiv und effizient, dass sie um min. eine Note besser wird.« Formulieren Sie konkret Ihr Handeln.
- Nehmen Sie sich nicht zu viele Ziele gleichzeitig vor (Gefahr der Verzettelung) – konzentrieren Sie sich auf max. 1 – 2 Ziele, die Sie dann lieber mit voller Kraft angehen und auch noch in konkretere Unterziele (Unterspinne) aufteilen können.
- Formulieren Sie Ihr Ziel genau und konkret (smart) – und machen Sie sich noch einmal klar, warum Ihnen das so wichtig ist. (Gründe für Ihr Ziel) Das Bewusstmachen hilft Ihnen bei Ihrer Motivation und beim Durchhalten (das Arbeitsblatt ev. sichtbar in Ihrem Zimmer aufhängen).
- Bevor Sie jetzt mit dem nächsten Schritt an die Umsetzung gehen, können Sie ev. noch mit einer Unterspinne die Zielsetzung »klein arbeiten« und/oder auch mit der Rasteranalyse vorher mal »ausprobieren«, ob Ihr Ziel auch realistisch ist – wirklich erreichbar/umsetzbar ist – und Sie auch gute Maßnahmen zur Umsetzung finden. (Ev. können/müssen Sie Ihr Ziel noch umformulieren und/oder verändern!?) Beginnen Sie lieber mit »leichten« Zielen, dann haben Sie eher Erfolgserlebnisse und lernen die Coaching-Methode einfacher kennen.

### 4. Zu der Zielsetzung eine Unterspinne machen

Wenn Sie ein Ziel gefunden haben, können Sie an die Umsetzung gehen. Zuvor ist es manchmal besser, sich auf die Zielsetzung »einzustimmen« und konkretere Unterziele zu finden (ein komplexes Ziel wird dann einfacher). Vielleicht könnte es auch einfacher und besser sein, nicht gleich das Hauptziel anzugehen, sondern lieber erst zwei/drei Unterziele. (Abb. 2d + j + k Unterspinne für meine Gesundheit, Abb. 2e Unterspinne für … (Arbeitsblatt)) Durch die genaue Formulierung (smart) der Unterziele werden konkretere Messgrößen und Zeiten bewusst gemacht – die könnten dann gleichzeitig auch als Qualitätsstandards dienen. Ihr Selbst-Coaching wird durch mehrere Unterspinnen im Laufe der Zeit viel ausgeformter und vollständiger. Es wäre also schon gut, wenn Sie für die wichtigen Absichten und Zielsetzungen nach und nach Unterspinnen hätten – auch für ein genaueres Controlling am Ende. Probieren Sie es doch selbst einfach mal aus…

**Tipp für ein Schulleitungskonzept:** Für eine genaue Unterspinne bezüglich der einzelnen Schulleitungsaufgaben können Sie die Abb. 2.1 Schulmanagement als Beispiel nehmen und auch in meinem Buch: Regenthal, Gerhard, Schulentwicklungsplanung III – Schulleitungskonzept – Zukunftsorientiertes Schulmanagement für Selbstverantwortliche Schulen. Köln 2014, nachlesen und dort auch viele Beispiele und Anregungen finden… Ein Schulleitungskonzept (in der gleichen Ordnungs-Struktur) lässt sich direkt an Ihr Selbstmanagementkonzept andocken. Beides zusammen wird Ihnen einen großen Verbesserungsschub geben und eine große Entlastung.

**Conclusio:**

Sie haben jetzt Kriterien für Ihre Lebenspinne gefunden (durch die *Spinnenanalyse als Ist- und Soll-Analyse* zur Bewusstmachung Ihrer Stärken und Schwächen) und haben sich aus den acht Spinnenarmen einen ausgesucht, den Sie als Ihr Arbeitsziel (= *Leitsatz.* Das Arbeitsziel können Sie als Hauptziel in der Abb. 2f Mein Ziel festhalten und visualisieren.) angehen wollen. Wenn Ihnen das zu allgemein erscheint, können Sie dazu gleich eine entsprechende Unterspinne machen – mit konkreteren Zielsetzungen (= *Leitziele*). Gut wären ev. auch schon einige smarte *Qualitätsstandards*, die die spätere Umsetzung erleichtern würde…

## Entwicklung einer Gesundheitskompetenz als wichtige Grundlage

*»Nach der WHO (Weltgesundheitsorganisation)-Definition zur »Health-Literacy« von 1998 wird unter Gesundheitskompetenz die Fähigkeit verstanden, situationsangepasste und das heißt immer wieder neuartige, auf die Verbesserung/Erhaltung/Wiederherstellung der eigenen Gesundheit bezogene Handlungen zu generieren, d.h. sie zu planen, auszuführen und zu kontrollieren.«*

*»Gesundheitsförderung umfasst Maßnahmen und Aktivitäten, mit denen die Stärkung der Gesundheitsressourcen und -potenziale der Menschen erreicht werden soll. Sie beschreibt den Prozess der Befähigung von Menschen, ihre Kontrolle über Determinanten der Gesundheit zu erhöhen und somit dessen Gesundheit zu stärken. Dabei werden nicht nur das Verhalten des Einzelnen, seine Kenntnisse und Fertigkeiten fokussiert, sondern auch soziale, ökonomische und Umweltbedingungen. Gesundheit wird dabei in einer ganzheitlichen Sichtweise als körperliches, psychisches und soziales Wohlbefinden definiert, das durch individuelle, soziale und gesellschaftliche Hintergründe beeinflusst wird. Gesundheit ist also weniger ein Zustand oder Ziel, als vielmehr eine* ***Ressource des täglichen Lebens****. Sie ist laut der Bangkok-Charta der WHO aus dem Jahre 2005 der Weg zu einer höheren* ***Lebensqualität****. (Vgl. Richard Hennessey, Roland Mangold: Die Gesundheitsförderung wirksamer machen. In: Soziale Sicherheit. Heft 11/2009, S. 12–15.)« Aus: http://de.wikipedia.org*

Dabei sind die Bereitschaft und die Fähigkeit zur angemessenen Wahrnehmung und Bewertung der eigenen gesundheitlichen Situation wichtige Ausgangsbasis, um dann anschließend Veränderungen und Verbesserungen zielgerichtet und schrittweise auf eine höhere Qualität der Gesundheit hin anzugehen. Es geht also um eine ganzheitliche und selbstverantwortliche Persönlichkeit, die Sachkompetenz (Wissen), allgemeine kognitive Leistungsfähigkeit (Denken) und praxisorientiertes individuelles Handeln (Methoden- und Handlungskompetenz) miteinander verbindet. Da wir wissen, dass sich eine Gesundheitskompetenz nicht nur in einem isolierten individuellen Raum entwickelt, geht es auch um die Sozialkompetenz (als kooperatives, tolerantes sowie auch kommunikatives Handeln). Die Gesundheitskompetenz hat somit die ganzheitliche Persönlichkeitsentwicklung zum Ziel. **Sie ist notwendige Basis für gute Veränderungsprozesse und zur Persönlichkeitserziehung.**

**Gesundheit braucht eine konzeptionelle Grundlage** – hier auch als Exkurs und ein exemplarisches Beispiel, wie eine Zielsetzung weiter kleingearbeitet werden kann.

(Ein Kriterium aus der Lebensspinne – der Hauptspinne – ist die Gesundheit. Sie ist ein wichtiger Teil des Selbstmanagementkonzepts – es ist ein Teilkonzept mit Unterspinnen. An diesem Beispiel wird durch ein klares Projektmanagement auch ganz konkret das »Kleinarbeiten, Runterbrechen und Umsetzen im Alltag« deutlich gemacht.)

**Ich bin gesund!**

Wenn ich gesund bin, ist es ein Geschenk und ich bin froh darüber und **nehme das Geschenk dankbar an**. Ich brauche nichts zu tun und kann das genießen…

***Gesundheit ist der größte Reichtum. Deutsches Sprichwort***

**Um aber gesund und fit zu *bleiben*, muss ich etwas dafür tun – ist meine Verantwortung gefragt!**

1. Verantwortung heißt, dass ich mich **selbstverantwortlich** und **diszipliniert** verhalte und entsprechend **zielgerichtet handle**, damit ich das »Geschenk« nicht verliere.
2. Diese »Aufgabe und Verpflichtung« ist ein **permanenter Prozess**, dem ich mich stelle.
3. Das erfordert auch eine **Resilienz**/eine Widerstandskraft, um bei Widerständen und Problemen nicht aufzugeben.

   ***Fang nie an aufzuhören, hör nie auf anzufangen. Cicero***

4. Das kann aber nur gut gehen, wenn ich weiß, **»warum ich das mache?«**. Ohne eine Antwort darauf als **klare Zielsetzung**, ein **gesundheitsorientiertes Bewusstsein und eine starke Motivation** dafür, werde ich nicht an meiner Gesundheit »selbstverantwortlich arbeiten.«

   ***Gesundheit hat ihren Anfang im Denken. Helga Schäferling***

5. Ziele, Prozesse und das konsequente Handeln bringen gute Erfolge: Ich bleibe gesund. Das merke ich und spüre ich und kann mir das durch eine **Reflexion** bewusstmachen und noch verstärken. Eine Steuerung dieses »Lebensprozesses« – ein **Controlling** – hilft mir auch meine Erfolge und

meine Schwächen bewusst zu machen und daran gezielt zu arbeiten und den Prozess in Gang zu halten.

**Um das alles zu schaffen, brauche ich für meine Gesundheit ein Konzept.**

***Gesundheit ist leichter verloren als wiedergewonnen. Deutsches Sprichwort***

Ich brauche kein Gesundheits-REZEPT, das mich einengt, einschränkt und mir nur Vorschriften macht. Ich brauche ein für meine Selbstverantwortung entsprechendes Gesundheits-KONZEPT, das mir persönlich Orientierung und Unterstützung gibt und mir hilft – gerade in schwierigen Zeiten – »dran zu bleiben« und das »richtige zu tun!« Es ist ein richtiges Selbstmanagement-Konzept, das sich ja auch in anderen Bereichen bestens bewährt hat: Konzept-los = Erfolg-los! Gibt es erfolgreiche Führungskräfte, Sportlerteams oder Spitzensportler ohne ein »Erfolgskonzept«?

Ein Gesundheitskonzept hat vielfältige Funktionen und Bedeutungen:

- Es verbindet alle aufgezeigten Aspekte miteinander, damit sich durch die Vernetzung die Einzelelemente und Einzelwirkungen nicht gegenseitig behindern, sondern zusammen eine gute Gesamtwirkung schaffen.
- Es verbindet die vielfältigen unterschiedlichen Gesundheits-Bereiche miteinander, denn sie gehören alle zu einem »Ganzen« und sind nur so wirksam.
- Es verbindet Absichten und Wünsche (Theorie) und die alltägliche Umsetzung (Praxis) miteinander und auch die kognitiven, emotionalen und sachlichen Gesundheitselemente auf der Basis meiner Werte und schafft mehr Glaubwürdigkeit und Authentizität.
- Es gibt mir Orientierung und Unterstützung, Kraft und Halt und schafft ein motivierendes Gesundheits-Bewusstsein in mir.
- Es hilft mir, mit Problemen und Widerständen besser umzugehen und besonders in schwierigen Zeiten, mit meinem Prozess nicht aufzuhören.
- Es ist ein »Erinnerer« und hilft mir in die konsequente Regelmäßigkeit zu kommen, so dass das »gesunde Leben« zu einer Gewohnheit und damit leichter wird.
- Es gibt mir konkrete Handlungsanregungen und hilft mir, mich weniger aktionistisch zu verzetteln, »das Falsche zu tun«.
- Es hilft mir, mich auf das mir Wichtige und Wesentliche zu konzentrieren – das bringt eine große Entlastung für mich.

- Es hilft mir bei der Reflexion meines Verhaltens, um somit den Prozess in Gang zu halten, die Erfolge bewusst zu machen, die Qualität zu sichern und auch neue Elemente integrieren zu können.
- Es schafft mir Handlungsfreiräume, um flexibel und spontan mein Gesundheitsverhalten im Alltag effektiv umsetzen zu können und trotzdem meine Ziele nicht zu verlieren…

Wenn ich dadurch gesund und fit bleibe, ist es nicht mein Erfolg. Er ist *mit* durch mein verantwortliches Handeln gekommen, aber nicht allein durch mich – Gesundheit bleibt immer ein Geschenk!

***Erfolg ist eine Folgeerscheinung, niemals darf er zum Ziel werden. Gustave Flaubert***

Gesundheit ist nichts Mechanistisches (wo Einzelteile zusammenpassen müssen), sondern sie ist etwas Organisches (alle Einzelelemente wirken ganzheitlich zusammen). Das erfordert deswegen auch ein ganzheitliches Gesundheitskonzept. Das »unbewusste« Gesundheitsbewusstsein wird durch ein Konzept bewusst und damit gestaltbar gemacht. Erst so können Sie direkt und gezielt daran verantwortlich arbeiten.

**Ein gutes persönliches Gesundheitskonzept braucht:**

1. eine balancierte Berücksichtigung und ganzheitliche Vernetzung aller Gesundheitsbereiche, die individuell und flexibel auf die persönlichen Bedingungen angepasst werden können,
2. eine Verbindung von Theorie und Praxis, von Wünschen, Zielen, Umsetzungsmaßnahmen und festen Qualitätsstandards,
3. eine angepasste und begleitende Soll-Ist-Analyse als Reflexion, Qualitätssicherung und Controlling des kontinuierlichen Prozesses zur Gesunderhaltung,
4. eine gleichermaßen konsequente Grundstruktur sowie flexible und persönliche Umsetzungsmöglichkeiten und eine einfache, entlastende, effektive, effiziente und erfolgreiche Handhabung im stressigen Alltag,
5. eine klare Übersicht, die mir Orientierung und Sicherheit gibt und eine motivierende, bewusstseinsbildende und identitätsstiftende Gesamtwirkung.
   Die einzelnen Bereiche für meine Gesundheit, die ich bewusst, gezielt und verantwortlich als Handlungsfelder angehen will, um nachhaltig gesund

und fit zu bleiben, sind nicht nur körperlich, sondern auch kognitiv, emotional, handlungsorientiert und werteorientiert ausgerichtet und miteinander vernetzt. Nur so vermeide ich gegensätzliche Einzelwirkungen; nur so können sich die Einzelaktionen synergetisch gegenseitig verstärken in der Gesamtwirkung.

Ich unterscheide meine acht Gesundheitsbereiche nach Prioritäten – nach Muss-, Soll- und Kann-Faktoren, damit ich mich auf das Wesentliche konzentriere.

**Bereiche für meine Gesundheit als Handlungsfelder (mein Gesundheitskonzept):**

**Leitsatz als Überschrift:** Ich achte auf meine Gesundheit und halte mich fit. (gesundes Leben) – mit entsprechenden **Leitzielen >LZ<** und **Qualitätsstandards >QS<.**

Muss-Faktoren als grundlegende Bereiche:

1. **Bewegung und Sport**

   LZ: Ich mache regelmäßig Sport und achte auf ausreichend Bewegung.

   QS: Ich mache jeden Tag min. 10 Minuten und min. 1x pro Woche min. 30 Minuten Sport.

2. **Ernährung**

   LZ: Ich ernähre mich gezielt gesund und achte auf ein ausgewogenes Essen sowie auf genügend Trinken.

   QS: Ich esse jeden Tag min. ein gesundes Essen und trinke min. 1 Liter.

3. **Persönlichkeit**

   LZ: Ich achte kontinuierlich auf meine Identität und ihre Weiterentwicklung.

   QS: Ich mache mir jeden Tag min. drei persönliche Erfolge bewusst, freue mich und bin dankbar dafür.

4. **Lebenskompetenzen**

   LZ: Ich reflektiere mein Leben, gehe Probleme und Widerstände ausdauernd an und lerne dazu.

QS: Ich gehe jeden Tag min. ein Problem gezielt wieder an und pflege eine neue Gewohnheit.

5. **Arbeitsweise**

   LZ: Ich arbeite effektiv, effizient und achte auf eine begeisternde erfolgreiche Arbeitsweise.

   QS: Ich achte jeden Tag darauf, min. eine Arbeitsaufgabe bewusst, gezielt, entspannt anzugehen und min. eine entsprechende Pause zu machen.

6. **Soziales Verhalten**

   LZ: Ich pflege meine sozialen Kontakte und verhalte mich achtsam und respektvoll.

   QS: Ich nehme mir jeden Tag min. 10 Minuten Zeit, meine Beziehungen zu pflegen und mich min. 1x bewusst achtsam zu verhalten.

   Soll- und Kann-Faktoren als ergänzende Bereiche (Jeder kann für sich selbst nach Wichtigkeit und Dringlichkeit entscheiden und auswählen):

7. **Umweltverhalten**

   LZ: Ich verhalte mich verantwortlich bezüglich unserer Umwelt.

   QS: Ich verhalte mich jeden Tag min. 2x bewusst umweltorientiert.

8. **Entspannung**

   LZ: Ich genieße regelmäßige Entspannung und sammle neue Energie und Ideen.

   QS: Ich schlafe jede Nacht min. 7 Stunden und mache jeden Tag min. 1x Thai-Chi.

Das »gesunde Leben« ist nur ein *Teilbereich meines gesamten Lebens* und direkt verbunden mit den anderen Lebensbereichen (wie Familie und Arbeit – vgl. Abb. 2 Lebensspinne als Gesamtkonzept). Das »gesunde Leben« verbindet alle acht gesundheitlichen Handlungsfelder miteinander und jedes dieser Handlungsfelder hat **Leitziele als Absichten** und entsprechende **Qualitätsstandards als Messgrößen**. So sind alle Lebensaspekte direkt und ganzheitlich im Rahmen eines Gesamtkonzeptes miteinander verbunden und auch die Theorie und die Praxis.

**Die Qualitätsstandards müssen »smart« formuliert werden.**

Nur so sind es auch wirklich verbindliche minimale Messgrößen, die bei der alltäglichen Umsetzung der Leitziele helfen können.

**Mein Gesundheitskonzept »Gesundes Leben«**

**Leitsatz (als Überschrift): Ich achte auf meine Gesundheit und halte mich fit. (gesundes Leben)**

| Leitziele<br>*„Ich …“*<br>© Regenthal | Qualitätsstandards<br>(smart)<br>*“Messgrößen”* | S= Standard<br>N= Neu | Umsetzung/ Maßnahmen/ Projekte<br>(Projekt-management) | Wer<br>(Verant-wort-lichkeit) | Wann<br>(ver-bindl. Ter-mine) | Evalu-ation / Refle-xion |
|---|---|---|---|---|---|---|
| **Bewegung und Sport:** Ich mache regelmäßig Sport und achte auf genügend Bewegung.<br>**Ernährung:** Ich ernähre mich gezielt gesund und achte auf ein ausgewogenes Essen sowie auf genügend Trinken.<br>**Persönlichkeit:** Ich achte kontinuierlich auf meine Identität und ihre Weiterent-wicklung.<br>**Lebenskompetenzen:** Ich reflektiere mein Leben, gehe Probleme und Widerstände aus-dauernd an und lerne dazu.<br>**Arbeitsweise:** Ich arbeite effektiv, effizient und achte auf eine begeisternde erfolgreiche Arbeits-weise.<br>**Soziales Verhalten:** Ich pflege meine sozialen Kontakte und verhalte mich achtsam und respektvoll.<br>**Umweltverhalten:** Ich verhalte mich ver-antwortlich bezüglich unserer Umwelt.<br>**Entspannung:** Ich genieße regelmäßige Entspannung und sammle neue Energie und Ideen. | Ich mache jeden Tag min. 10 Minuten und min. 1x pro Woche min. 30 Minuten Sport.<br>Ich esse jeden Tag min. ein gesundes Essen und trinke min. 1 Liter.<br>Ich mache mir jeden Tag min. drei persön-liche Erfolge bewusst, freue mich und bin dankbar dafür.<br>Ich gehe jeden Tag min. ein Problem gezielt wieder an und pflege eine neue Ge-wohnheit.<br>Ich achte jeden Tag darauf, min. eine Arbeitsaufgabe bewusst, gezielt, entspannt anzugehen und min. eine ent-sprechende Pause zu machen.<br>Ich nehme mir jeden Tag min. 10 Minuten Zeit, meine Beziehun-gen zu pflegen und mich min. 1x bewusst achtsam zu verhalten.<br>Ich verhalte mich jeden Tag min. 2x bewusst umwelto-rien-tiert.<br>Ich schlafe jede Nacht min. 7 Stunden und mache jeden Tag min. 1x Thai-Chi. | S | Tägliche Gymnastik, Fitness-Center, Schwimmen, tägliche Bewegung im Alltag | Ich, ev.<br>Partner | Täglich,<br>2x die Woche | Wo-chen-plan, Spinne |

*Abb. 2h: Mein Gesundheitskonzept »Gesundes Leben«*

**Die Spinnenanalyse als Controlling für mein Gesundheitskonzept »Gesundes Leben«**

Zur Überprüfung der Erfolge, zur Reflexion und als begleitendes Controlling ist die Spinnenanlyse eine sehr einfache und erprobte Methode. Sie sollte zur Bewusstmachung der Ausgangssituation gleich am Anfang stehen. So finden Sie schneller die Zielsetzungen, an denen Sie verstärkt arbeiten möchten und können nach einer gewissen Zeit durch den Soll-Ist-Vergleich (dieselbe Spinnenanalyse nach ca. 3 Monaten zum Vergleich mit der Ausgangslage) bewusstmachen, wie Ihr Weg des »Gesunden Lebens« verlaufen ist und wie er weitergehen kann. So können Sie Ihr »gesundes Leben« ganz gezielt und selbstverantwortlich gestalten.

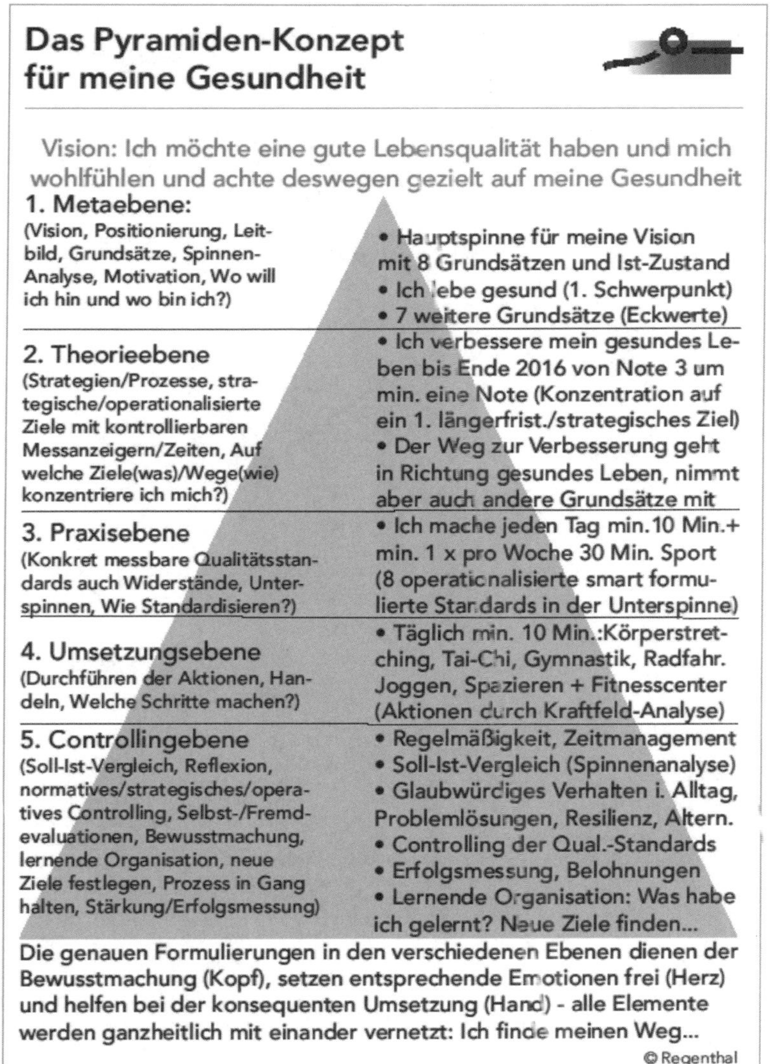


*Abb. 2i: Das Pyramiden-Konzept für meine Gesundheit*

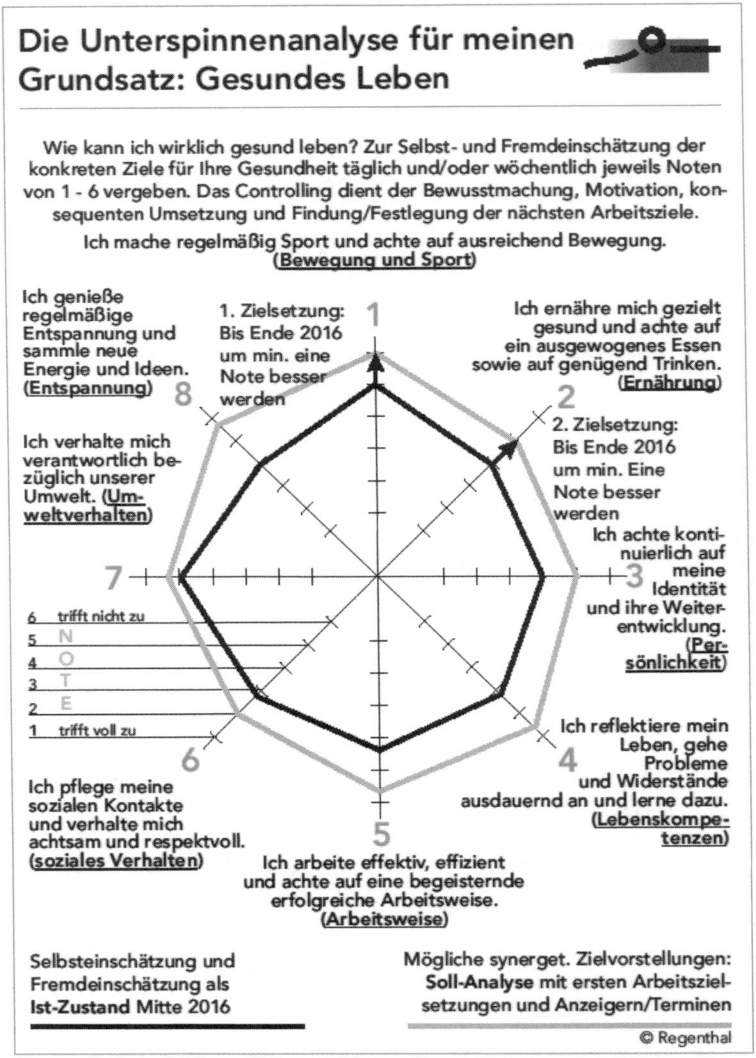


*Abb. 2j: Die Unterspinnenanalyse für meinen Grundsatz: Gesundes Leben (Ziele)*

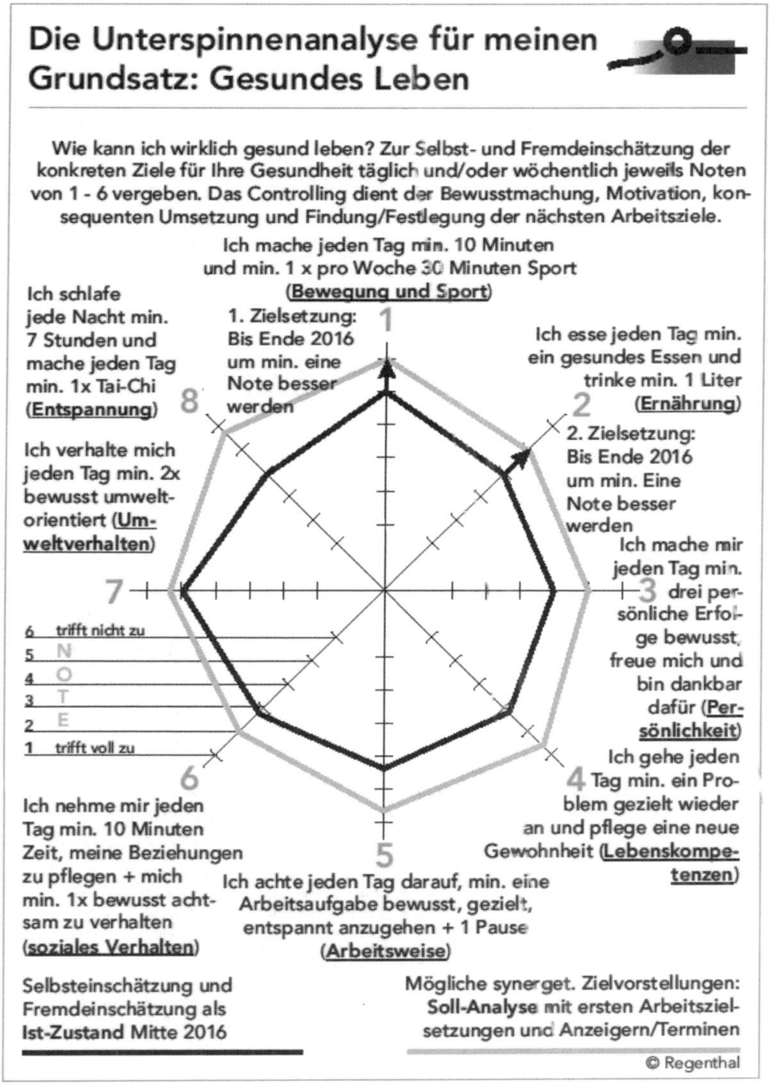


*Abb. 2k: Die Unterspinnenanalyse für meinen Grundsatz: Gesundes Leben (Qualitätsstandards)*

## 5.3 Welchen Weg kann ich gehen und welche Schritte muss ich tun, um mein Ziel zu erreichen?

**Kraftfeldanalyse**

**Ziel:** Welche Verbesserung, Veränderung oder Zielsetzung will ich angehen?
Dafür ein konkretes und überprüfbares Ziel formulieren: (Ich-Satz, aktive Verben, nicht "wollen und versuchen", Messindikator, smart)
(z. B. Ich mache jede Woche min. 2x Mal 30 Minuten Sport)

Vorgehen

| 1 | 2 |
|---|---|
| **Mit welchen Maßnahmen kann ich das Ziel gut erreichen?**<br>(Brainstorming/Metaplan-Methode/Mind-Map)<br>**Die 3 wichtigsten Maßnahmen sind:**<br>(Bewertung nach Wichtigkeit und Dringlichkeit - Rest in den Ideenpool)<br>1.<br>2.<br>3. | **Mit welchen Widerständen und Konflikten/Problemen muss ich rechnen?**<br>(Folgenabschätzung der drei gefundenen Maßnahmen)<br>**Die 3 wichtigsten Probleme sind:**<br>(Bewertung nach Wichtigkeit und Dringlichkeit)<br>1.<br>2.<br>3. |

| 4 | 3 |
|---|---|
| **Welche Verstärker und Multiplikatoren gibt es für die Maßnahmen+Lösungen?**<br>(verstärkende Bedingungen, Methoden, Maßnahmen, Personen, Organisationen finden für Schritt 1 und 3)<br>**Die 3 wichtigsten Verstärker sind:**<br>(Bewertung nach Wichtigkeit und Dringlichkeit - Ideenpool?)<br>1.<br>2.<br>3. | **Mit welchen Lösungsansätzen kann ich die möglichen Probleme angehen?**<br>(Die 3 mögl. Haupt-Probleme aufnehmen und lösen)<br>**Die 3 wichtigsten Lösungsmaßnahmen sind:**<br>(Bewertung nach Wichtigkeit und Dringlichkeit - Ideenpool?)<br>1.<br>2.<br>3. |

**Wie jetzt vorgehen? Aktionsplan = Strategieplan**

| | |
|---|---|
| Aus dem 1. + 3. + 4. Schritt Maßnahmen konkret zu einem verbindlichen Ablaufplan zusammenstellen. Unterscheiden u. Mischen d. Prozess-Schritte (Vorgehen) und inhaltlichen Maßnahmen (Was tun?), um die Wirkungen zu verstärken und zu verbessern.<br>1.<br>2.<br>3.... | • als 1. eine leichte, erfolgversprechende, motivierende Maßnahme (Lerneffekt)<br>• Maßnahmen inhaltlich und zeitlich aufeinander aufbauen mit Pufferzeiten und Controlling<br>• Maßnahmen durch Projekt-Management mit verbindl. Verantwortlichkeit, Zeiten, Ressourcen effektiv und effizient durchführen<br>• Alternativen einplanen für wichtige Schritte<br>• Controlling/Nachbesserung/Qualitätssichg. |

© Regenthal

*Abb. 3: Kraftfeldanalyse (Arbeitsblatt)*

## Rasteranalyse - Praxishilfe

Ihre Wünsche und Zielsetzungen sollten auch verlässlich umgesetzt und gelebt werden. Das "Klein-Rastern" von den allgemeinen Absichten zum konkreten Verhalten, zu praktischen Maßnahmen im Alltag und die Abgrenzung als nicht gewünschte Aspekte helfen dabei.

| | Wünsche, Absichten, Zielsetzungen (theoretischer Ausgangspunkt) | Fehler, nicht gewünschte Verhaltensweisen (Abgrenzungen) ☹ | Schritte, Maßnahmen, Projekte, (strategisch. prakt. Umsetzung) ☺ | Einzelnes Verhalten im Alltag, (konkrete Verhaltens-Umsetzung) ☺ |
|---|---|---|---|---|
| | **Das Ziel will ich angehen** (Absicht, Theorie) | **das nicht machen-es wäre falsch** (Grenzen) | **das ist wichtig** (allgm.Maßnahm./Projekte) | **konkretes Verhalten** (wichtig für d.Umsetzung) |
| 1 | Ich werde meine Benotung im Sport in diesem Jahr um min. 1 Note verbessern. | zu viele Ziele gleichzeitig angehen/zu hohe Erwartungen / undisziplinierte Umsetzung | Konzentration auf Regelmäßigkeit/Hilfe v. Freunden/ Freude an meiner besond. Sportart | Golfen mit Freunden min. 1x pro Monat fest einplanen + 2x pro Woche Besuch im Fitnesscenter |
| 2 | | | | |
| 3 | | | | |
| 4 | | | | |
| 5 | | | | |
| 6 | | | | |

Es gibt nichts Gutes - außer: Man tut es. Erich Kästner



*Abb. 3a: Rasteranalyse (Arbeitsblatt)*

| | | |
|---|---|---|
| **Zielsetzung: Ich schaffe eine gute Balance zwischen Leben und Arbeiten. (Work-Life-Balance)** | | |
| 100% **Wichtig** – für die Zielsetzung | | |
| **TERMINIEREN**<br>(wichtig für das Ziel, aber nicht dringlich – z. B. Abgabe desXXL Wann mache ich das?) | **KONZENTRIERT MOTIV. ANGEHEN (Pareto 20%)**<br>(wichtig und dringlich für das Ziel – z. B. feste Sportzeiten einhalten. DAS mache ich richtig gut! Damit erreiche ich mein Ziel zu ca. 80%.) | |
| **MÜLL = WEGLASSEN**<br>(unwichtig für das Ziel – z. B. xxl Kann ich das nicht einfach streichen?) | **DELEGIEREN**<br>(unwichtig für das Ziel, aber dringlich – z. B. xxl Wer könnte das auch machen – wie kann ich das zusammenfassen?) | **Dring-lich –** für die Ziel-setzg. 100%<br>© Regen-thal |

*Abb. 3b: Zielorientierte Entscheidungen für Maßnahmen nach Eisenhower (Arbeitsblatt)*

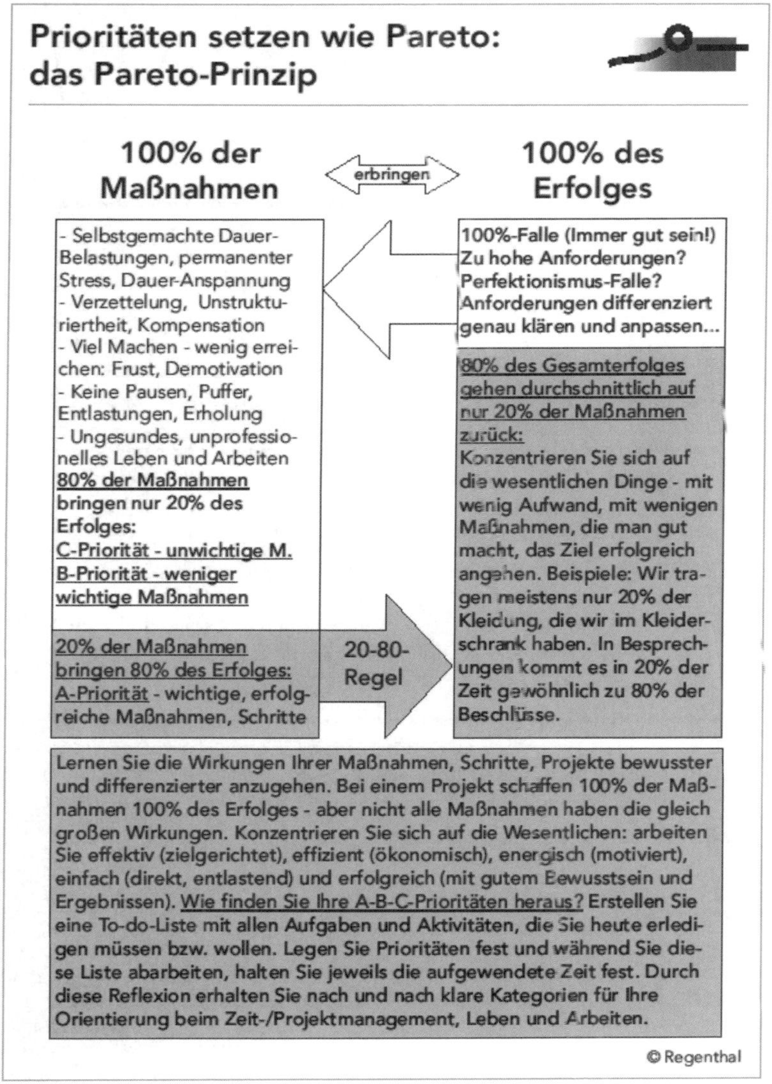


*Abb. 3c: Prioritäten setzen wie Pareto: das Pareto-Prinzip*

## Entscheiden wie Eisenhower: das Eisenhower-Prinzip

Zielsetzung: Ich werde ab heute regelmäßig Sport machen

100% wichtig für die Zielsetzung?

| | |
|---|---|
| Terminieren - (Welche Sportart/welches Fitnesscenter ist gut für mich?) Für die Zielsetzung wichtige, aber nicht dringende Entscheidungen selbst in Ruhe vornehmen, zu extra Terminen. B-Prioritäten | Sofort selbst entscheiden - (Welchen Sport mache ich heute wann?) Für die Zielsetzung wichtige und dringende Entscheidungen, Fragen sofort selbst entscheiden und durchführen. A-Prioritäten=20% Pareto |
| MÜLL - (Muss ich meine Kamera mitnehmen?) Für die Zielsetzung nicht wichtige oder dringende Entscheidungen, Fragen sofort weglassen, keine Energie vergeuden - ev. in "Warteschleife" geben... | Delegieren - (Welche Schuhe brauche ich jetzt?) Für die Zielsetzung nicht so wichtige, aber dringende Entscheidungen, Fragen nicht allein entscheiden - ev. mit kompetentem Verkäufer. C-Prioritäten |

0% zeitlich dringend für die Zielsetzung? 100%

Formuliere klare Ziele und ordne all deine Entscheidungen für die Umsetzungen im Leben und beim Arbeiten nach WICHTIG und DRINGEND (bezog. auf d. Ziel):
A-Prioritäten: Konzentration auf das Wesentliche und das gut machen, das bringt den Erfolg für die Zielsetzung. Dafür anderes eher weglassen. (Pareto)
B-Prioritäten: wichtige Entscheidungen nicht hektisch, sondern in Ruhe, ohne Stress angehen/terminieren - Alternativen durchdenken und dann angehen.
C-Prioritäten: (zeitlich) dringliche Entscheidungen nicht immer allein fällen, sondern ev. auch delegieren oder/und kompetent absichern (Entlastung).
Müll: Konzentriere dich auf dein Ziel - verliere keine Energien für "Nebensächlichkeiten" - "Müll" nicht zur Ablenkung und/oder Kompensation benutzen - es erhöht die Verzettelung. Suche Beispiele für diese Prioritäten in deinem Alltag.



*Abb. 3d: Entscheiden wie Eisenhower: das Eisenhower-Prinzip*

## 7 Fragen zur Entscheidung für eine gute Arbeitsweise

Wir wünschen uns unsere Arbeit möglichst ohne große Belastungen und mit guten Ergebnissen. Sie sollte auch gesunderhaltend sein und Freude machen, damit unser Leben nicht negativ beeinträchtig wird. Gibt es einen Weg, zu einer guten Arbeitsweise zu finden?

**7 Fragen, um sich besser für eine gute Arbeitsweise entscheiden zu können**

**Ist-Analyse** (zur Konzentration auf das Wesentliche - mit dem Eisenhower-Prinzip: wichtig? - dringlich?)

**Entlastungs-Entscheidung:**

1. Was kann ich alles weglassen? (weder wichtig noch dringlich, „Energieräuber", Ressourcenverschwender, Verzettelung...)

**Verschiebungs-Entscheidungen:**

2. Was kann ich alles terminieren? (wo ich besser Zeit dafür habe)

3. Was kann ich alles delegieren? (was andere - ev. auch besser - machen können - ev. in Teamarbeit)

**Soll-Analyse** (zur klaren Zielfindung und Verstärkung)

**Sach-Entscheidung:**

☐ 4. Was ist wirklich wichtig? (A-Prioritäten nach dem Pareto-Prinzip 20/80% - mit wie viel % Aufwand will ich das machen?)

**Werte-Entscheidung:**

☐ + 5. Was ist nachhaltig sinnvoll und wertschöpfend? (zu den Sach-Prioritäten kommen noch Extras + Werte-Prioritäten dazu)

**Persönliche-Entscheidung:**

☐ ++ 6. Was ist mir besonders wichtig? (persönliche Ziele und Vorlieben, sowie eigene Interessen kommen dazu)

**Identitäts-Entscheidung:**

☐+++ 7. Was will ich besonders gut machen? Weil es meins ist! Wirklich wollen wollen! Das ist das eigentlich höchste Ziel. (mit Freude, Ausdauer, voller Energie, hoher Qualität - weil ich es will, es mir wichtig ist und ich es aktiv selbst gestalten kann - und nicht nur müssen und / oder reagieren muss)



*Abb. 3f: 7 Fragen zur Entscheidung für eine gute Arbeitsweise*

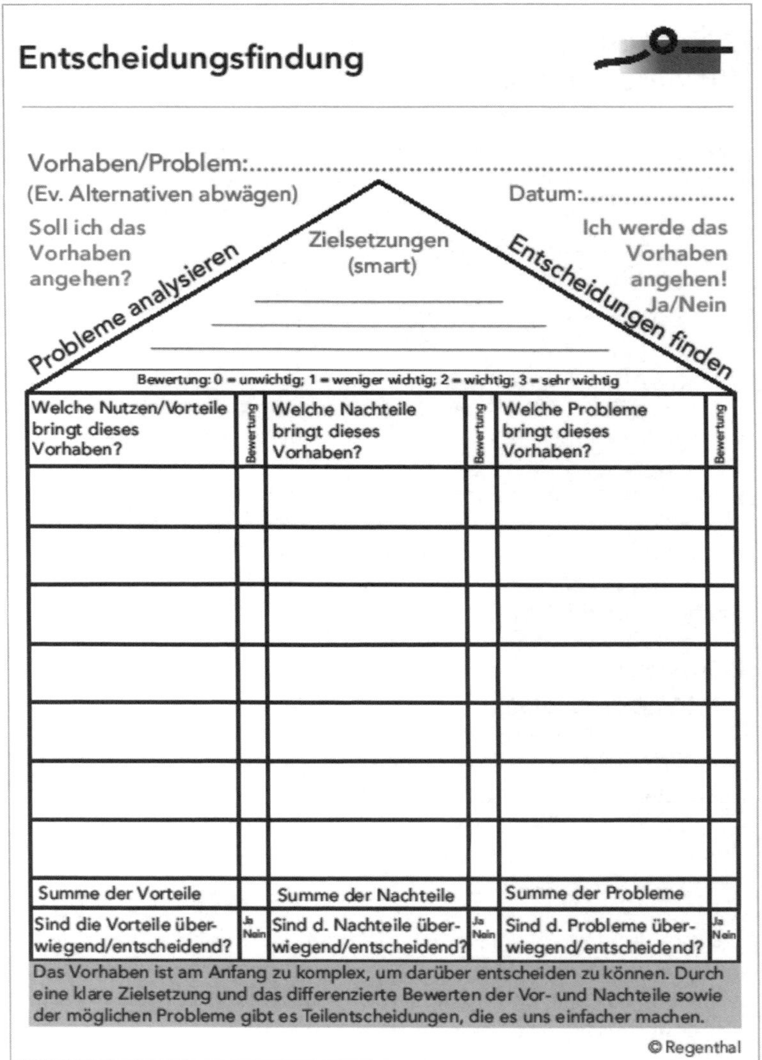

## Entscheidungsfindung

Vorhaben/Problem:.................................................................

(Ev. Alternativen abwägen) Datum:......................

Soll ich das Vorhaben angehen?

Probleme analysieren

Zielsetzungen (smart)

Entscheidungen finden

Ich werde das Vorhaben angehen! Ja/Nein

Bewertung: 0 = unwichtig; 1 = weniger wichtig; 2 = wichtig; 3 = sehr wichtig

| Welche Nutzen/Vorteile bringt dieses Vorhaben? | Bewertung | Welche Nachteile bringt dieses Vorhaben? | Bewertung | Welche Probleme bringt dieses Vorhaben? | Bewertung |
|---|---|---|---|---|---|
| | | | | | |
| | | | | | |
| | | | | | |
| | | | | | |
| | | | | | |
| | | | | | |
| | | | | | |
| Summe der Vorteile | | Summe der Nachteile | | Summe der Probleme | |
| Sind die Vorteile überwiegend/entscheidend? | Ja Nein | Sind d. Nachteile überwiegend/entscheidend? | Ja Nein | Sind d. Probleme überwiegend/entscheidend? | Ja Nein |

Das Vorhaben ist am Anfang zu komplex, um darüber entscheiden zu können. Durch eine klare Zielsetzung und das differenzierte Bewerten der Vor- und Nachteile sowie der möglichen Probleme gibt es Teilentscheidungen, die es uns einfacher machen.

© Regenthal

*Abb. 4j: Entscheidungsfindung*

**4.** Mit der Kraftfeldanalyse einen Aktions- und Strategieplan für Ihren Weg erarbeiten

Mit Ihrer Zielsetzung aus der Haupt- oder Unterspinne (möglichst smart formuliert) können Sie jetzt zielorientierte Schritte für Ihren weiteren Weg finden: Mit der Abb. 3 Kraftfeldanalyse (Arbeitsblatt). Die Kraftfeldanalyse ist eine sehr gute Praxishilfe für den Übergang von der Zielsetzung zu den Maßnahmen. Sie hilft Ihre Schritte und Maßnahmen wirkungsvoll auf Ihr Ziel auszurichten und dabei mögliche Probleme und Verstärkungsmöglichkeiten gleich mit zu berücksichtigen.

**ANLEITUNG/So geht es!**

Sie können diese Praxishilfe allein bearbeiten, besser ist es aber (zumindest zum Kennenlernen – z. B. mit Kollegen und Freunden), Sie machen das zu zweit oder in einer Gruppe. Einfach Karten oder Blätter nehmen und auf einem großen Tisch und/oder an der Stellwand entsprechend der Reihenfolge der Schritte die gefundenen Antworten/Maßnahmen groß darauf schreiben. So können Sie die einzelnen Schritte flexibel verändern und anpassen – das Ergebnis ist schneller sichtbar und einfacher zu erarbeiten.

**Die Kraftfeldanalyse geht in sechs Schritten voran**: Die Reihenfolge ist hier wichtig – bitte genau einhalten! Die Fragen führen und begleiten Sie – bitte entsprechende Antworten dafür finden. Diese Methode braucht ev. am Anfang, wenn alles neu ist, eine Moderation, damit die Anleitungen auch genau eingehalten werden! Eine einfachere Methode wäre alternativ dazu die Rasteranalyse, die Sie eher allein durchführen können.

1. **Ausgangspunkt ist eine Zielsetzung, die Sie angehen wollen**. Achten Sie darauf, dass sie möglichst smart formuliert ist und nicht zu allgemein. (»Ich möchte gesünder werden.« = zu allgemein, dann finden Sie nur sehr allgemeine Maßnahmen. »Ich mache jeden Tag min. 10 Minuten Sport.« – smart und damit genau messbar – so finden Sie dann konkretere Umsetzungen dafür.)
2. **»Mit welchen Maßnahmen können Sie das Ziel erreichen?«** Finden Sie mit Mindmap, Metaplankarten, Brainstorming oder der Rasteranalyse erste Maßnahmen, um das Ziel erfolgreich anzugehen. Sammeln Sie die Ideen und Vorschläge, ordnen Sie sie nach Wichtigkeit/Prioritäten (In der

Gruppe: Jeder kann drei Bewertungspunkte – ev. nach nur KURZER »An-Diskussion« – beliebig verteilen.) und nehmen Sie nur die ersten drei (max. vier) aus der Prioritätenliste (Konzentration auf das Wesentliche! Vgl. Sie dazu das Pareto- und das Eisenhower-Prinzip Abb. 3c + 3d. Zur genauen Entscheidungsfindung, was wichtig und dringlich ist, können Sie auch die Tabelle Abb. 3b als Arbeitsblatt mit einbauen.) und schreiben Sie diese in die Vorlage der Kraftfeldanalyse. (Sie können entsprechend der Struktur-Vorlage die Zettel auch auf den Tisch legen und/oder an die Stellwand heften – zur flexibleren Bearbeitung.) Die restlichen Maßnahmen geben Sie in den Ideenpool – Sie können später gut darauf zurückgreifen und benutzen! **Wichtig:** Keine Diskussionen starten (»Das geht doch nicht!« oder »Ich sehe da Probleme auf mich zukommen!«) – das wird später alles berücksichtigt, aber nicht gleich am Anfang – alles zu seiner Zeit – an der richtigen Stelle! Achten Sie also darauf, dass Sie die Anleitungen genau befolgen – sie führen in eine systematische Erarbeitung, die alle Aspekte berücksichtigt!

3. **»Mit welchen Widerständen, Konflikten und Problemen müssen Sie rechnen?**« – wenn Sie mit diesen drei gefundenen Maßnahmen beginnen würden! (Das Vorgehen bezieht sich also immer direkt auf die Ergebnisse der Vorarbeiten.) Die Kraftfeldanalyse ist als eine präventive Folgenabschätzung, um die möglichen Wirkungen zu berücksichten und darauf reagieren zu können. Das genaue Vorgehen bei diesem Schritt zum Finden der Maßnahmen entspricht dem im ersten. So finden Sie mögliche »Verhinderer«; reduzieren Sie die auf die drei Wichtigsten und halten Sie diese fest. Die restlichen, unwichtigen Probleme können Sie vergessen.
4. **»Mit welchen Lösungsansätzen können Sie die möglichen Probleme angehen, die Sie gefunden haben?**« (Das Vorgehen bezieht sich also wieder direkt auf den Schritt vorher.) Das genaue Vorgehen bei diesem Schritt entspricht auch dem im ersten. So finden Sie mögliche Lösungsansätze für die drei »Verhinderer«, reduzieren diese wieder auf die drei wichtigsten und halten die fest. (Hier können Sie schon mal in den Ideenpool sehen, ob dort gute Maßnahmen für Lösungen sind.)
5. **»Welcher Verstärker und Multiplikatoren gibt es?**« – bezogen auf die in Schritt eins und drei gefundenen Maßnahmen! Das genaue Vorgehen bei diesem Schritt entspricht wieder dem im ersten. So finden Sie mögliche

Verstärker und Multiplikatoren (Personen, »Helfer«, Methoden, Bedingungen, Synergien…), um die Wirkung des Vorgehens noch zu verstärken. Reduzieren Sie die wieder auf die drei wichtigsten und halten diese fest. (Hier können Sie wieder mal in den Ideenpool sehen, ob dort gute Ideen zu finden sind.)

6. **»Wie können Sie jetzt alle Maßnahmen/Schritte in einen Aktionsplan umsetzen?«** – bezogen auf die in Schritt eins, drei und vier gefundenen Maßnahmen! Das genaue Vorgehen bei diesem Schritt entspricht dem im ersten. (Das Arbeiten mit Karten bringt echte Vorteile!) So finden Sie ca. neun bis zehn Maßnahmen, die Sie jetzt mit dem Projektmanagement weiterbearbeiten können: Für diesen Aktionsplan bringen Sie die Maßnahmen in eine terminliche und inhaltlich aufbauende Reihenfolge – ergänzt durch noch notwendige Schritte – und bauen Sie auch »Pufferzeiten« ein und ein Zwischencontrolling. Den einzelnen Maßnahmen sollten Sie gleich beteiligte Personen und konkrete Termine zuordnen. Genauere Anleitungen können Sie auch im Projektmanagement nachlesen. Die Abb. 4 + 4a fassen zur Weiterarbeit alle gefundenen Maßnahmen und Schritte zusammen. Die Ergebnisse der Kraftfeldanalyse münden direkt in den nächsten Schritt – in einen Umsetzungsplan ein. Hier werden die Ergebnisse noch ergänzt und erweitert und für die praktische Umsetzung konkretisiert.

Anschließend können Sie mit den gefundenen Schritten und Maßnahmen direkt im Projektmanagement weiterarbeiten: So dient das Projektmanagement gleichzeitig für eine gute Planung, Vorbereitung und Umsetzung, Begleitung und auch eine gute Evaluation. Diese Methode sorgt für eine verlässliche und terminlich gut geplante Umsetzung, um das Ziel zu erreichen…

**Alternative: Die Rasteranalyse** (alternativ zur Kraftfeldanalyse, die gleich die Wirkungen mit aufnimmt) Vgl. Abb. 3a Rasteranalyse (Arbeitsblatt)

Die **Vorteile dieser Methode** sind das einfache, schnelle Finden von Maßnahmen für Zielsetzungen und die Abgrenzung dessen, was nicht mehr gemacht werden sollte (Grenzen finden und setzen). Die Rasteranalyse hat auch noch eine besondere Funktion: Damit können Sie Zielsetzungen, bei denen Sie sich nicht ganz sicher sind, bevor Sie weiter daran arbeiten, mit der Rasteranalyse »überprüfen«, ob sie auch realistisch umzusetzen sind.

**ANLEITUNG/So geht es!** Das Schema der Rasteranalyse (»Klein-Rastern«) besteht aus vier senkrechten Spalten und ca. sechs bis acht waagerechten Zeilen. In der linken Spalte werden die gewünschten Zielsetzungen und Absichten (aus der Ist-Analyse Abb. 2 Spinnenanalyse als Lebensspinne und/oder aus den einzelnen Unterspinnen) aufgezählt, die man später evtl. auch nach Wichtigkeit ordnen kann. **Beginnen Sie am besten erst mit einer Zielsetzung**. Zuerst können Sie durch die »Negation/Abgrenzung« fragen: ***»Was will ich* nicht *(mehr) machen? Was wäre falsch?«*** Die Möglichkeit, zunächst in der zweiten Spalte zu notieren, was nicht mehr oder überhaupt nie gemacht werden soll, ist ein hilfreicher »Trick« (Negatives fällt viel leichter), um zu positiv formulierten Umsetzungsmöglichkeiten zu kommen. Als Abgrenzung zu dem, was auf keinen Fall (mehr) sein soll, lassen sich in der zweiten Spalte die (allgemeinen) Maßnahmen, Schritte und Projekte finden und festhalten, jeweils auf die einzelne Zielsetzung abgestimmt. In der letzten Spalte können darüber hinaus die genauen Maßnahmen und Verhaltensweisen zugeordnet werden, die für die erfolgreiche Umsetzung notwendig sind. Es hat sich für eine erfolgreiche Umsetzung der Zielsetzung/Absicht bewährt, allgemeine Maßnahmen, Schritte und Projekte (»WAS tun?«) und die dazu gehörigen Verhaltens- und Handlungsweisen (»WIE sich verhalten?«) zu trennen und aufeinander abzustimmen (muss aber nicht unbedingt sein). Dadurch werden die möglichen »Umsetzungs-Probleme« genauer erkannt: z. B. »Ich verbessere vereinzelte Maßnahmen der Schulorganisation, aber nicht im Rahmen eines Gesamtkonzeptes.«

**Beispiel:**
***»Ich (will – besser und stärker ist es ohne WOLLEN und VERSUCHEN das Ziel zu formulieren) manage unsere Schulverwaltung und Schulorganisation bis Ende des Schuljahres so effektiv und effizient, dass sie um min. eine Note besser wird.«***

NICHT/FEHLER: Zu viele Ziele gleichzeitig angehen/sich verzetteln/isolierte Maßnahmen ohne Konzept/zu hohe Erwartungen/»blinder Aktionismus« bei der Umsetzung…

DESHALB WAS tun?: Konzentration auf wichtige und dringliche Maßnahmen/Hilfe von Schulleitungs-Kollegen einholen/Gesamtkonzept entwickeln…

KONKRET UMSETZEN und WAS tun?: Alle Terminplanungen in konkreten Prozessabläufen (im Rahmen eines Gesamtkonzeptes) mit klaren Zuständigkeiten (Wer macht wann was? Mit Hol- und Bringschulden aller Beteiligten) gemeinsam entwickeln, organisieren, evaluieren und im Alltag umsetzen…

Als sehr wichtig und nützlich erweist sich auch die vierte Spalte Umsetzungen, denn hier können mögliche Hindernisse und Schwierigkeiten erkannt und festgehalten werden. Ihr könnt auch mögliche Zielsetzungen erst einmal »spielerisch« formulieren, um dann sofort die wirklich erfolgreiche und glaubhafte Umsetzung und damit die Formulierung zu überprüfen – vielleicht ist dein Ziel ja gar nicht wirklich umsetzbar?

**Tipp:** Bei der Arbeit mit der Rasteranalyse sollte beim ersten Mal die Methodik geklärt werden – mit einem einfachen Beispiel. Wenn diese Methode bekannt ist und damit schon gut gearbeitet wurde, kann man auch noch schneller damit umgehen: Stellen Sie sich vor einen Tisch und schreiben die Zielsetzung und die Rasterüberschriften auf Karten, so können Sie die Arbeit mit farbigen Karten und der direkten Zuordnung noch schneller erlernen und umsetzen.

**Conclusio:** Dieser 3. Schritt sollte Ihnen entsprechend Ihrer Zielsetzung einen Aktions- oder Strategieplan mit wichtigen Schritten und Maßnahmen liefern, um Ihr Ziel verstärkt und problemorientiert anzugehen. Die Methoden (Kraftfeld- und Rasteranalyse) sind Denkweisen zur Maßnahmenfindung, die Sie beim nächsten Durchgang viel schneller durchlaufen…

## 5.4 Was muss ich konkret wann tun?

**Konkreter Umsetzungsplan**

Umsetzungskonzept für:........................

Planungen

Projekt-
Zielsetzung (smart)

Entwicklungen

Umsetzungskonzept (Reihenfolge nach Inhaltsstruktur, Zeit, Prioritäten, Motivation, Lerneffekten, mit Pufferzeiten + Alternativen, nach W-Fragen)

| Nr. | Maßnahmen, Aktionen, Schritte<br>Was genau? | Arbeitsbedingung, Ausstattungen, Räumlichkeiten<br>Wo? | Arbeitsmethoden Mittel, Instrument.<br>Womit? | Realisierung bis<br>Wann? | Verantwg. Beteil.<br>Wer? | Erledigt<br>Wie? |
|---|---|---|---|---|---|---|
| | | | | | | |
| | | | | | | |
| | | | | | | |
| | | | | | | |
| | | | | | | |
| | | | | | | |
| | | | | | | |
| | | | | | | |

Vor- und Nachbereitung, Pausen, Höhepunkte, Reflexionen einplanen! © Regenthal

*Abb. 4: Konkreter Umsetzungsplan*

## Projektmanagement Nr.....

Mein Projektmanagement als konkreter Handlungsplan

Name:............................Stichwort:......................Datum:.........

Planungen

Projektziel-
setzung (smart)

Entwicklungen

**Maßnahmenkonzept** (Reihenfolge nach Inhaltsstruktur, Zeit, Prioritäten, Motivation, Lerneffekten, mit Pufferzeiten + Alternativen, nach W-Fragen)

| Nr. | Maßnahmen, Aktionen, Schritte<br>Was genau? | Arbeitsbedingung, Ausstattungen, Räumlichkeiten<br>Wo? | Arbeitsmethoden Mittel, Instrument.<br>Womit? | Realisierung bis<br>Wann? | Verantwortl.<br>Wer? | Erledigt<br>Wie? |
|---|---|---|---|---|---|---|
| | | | | | | |
| | | | | | | |
| | | | | | | |
| | | | | | | |
| | | | | | | |
| | | | | | | |
| | | | | | | |
| | | | | | | |

Vor- und Nachbereitung, Pausen, Höhepunkte, Reflexionen einplanen! © Regenthal

*Abb. 4a: Projektmanagement (Arbeitsblatt)*

**5.** Mit dem Projektmanagement für die konkrete Umsetzung sorgen
Mit den gefundenen Schritten aus der Kraftfeldanalyse können Sie jetzt ganz konkrete Maßnahmen finden und zu einem Handlungsplan zusammenstellen: Mit der Abb. 4 Umsetzungsplan (Arbeitsblatt) und/oder mit der Abb. 4a Projektmanagement.

**Alternativ:** Sie können auch direkt alles in eine Tabelle (Abb. 4b Konzeptstruktur) eintragen, die mit diese 5er-Ebenen-Struktur die einzelnen Schritte gut im Überblick zusammenfasst. (Vgl. als Beispiel dazu Abb. 2h Mein Gesundheitskonzept.) Diese Tabelle hat als Grundstruktur das Projektmanagement und ist aber noch erweitert um die bisherigen und folgenden Schritte.

**Der Vorteil dieses Konzeptes ist der gute Überblick und die Zusammenfassung und Abstimmung aller 5 Schritte Ihres Selbst-Coachings.**

**Mein Konzept für:? ..........................................................................**

**Leitsatz (als Überschrift aus der Spinnenanalyse):**

**Ich ..........................................................................................**

| Leitziele *„Ich ...“* © Regenthal | Qualitätsstandards (smart) *“Messgrößen”* | S= Standard N= Neu | Umsetzung/Maßnahmen/Projekte (Projektmanagement) | Wer (Verantwortlichkeit) | Wann (verbindl. Termine) | Evaluation / Reflexion |
|---|---|---|---|---|---|---|
| **Bewegung und Sport:** Ich mache regelmäßig Sport und achte auf genügend Bewegung. | Ich mache jeden Tag min. 10 Minuten und min. 1x pro Woche min. 30 Minuten Sport. | S | Tägliche Gymnastik, Fitness-Center, Schwimmen, tägliche Bewegung im Alltag | Ich, ev. Partner | Täglich, 2x die Woche | Wochenplan, Spinne |
| | | | | | | |
| | | | | | | |
| | | | | | | |

*Abb. 4b: Konzeptstruktur*

Ein professionelles Projektmanagement ist für die Planung, Entwicklung, Umsetzung und die Evaluation sehr hilfreich und entlastend. Es sorgt für den direkten Übergang von der Zielsetzung zu den Maßnahmen und hilft, die

Maßnahmen wirkungsvoll umzusetzen. So wird aus einem Strategieplan **ein Projektplan** entwickelt, der sofort in einen **Umsetzungs- und Handlungsplan** (Abb. 4) einmündet. Gerade bei auftretenden Problemen und Schwierigkeiten – bei nachlassender Motivation und Selbstdisziplin hat sich ein schriftliches und konzeptionelles Selbstmanagement gut bewährt.

**ANLEITUNG/So geht es!**

Mögliche VORARBEIT: Durch die Arbeit mit anderen Methoden (Kraftfeldanalyse, Rasteranalyse) haben Sie schon entsprechend der Zielsetzung mögliche Schritte und Maßnahmen gefunden, die Sie jetzt genauer bearbeiten und ordnen wollen. Sie können aber auch ohne diese Vorarbeit direkt einsteigen – das geht sehr gut, wenn Sie die Thematik kennen und/oder den Projektablauf schon öfter geplant haben. (dann sind die Methoden – Kraftfeldanalyse und Rasteranalyse – nur nach Bedarf wichtig und nötig)

Sie können diese Praxishilfe allein bearbeiten, zur Einübung am Anfang und als Lernprojekt ist es aber besser, Sie machen das zu zweit (mit einem Freund, Berater, Schulleitungskollegen) und/oder in einer Gruppe. Einfach Karten oder Blätter nehmen und auf einem großen Tisch und/oder an der Stellwand entsprechend der Reihenfolge der Schritte die gefundenen Antworten/Maßnahmen groß darauf schreiben. So können Sie die einzelnen Schritte flexibel verändern und anpassen – das Ergebnis ist schneller sichtbar und einfacher zu erarbeiten (Fehler und Veränderungen sind flexibel veränderbar).

Das **professionelle Projektmanagement** (Anleitung für Abb. 4 und Abb. 4a) geht in verschiedenen Schritten voran: (Die Reihenfolge ist wichtig – bitte genau einhalten! Die Ergebnisse der einzelnen Maßnahmen und Schritte sollten dann in so einem strukturierten Ergebnis-Protokoll festgehalten werden. Es muss aber nicht gleich ALLES fertig bearbeitet werden – die »Lücken« können auch noch später gefüllt werden – sie haben Aufforderungscharakter, um gute »Zwischenschritte« zu finden.)

1. **»Was ist mein Ziel?« Ausgangspunkt ist eine Zielsetzung, die Sie angehen wollen**. Achten Sie darauf, dass sie möglichst smart formuliert ist und nicht zu allgemein. (»Ich möchte gesünder leben.« = zu allgemein (mehr ein Wunsch), dann finden Sie nur sehr allgemeine Maßnahmen. »Ich

mache jeden Tag min. 10 Minuten Sport.« – smart und damit genau messbar – so finden Sie dann auch konkretere Umsetzungen dafür.)

2. **»Mit welchen Aktionen, Maßnahmen und Schritten kann ich das Ziel erreichen?«** Finden Sie mit Mindmap, Metaplankarten, Brainstorming oder der Raster- oder Kraftfeldanalyse erste Maßnahmen, um das Ziel erfolgreich anzugehen. Sammeln Sie die Vorschläge, ordnen Sie sie nach der inhaltlichen und zeitlichen Reihenfolge (Eisenhower und Pareto beachten: Abb. 3b, 3c, 3d) und ergänzen Sie diese gefunden Maßnahmen durch notwenige Schritte und sinnvolle Alternativen. (im Durchschnitt erhalten Sie ca. 6-10 Haupt-Maßnahmen mit ev. Unter-Maßnahmen…) Am Anfang geht es immer um Motivation – bitte das gezielt als Einstieg nehmen. Berücksichtigen Sie »Was – wann – wie?« welche Arbeitsgrundlagen Sie brauchen und welche Maßnahmen und/oder Schritte aufeinander aufbauen. Die Reihenfolge sollte auch nach Wichtigkeit und Dringlichkeit geordnet werden – berücksichtigen Sie auch »Pufferzeiten«, Zwischencontrolling, mögliche Alternativen (»Plan B«) und zum Abschluss eine gute Nachbereitung (Reflexion, Controlling, Feier, Lob, Neuplanung…). Mögliche Widerstände und Probleme können Sie durch die Kraftfeldanalyse vorher berücksichtigen und durch Alternativen schon mit einplanen. Bei jeder Entwicklung und Planung sollten Sie noch einen besonderen Schritt einplanen – den »Point of no Return«. Wenn Sie Ihr geplantes Projekt und/oder Vorgehen (z. T. auch öffentlich gemacht haben – für Familie, Freunde, Kollegen), gibt es kein Zurück mehr. Vorher also noch einmal genau überlegen, ob es jetzt wirklich losgehen kann? Das »GO« ist nach dieser Entscheidung also der Übergang von der Planung zur Durchführung.
3. **»Was mache ich jetzt wann wie – mit welchen Arbeitsmitteln und Ausstattungen?** Die »W-Fragen« helfen, die gefundenen und sortierten Maßnahmen mit Arbeitsgrundlagen, Arbeitsmitteln (»Was brauche ich für diese Maßnahme an »Handwerkszeug«, Ausstattungen oder Finanzen? Wer könnte mir helfen und/oder mich unterstützen? Wen kann ich ansprechen?«) und Aktionen mit verbindlichen und realistischen Zeiten zu hinterlegen. (ab wann/bis wann/gleich mit »Pufferzeiten«…)
4. **»Wie überprüfe ich wann und wie die einzelnen Schritte?** In der letzten Spalte sollten Sie gleich ein begleitendes und abschließendes Controlling

als Evaluation/Reflexion festsetzen. Das motiviert und macht den Erfolg sichtbar.

5. **»Wie kann ich jetzt alle Maßnahmen/Schritte in einen Aktionsplan umsetzen?«** Alle Maßnahmen und die einzelnen Zuordnungen in den verschiedenen Spalten zusammen stellen zu einem realistischen Projektplan als Gesamt-Handlungsplan.
6. **»Wie sorge ich für die Qualitätssicherung, damit ich beim nächsten Mal nicht wieder von vorne anfange, sondern hierauf zurückgreifen kann?«** Zum Abschluss sollten Sie diesen Projektplan archivieren (in einem extra Ordner) und dokumentieren (auch als Qualitätssicherung), damit man immer wieder darauf zurückgreifen kann. So können Sie auch Ihre hoffentlich erfolgreiche Entwicklung nachvollziehen und lernen mit »Verhinderern« besser umzugehen. Welche »Stolpersteine« und/oder Gewohnheiten behindern Sie auf Ihrem Weg zur Verbesserung?
7. **Anschließend mit der Spinnenanalyse einen Soll-Ist-Vergleich machen.** Wenn Sie dann Ihre Maßnahmen in der festgelegten Zeit umgesetzt haben, interessiert es Sie bestimmt, was Sie damit erreicht haben. Sie können Ihre Ausgangsbasis mit der aktuellen Situation vergleichen: Nehmen Sie die Spinnenanalyse (Haupt- oder Unterspinne) mit denselben Kriterien und benoten Sie sie aktuell noch einmal zum Vergleich: »Was hat sich verbessert/verschlechtert? Was ist gleich geblieben?«
8. **Mit der ZUG-Methode Ihren Weg und die Ergebnisse reflektieren.** Wenn Sie Ihren Weg noch genauer reflektieren möchten, können Sie das auch mit der ZUG-Methode (genaue Anleitung dort).
9. **Neue Ziele festlegen…** War mein Weg erfolgreich und gut? Was habe ich gelernt? Wie geht es weiter? Sie können das »Gelernte« und »Erreichte« jetzt viel einfacher auf einen neuen Vorsatz/eine neue Zielsetzung übertragen und entsprechend besser umsetzen. Sie sollten möglichst zwei bis drei Mal diesen Selbst-Coaching-Durchgang machen, damit Sie den Weg einfacher und schneller gehen können und den Erfolg auch wirklich bewusst gut erleben können.

Eine Verbesserung zu erreichen ist nicht ganz einfach, aber die Verbesserung zu halten ist noch schwieriger! Sie sollten das Erreichte nicht gleich wieder verlieren und in alte Gewohnheiten zurückfallen. Sie sollten also nicht aufhören, sondern jetzt weitermachen – dranbleiben und sich wieder ein neues Ziel suchen, das festlegen und genauso behandeln, wie Sie es schon gelernt haben... da capo

**Conclusio:** Es geht um die motivierte und verlässliche Umsetzung der einzelnen Maßnahmen. Gerade im alltäglichen Ablauf (»alte Gewohnheiten«) gehen die angedachten und geplanten Schritte und Projekte schnell wieder verloren... Umso mehr ist es bei diesem 4. Schritt notwendig, sich alles vorher bewusst zu machen, schriftlich festzuhalten und mögliche Verhinderer und Widerstände zu berücksichtigen. Und gehen Sie in kleinen Schritten voran... Finden Sie verstärkende Aspekte (Belohnungen, Freunde, Familie). Es darf kein »sturer« Plan werden – bleiben Sie aber dran an Ihrem Ziel. Am meisten hilft es, wenn Sie Ihren Handlungsplan mit anderen Personen (zumindest teilweise) besprechen – »holen Sie sich kritische Freunde« dazu.

***Wer keine Selbstbeherrschung hat, kommt um. Seine bodenlose Dummheit bringt ihn ins Grab. Sprüche Salomos 5,23***

## 5.5 War mein Weg erfolgreich und gut? Was habe ich gelernt? Wie geht es weiter?

In diesem letzten 5. Schritt geht es um ein **ganzheitliches Controlling** (zur Selbst-Evaluation) – ein:

- **normatives Controlling** (Reflexion der allgemeinen Grundsätze in der Hauptspinne/Lebenspinne),
- **strategisches Controlling** (Reflexion der Ziele, Planung und Prozesse) oder ein
- **operatives Controlling** (Reflexion der konkreten Schritte und Maßnahmen).

Controlling ist nicht Kontrolle – es ist Steuerung, Reflexion, Evaluation. Es ist das methodische Erfassen und das begründete Bewerten von Prozessen und Ergebnissen zum besseren Verstehen und Gestalten einer Maßnahme durch Wirkungskontrolle, Steuerung und Reflexion. Das Erfassen geht durch Leitfragen, Strategien, Methoden, Soll-Ist-Vergleich, Dokumentation, Daten, Messgrößen... Das Bewerten bezieht sich auf die:

- **Ressourcen-Qualität** (Womit?)
- **Prozess-Qualität** (Wie?)
- **Ergebnis-Qualität** (Was?)

**Wozu brauchen wir ein Controlling? Controlling ist**

- ein Bewusstseins- und Identitätsprozess,
- ein Veränderungs- und Lernprozess,
- erzeugt Handlungsbedarfe und schafft Motivation,
- ein Soll-Ist-Vergleich und eine Ergebnispräsentation,
- dient der Nachbesserung und Optimierung,
- eine Qualitätssicherung und ein Feedback,
- dient der Implementierung, Konsolidierung und Festigung,
- hält den Prozess in Gang und hilft neue Ziele zu entdecken und festzulegen,
- dient zur Koordination und Steuerung der Abläufe und Strukturen,
- dient der Zukunftssicherung.

***Prüfet aber alles und das Gute behaltet. 1. Thessalonicherbrief 5 Vers 21***

## Fragen zur Reflexion und Evaluation: Waren der Weg und das Ergebnis gut?

Evaluation ist eine Bestandsaufnahme, Analyse oder Reflexion, um durch einen Soll-Ist-Vergleich die Ergebnisse sichtbar zu machen. Dadurch bleibt der Prozess auch wirklich in Gang…

***Immer soll nach Verbesserung des bestehenden Zustands gestrebt werden, keiner soll mit dem Erreichten sich zufriedengeben, sondern stets danach trachten, seine Sache noch besser zu machen. Robert Bosch***

## 5 Fragen zum Schluss und zum Weitermachen

- Habe ich meine Ziele erreicht? (*Frage nach der Effektivität*)
- Wie habe ich meine Ziele erreicht? (*Frage nach der Effizienz*)
- War der Weg gut? (*Frage der Besinnung*)
- Was habe ich gelernt und verändert? (*Frage der kritischen Reflexion und nach dem Erlernten*)

- Wie geht es weiter? Wie kann ich die Verbesserung/Ergebnis-Qualität halten und verbessern? (*Frage nach Festigung, Weiterentwicklung, Innovation, einem Kontinuierlichen Verbesserungs-Prozess – KVP – neugierig bleiben ...*)

**Was könnten und sollten Sie jetzt tun?**

Sie können ganz unterschiedlich vorgehen und von den vielen

Machen Sie als Selbst-Evaluation einen Soll-Ist-Vergleich, eine Selbst-/Fremdeinschätzung durch Befragungen (Spinnenanalysen), eine kontinuierliche und abschließende Qualitätsüberprüfung der smarten Messanzeiger, zur Reflexion, Bewusstmachung und Identitätsstärkung und Festlegung neuer Ziele. Der selbstverantwortliche Veränderungs- und Gestaltungs-Prozess geht immer weiter...

***Wer kämpft, kann verlieren, wer nicht kämpft, hat schon verloren. Bertolt Brecht***

**Selbst-Coaching für Schulleitung – ein Muss**

Als Leiter einer Schule haben Sie sehr vielfältige und anspruchsvolle Erwartungen zu erfüllen und stehen permanent unter Stress. Eine Fülle von Anforderungen von außerhalb der Schule und in der Schule selbst stürmt täglich auf Sie ein und Sie müssen flexibel und effektiv darauf reagieren. Schule leiten heißt aber nicht nur reagieren, sondern die Schule aktiv und profiliert gestalten – und das kommt noch dazu. Eigene Erfahrungen und durch Weiterbildung geschultes Denken und Handeln als Schulleiter, konnte Ihnen bislang helfen, Prioritäten zu setzen und entsprechende Grundlagen und Prozesse zu entwickeln, um damit gut umgehen zu können. Die Steigerung kommt jetzt aktuell mit der veränderten Schulqualifizierung dazu, bei der der Schulleiter ganz neue Aufgaben und Verantwortlichkeiten noch zusätzlich übertragen bekommt – auf die er in keiner Weise vorbereitet ist. Er muss diese Innovationen für sich handelnd entdecken – mit Risikobereitschaft, Stärke und Fehlern. Der Gefahr der Überforderung und Verzettelung kann man nur durch ein gutes Selbstmanagement entgegnen. Nur durch ein klares und ganzheitlich vernetztes Gesamtkonzept für die Privatperson und die Position des Schulleiters bekommen Sie Orientierungshilfe, strategische Begleitung und begleitende Reflexion, damit Sie weniger Fehler machen und in Ihrer Person gestärkt werden.

**ZUG-Methode für:** (Name)..............(Zielreflexion) Mein Ziel:............
...............................(Reflexion meiner Person): ..........................

 Datum:..............................

**Was heißt ZUG-Methode?**

...wie ein Zug mit dem du losfährst und mit dem du an deinem Ziel ankommst. Diese Reflexions- und Feedback-Methode kann auch mit unterschiedlichen Karten (1/3 DIN A4) allein und/oder gemeinsam am Anfang und/oder auch am Ende des Prozesses eingesetzt und dann in diese Tabelle übertragen werden. Für dich allein kannst du am besten direkt mit der Tabelle arbeiten.

**ZUG-Methode wofür – auf was bezogen?**

1. Zur *allgemeinen Einschätzung deiner Person* (Reflexion meiner Person): »Wie siehst du mich? Was findest du gut, was weniger gut und was wünschst du dir, dass ich verändere?« Das bietet sich eher am Anfang des Prozesses an.

2. Zur *Einschätzung der Zielsetzung* (Zielreflexion): z. B. »Ich wollte meine schulischen Ergebnisse verbessern. Ich habe an meinen Hausarbeiten, an der mündlichen Beteiligung usw. gearbeitet. Wie siehst du meine Veränderungen? Was hat deiner Meinung nach gut geklappt/sich positiv verändert, was weniger gut und woran sollte ich deiner Meinung nach noch mehr arbeiten?« Das bietet sich eher am Ende des Prozesses zur Überprüfung der Erfolge an. Für dich allein kannst du am besten direkt mit der Überprüfung der Zielsetzung anfangen.

**Was bedeutet Z-U-G?** (entweder auf mich als PERSON oder auf meine ZIELE bezogen – Überschrift!)

**Z**-ufriedenmacher (grüne Karten = Das finde ich gut, das solltest Du weiter so machen! Das macht mich bezogen auf deine Person oder deine Zielsetzung zufrieden.)

**U**-nzufriedenmacher (rote Karten = Das finde ich nicht so gut/schlecht. Ich finde, daran müsstest du noch arbeiten und das verändern. Das macht mich bezogen auf deine Person oder deine Zielsetzung eher unzufrieden. (Dabei nicht selbst veränderbare Bedingungen von außen ausschließen und/oder ev. extra mit rosa Karten herausstellen!)

**G**-estaltungsvorschläge (gelbe Karten = Das wünsche ich mir. Ich finde, du solltest folgende konkrete Veränderungen/Verbesserungen /Wünsche/Ideen angehen und gestalten! Das könnte vielleicht deine neue Zielsetzung sein!?).

**Auswertung der Z-U-G:**

Die Zufriedenmacher sind deine Erfolge und deine Stärken – die solltest du genießen weiter machen! Die Unzufriedenmacher sind noch »Handlungsfelder« – da kannst du noch nacharbeiten und mit anderen Methoden es noch einmal versuchen – das braucht manchmal auch mehr Zeit. Vielleicht sind es auch Bereiche, die du gar nicht selbst so einfach verändern kannst und dazu eher Hilfe brauchst!? Wen könntest du ansprechen? Interessant sind besonders die Gestaltungsvorschläge – das könnten deine neuen Zielsetzungen sein, die du als nächstes motiviert angehen kannst...

Diese Methode kannst du für dich zur Reflexion selbst machen (Selbsteinschätzung). Wenn du das auch von Anderen (Freunden, Lehrern, Eltern) machen lässt (Fremdeinschätzung), kannst du beides gut miteinander vergleichen und bekommst ein noch genaueres Bild.

**Vorgehen in kleiner Gruppe (Freunde, Lehrer, Eltern) zur Fremdeinschätzung:**

Jeder bekommt eine Karte und kann sich dann in der »Murmelgruppe« austauschen – aber jeder sollte seine Meinung auf der Karte vertreten. Der Auftrag: »Formuliert innerhalb von 5 (max. 10) Minuten einen Begriff als Antwort auf die erste ZUG-Frage. Womit seid ihr zufrieden? Bitte nur eine Karte verteilen – der Prozess bringt die unterschiedlichen Aspekte zum Tragen. Schreibt die Antwort als ein Stichwort auf eure Karte, die dann auf dem Tisch oder an der Stellwand kurz mit einem Satz vorgestellt und geclustert werden kann. Das Gleiche geschieht mit den beiden anderen Karten. Durch diese drei Durchgänge (Z-U-G und den einzelnen Fragen) werden positive und negative Aspekte deutlich und münden ein in konkrete Gestaltungsvorschläge. Die Gestaltungsvorschläge anschließend nach Prioritäten ordnen: drei Bewertungspunkte setzen; 1-2/3 Schwerpunkte auswählen; Ziele formulieren.

Die ZUG-Methode als Feedbackmethode ist sehr hilfreich, weil sie die Ergebnisse bewusst macht und gleichzeitig neue Schritte und Wege eröffnet...

**ZUG-Methode für:** (Name)...............(Zielreflexion) Mein Ziel:............
..............................(Reflexion meiner Person): ..............................

 Datum:...............................

**Z – ufriedenmacher**

**U – nzufriedenmacher**

**G – estaltungsvorschläge GO!**

1. Als Erstes solltest du für dich die ZUG-Methode durchgehen (**Selbsteinschätzung**). Nicht alle Tabellenplätze müssen ausgefüllt werden – es können auch einige einfach frei bleiben.
2. Du kannst das allein auswerten (s.o.) und/oder aber auch ergänzen und dir genauer bewusst machen durch eine **Fremdeinschätzung** von Einzelnen und/oder einer Gruppe. Ein Vergleich der beiden Einschätzungen macht deine alleinige subjektive Einschätzung etwas genauer.
3. Du kannst dann für dich die **Auswertung** vornehmen – alles in eine ZUG-Tabelle eintragen (s.o.) und entsprechende Schlussfolgerungen ziehen: a) was mache ich mit meinen Stärken? b) was mache ich mit meinen Schwächen? C) was mache ich mit den Gestaltungsvorschlägen? Und wie geht es weiter?
4. Aus den Gestaltungsvorschlägen heraus kannst du neue Zielsetzungen suchen, die dir wichtig sind. Nicht alle Vorschläge sind gleich gut. Welche sind DIR wichtig oder dringlich? Ordne alle **Vorschläge nach Prioritäten** und nimm dir dann die beiden ersten Ziele vor – nicht zu viele und schon gar nicht alle – du verzettelst dich sonst und erreichst gar nichts…
5. Mit der neuen Zielsetzung kannst du dein Selbst-Coaching wieder »von vorn beginnen« – Schritt 1 bis 5 – mach eine neue Spinnenanalyse als Haupt- oder Unterspinne, dann die Kraftfeldanalyse und dann organisiere Deine nächsten Schritte mit einem Handlungsplan (**Projektmanagement**).



*Abb. 5: ZUG-Methode (Arbeitsblatt)*

| Quartal (zur Probe)<br><br>**© Regenthal** | 1. Monat ..................... | 2. Monat ..................... | 3. Monat ..................... |
|---|---|---|---|
| 1. Neue Gewohnheit:<br><br>.......................................... | Tägliches Einüben, bewusst machen, kontrollieren, belohnen... | Erlernte Gewohnheit in das tägliche Leben integrieren... | |
| 2. Neue Gewohnheit:<br><br>.......................................... | | Tägliches Einüben, bewusst machen, kontrollieren, belohnen... | Erlernte Gewohnheiten in das tägliche Leben integrieren... |
| 3. Neue Gewohnheit:<br><br>.......................................... | | | Tägliches Einüben, bewusst machen, kontrollieren, belohnen... |
| Was war gut/schlecht?<br>Was habe ich gelernt?<br>Wie geht es weiter? | Controlling, Reflektion, Analysen, Bewertungen... | Controlling, Reflektion, Analysen, Bewertungen... | Controlling, Reflektion, Analysen, Bewertungen...<br><br>**© Regenthal** |

*Abb. 5.1: Neue Gewohnheiten erlernen*

| Fragen zur Selbst-Evaluation/Reflexion: Waren der Weg und das Ergebnis gut? © Regenthal | | | | |
|---|---|---|---|---|
| **Fragen zur Evaluation/Reflexion: Beispiele** | **Positive Aspekte ☺** | **Negative Aspekte ☹** | **Neutrale Aspekte ☺** | **Was bedeutet das für mich?** |
| **1 Habe ich meine Ziele erreicht?** | Ja, ganz gut. | | | |
| **2 Wie habe ich meine Ziele erreicht?** | | Mit viel Selbstdisziplin u. Aufwand. | | |
| **3 War der Weg gut?** | | Fehlende Ausdauer / Zeit. | | |
| **4 Was habe ich gelernt und verändert?** | Macht Spaß an meinen eigenen Zielen zu arbeiten. Ich kann selbst etwas verändern! | | Das Bewusstmachen ist gut. | Lieber kleine Schritte, die aber konsequent. |
| **5 Wie geht es weiter?** | | | | Nächstes Ziel angehen. |
| **6 Planung...** | Ziel Nr. 2 ... Los! Neue Motivation! | | | Unterstützer suchen. Aus Schulleitung? |
| ... | | | | |

*Abb. 5a: Fragen zur Selbst-Evaluation/Reflexion: Waren der Weg und das Ergebnis gut?*

## KLM-Liste
## als Rückmeldung/Controlling

**Als Ergänzung und Verstärkung der Rückmeldung durch direkte Gespräche geben Sie mir/uns bitte diese ausgefüllte KLM-Liste zurück.**
Sie ist für: ..........................................................Person oder Projekt Datum...........

| **K**ritik auf die Person, die Aktionen und das Verhalten bezogen | **L**ob auf die Person, die Aktionen und das Verhalten bezogen | **M**ögliche Verbesserungen, Vorschläge, Wünsche und Ideen |
|---|---|---|
| | | |
| | | |
| | | |
| | | |
| | | |

Jeden Monat (später alle 2 - 3 Monate) kann jeder Kollege seiner zuständigen Leitungskraft (z. B. Schul-/Fachbereichs-/Jahrgangsleitung) und/oder Projektleitungen allein oder zusammen mit anderen eine schriftliche Rückmeldung geben, die auch anonym sein kann. Entsprechende "Briefkästen" werden eingerichtet. Diese Liste ersetzt nicht die Gespräche und andere Controlling-Methoden. An konkreten Beispielen soll aufgezeigt werden, was gut (Lob) oder nicht so gut (Kritik) läuft, damit die Zuständigen ihre Aktionen und ihr Verhalten reflektieren können (sie müssen aber dazu nicht Stellung nehmen). Die Verbesserungsvorschläge sollten als Dank abgearbeitet und wenn möglich gemeinsam umgesetzt werden.



*Abb. 5b: KLM-Liste als Rückmeldung/Controlling*

## EVA-Liste - Umgang mit Energieräubern

**Gott gebe mir die Gelassenheit, Dinge hinzunehmen, die ich nicht ändern kann, den Mut, Dinge zu ändern, die ich ändern kann, und die Weisheit, das eine vom anderen zu unterscheiden. Reinhold Niebuhr**

| **Energieräuber** Was raubt Ihnen die Zeit/Ressourcen/Energie? Was ist eigentlich sinnlos/unnötig/stressig/nur ärgerlich? | **Veränderbarkeit** Sind die Energieräuber veränderbar, nicht veränderbar, nur zum Teil? JA was tun | NEIN loslassen | z. T. differenziert | **Aktionen** Mit welchen Aktionen und Schritten können Sie gegen die Energieräuber angehen? Was tun? | Wann? |
|---|---|---|---|---|---|
| überflüssige Statistiken machen Stress | | | x nicht ärgern | mit wenig Aufwand erledigen, in Ruhe | abends |
| | | | | | |
| | | | | | |
| | | | | | |
| | | | | | |
| | | | | | |
| | | | | | |
| | | | | | |
| | | | | | |
| | | | | | |

Machen Sie sich Ihre Energieräuber bewusst: Was raubt mir meine Energie, die ich brauche für wichtige Dinge? Was ist überflüssig, sinnlos, kontraproduktiv, doppelt, "nur mal so angeordnet"? Was kostet Zeit, Aufwand, Ressourcen, Nerven, die mir woanders fehlen? Was ist eigentlich nicht effektiv, effizient und erfolgreich? Listen Sie diese Energieräuber für einen Monat auf, entscheiden Sie, ob Sie sie selbst verändern können (X setzen) und überlegen sich dafür Aktionen mit festen Zeiten. Zum Monatsende werten Sie prozentual aus, wie viel Sie doch selbstverantwortlich tun können. Listen Sie typische Energieräuber auf und lernen Sie damit bewusst, gezielt und sicherer umzugehen - schaffen Sie Raum für positive Energie.



*Abb. 5c: EVA-Liste – Umgang mit Energieräubern*

*Abb. 5d: Gesunde Lebensqualität durch ein selbstregulierendes Bewusstsein*

## Zum Abschluss…

### Dankbarkeit

Ich muss nicht ständig etwas tun.
Vieles geschieht auch ohne mein Zutun.
Vieles ist auch ein Geschenk des Lebens an mich.
Wir sollten jedoch immer daran denken,
dass die Zukunft weder ganz noch gar nicht
in unserer Hand liegt,
damit wir nicht ständig erwarten,
was geschehen wird und nicht zweifeln
an dem, was nicht geschehen wird. Epikur

Dankbarkeit ist jene Tugend,
mit der man den Willen bekundet,
sich an Wohltaten und Freundschaften
zu erinnern. Aurelius Augustinus

# Abbildungsverzeichnis

## Notizen